L'INTÉRET DE L'ARGENT,

DANS

LE PRÊT OU L'USURE,

CONDAMNÉE COMME CONTRAIRE AU DROIT NATUREL, DIVIN ET POLITIQUE, PAR TOUTE L'ANTIQUITÉ COMME DEPUIS LE XIIIe SIÈCLE ;

ET RÉFUTATION D'UN ÉCRIT INTITULÉ :

THÉORIE DE L'INTÉRÊT DE L'ARGENT

CONTRE

L'abus de l'imputation d'Usure, et de plusieurs autres écrits aussi en faveur de l'Usure, venus du philosophisme ou du schisme.

PAR M. CAPMAS,

CURÉ DE SAINT-JACQUES DE MONTAUBAN.

Interroga patrem tuum, et annuntiabit tibi; majores tuos et dicent tibi. (*Deut* c. XXXII. v. 7.)

A PARIS,

A L'IMPRIMERIE ECCLÉSIASTIQUE DE BÉTHUNE, RUE PALATINE, N. 5;

ET CHEZ ÉDOUARD BRICON, RUE DU POT-DE-FER, N. 4.

1829.

L'INTÉRÊT
DE L'ARGENT,

DANS

LE PRÊT OU L'USURE.

IMPRIMERIE ECCLÉSIASTIQUE DE BÉTHUNE,
RUE PALATINE, N. 5, A PARIS.

L'INTÉRÊT
DE L'ARGENT,

DANS

LE PRÊT OU L'USURE,

CONDAMNÉE COMME CONTRAIRE AU DROIT NATUREL, DIVIN ET POLITIQUE, PAR TOUTE L'ANTIQUITÉ COMME DEPUIS LE XIIIe SIÈCLE ;

ET RÉFUTATION D'UN ÉCRIT INTITULÉ :

THÉORIE DE L'INTÉRÊT DE L'ARGENT

CONTRE

L'abus de l'imputation d'Usure, et de plusieurs autres écrits aussi en faveur de l'Usure, venus du philosophisme ou du schisme.

PAR M. CAPMAS,

CURÉ DE SAINT-JACQUES DE MONTAUBAN.

Interroga patrem tuum, et annuntiabit tibi, majores tuos et dicent tibi. (*Deut.* c. XXXII. v. 7.)

A PARIS,

A L'IMPRIMERIE ECCLÉSIASTIQUE DE BÉTHUNE,

RUE PALATINE, N. 5;

ET CHEZ ÉDOUARD BRICON, RUE DU POT-DE-FER, N. 4.

1829.

AVIS.

CET ouvrage, fait quelque temps avant la révolution, devait être une seconde édition de celui que j'avais publié quelques années avant, en réfutation d'un écrit en faveur de l'usure, intitulé : *Théorie de l'intérêt de l'argent contre l'abus de l'imputation d'Usure*, par un curé de Cahors. Je crois devoir le publier actuellement, parce que, indépendamment des ravages que cet écrit fait toujours, il vient d'en paraître de nouveaux, remplis des mêmes sophismes et des mêmes paradoxes sortis du philosophisme ou du schisme : *le Mystère de l'Usure dévoilée*, par M. l'abbé de Baronnet ; *Mémoire sur la légitime du prêt lucratif*, par M. Desplasroques, et d'autres encore. Mon premier ouvrage contre la *Théorie de l'intérêt de l'argent*, avait été approuvé par la Sorbonne, monseigneur l'évêque de Cahors, monseigneur l'archevêque de Vienne et monseigneur l'évêque de Senlis, par M. le rédacteur du *Journal des Savans* et par le censeur royal : il était intitulé : *Théorie de l'intérêt de l'argent, démontré visiblement usuraire par les principes du droit naturel, de la théologie et de la politique*; par M. Capmas, curé dans le diocèse de Cahors. A Paris, *avec approbation et privilége du Roi*.

J'ai lu un manuscrit qui a pour titre *Théorie de l'intérêt de l'argent, démontré visiblement usuraire, etc.*, je n'y ai rien trouvé qui ne soit conforme à la doctrine dont la Faculté de théologie de Paris a toujours fait profession, et qu'elle regarde comme la seule qui doive être enseignée, parce que c'est la seule qui soit autorisée par l'Écriture sainte, la tradition de tous les siècles, la décision des conciles et des souverains Pontifes. Je pense donc que cet ouvrage sera très-utile, parce qu'il est propre à dissiper les vains argumens que la cupidité a imaginés pour justifier l'intérêt du prêt de l'argent, à raison du prêt seul.

En foi de quoi j'ai signé.

A Paris, le 27 mars 1782.

Ribalier, docteur de la maison et société de Sorbonne et syndic de la Faculté de théologie.

J'AI lu, par ordre de monseigneur le garde-des-sceaux, un manuscrit intitulé : *Théorie de l'intérêt démontré visiblement usuraire, etc.* Je pense que l'impression en peut être permise.

CAMUS.

A Paris, le 1er avril 1782.

NOUS avons lu l'ouvrage ayant pour titre : *Théorie de l'intérêt de l'argent, démontré visiblement usuraire par les principes du droit naturel, de la théologie et de la politique;* ou Réfutation d'un écrit intitulé : *Théorie de l'intérêt, tirée des principes du droit naturel, de la théologie et de la politique, contre l'abus de l'imputation d'usure,* par M. Capmas, curé dans notre diocèse. Nous avons trouvé cet ouvrage conforme aux principes du droit naturel, à la loi divine, aux lois ecclésiastiques et civiles, à la tradition constante de l'Eglise, et à l'enseignement de toutes les écoles catholiques, relativement à ce qu'il contient sur la nature de l'usure et les effets pernicieux de ce commerce abominable, également infâme et contraire au salut des âmes. Nous exhortons tous les curés et autres prêtres de ce diocèse, chargés de la direction des âmes, à se le procurer, à le lire et à se conformer aux principes qu'il contient, dans l'enseignement, dans le tribunal de la pénitence, et dans les avis salutaires qu'ils pourront être à portée de donner sur la matière de l'usure. Nous exhortons pareillement les fidèles de notre diocèse à la lecture de cet ouvrage, pour les prémunir contre les piéges tendus, dans différens écrits, à la cupidité si naturelle à l'homme, et dans lesquels le crime de l'usure est pallié, et déguisé d'une façon assez insidieuse pour y induire des personnes insuffisamment instruites, pour se tenir en garde contre une pareille séduction.

† Mgr. l'évêque de CAHORS.

15 octobre 1782.

« M. Capmas, dans sa réfutation du livre de la *Théorie en* » *faveur de l'usure*, combat des adversaires dont les raisons » éblouissantes sont bien propres à entraîner dans la séduc- » tion; ils fortifient encore leur opinion de l'autorité des Sau- » maise, des Grotius, des Dumoulin, des Montesquieu, des » Condillac et de plusieurs écrivains; il ne se laisse pas éblouir » par l'éclat de ces grands noms, il leur oppose les sentimens » des Bossuet, des Pascal, des Arnaud, des Duguet, de » l'autorité de Benoît XIV et de tous les saints docteurs qui, » dans l'âge d'or de l'Église, ont établi une doctrine plus con- » forme aux intérêts de l'humanité. C'est à la source sacrée » des livres saints, de la tradition et des conciles, qu'il trempe » les armes dont il frappe ses adversaires; il les accable du poids » des autorités les plus respectables; il se présente avec une » dialectique dont tous les raisonnemens conspirent à produire » une entière conviction; son éloquence mâle et robuste est » embellie par la fécondité de l'expression. C'est un corps plein » de suc et de vigueur; ses périodes sont un peu longues, c'est » le vice de tous les écrivains remplis de leur sujet.

» L'auteur du *Journal des Savans*.

A Paris, 1782.

VOTRE excellent ouvrage, M. le Curé, n'enseigne pas seulement l'ancienne doctrine, et l'unique qu'il soit permis de soutenir touchant le prêt du commerce, mais il l'établit par les preuves les plus solides; il ne répond pas moins aux subtilités des auteurs de l'Usure.

† J.-G., archevêque de Vienne.

A Vienne, 13 septembre 1782.

J'ai lu, M. le Curé, l'ouvrage que vous venez de publier sur l'Usure, en réfutation d'un auteur qui avait pris à tâche de l'établir; je l'ai lu avec d'autant plus de plaisir qu'il réfute pleinement les principes hardis que vous avez attaqués, et qui ne tendent à rien moins qu'à faire d'un écu une marchandise que l'on vend plus que l'on peut.

L'évêque de Senlis.

Versailles, 4 novembre 1782.

Cet ouvrage que je publie est une seconde édition de celui qui fut approuvé par le même censeur royal, M. Camus, qui en l'envoyant à M. l'abbé de Floirac, grand-vicaire de Paris, lui écrivit ainsi : « J'ai l'honneur de vous envoyer, Monsieur, » le manuscrit que vous m'aviez confié, il est approuvé ; je » persiste cependant à le croire un peu trop véhément pour le » style ; mais j'avoue qu'il était difficile de ne pas s'enorgueillir » de l'avantage que l'auteur a sur le livre de la *Théorie*.

» Camus. »

A Paris, 25 mai 1787.

A l'archevêché de Paris, 28 *mai* 1787.

J'ai l'honneur de vous envoyer, mon cher M. Caprnas, la lettre que m'a écrite M. Camus en me renvoyant votre ouvrage approuvé. S'il a trouvé quelque chose à redire au style, vous voyez du moins par cette lettre qu'il trouve vos raisons victorieuses. J'ai voulu vous le faire lire pour savoir si vous étiez dans l'intention de le faire imprimer tout de suite, nonobstant les réflexions particulières du censeur.

J'ai l'honneur d'être avec un sincère attachement, M. le Curé, etc., etc.

L'abbé de Floirac, vicaire-général.

APPROBATION.

J'ai lu, par ordre de Mgr. le garde-des-sceaux, un manuscrit intitulé : *Théorie de l'intérêt de l'argent, dans le prêt démontré visiblement usuraire, et des réflexions ou propositions théologiques*, en réfutation d'autant de propositions tirées du philosophisme, ou *Réfutation* d'un écrit intitulé : *Théorie de l'intérêt de l'argent, contre l'abus de l'imputation d'usure.*

Camus.

24 mai 1787.

Comme l'auteur usuriste de la *Théorie* avait débuté par vouloir l'étayer sur des paradoxes pris de l'impie philosophisme, j'ai commencé par réfuter ces sophismes ou propositions prétendues philosophiques, par autant de propositions contradictoires, qui sont autant de principes de la vraie philosophie et encore mieux des vérités fondamentales, dictées par cette sagesse toujours sainte, devant laquelle toute la raison humaine et toute la philosophie du siècle sont si faibles ; qui les confond tous les jours par leur propre fierté et par leur orgueil, qui en a déjà jugé si sévèrement les trop fameux chefs, les Voltaire, les Rousseau, les d'Alambert, les Diderot, qu'elle a frappés du plus terrible jugement qui puisse éclater du trône de sa justice, seule toute puissante et souveraine, que leur affreuse obstination a poussée à bout et rendue implacable. Philosophes insensés, que d'autres hommes aussi insensés qu'eux appelent immortels, leurs funestes écrits périront avec leur nom, et il ne leur restera de leurs vaine immortalité que leur folie et le désespoir éternel de n'avoir été que de faux philosophes et des impies.

Les fauteurs de la pratique si funeste de l'usure, pour la soutenir et la justifier contre l'Évangile et toute la tradition et contre le droit naturel, se prévalent d'un écrit posthume de Monseigneur le cardinal de la Luzerne, évêque de Langres, qui fut trouvé parmi ses papiers. Ce savant cardinal n'avait voulu faire qu'une collection des plus spécieuses objections, pour les combattre, les réfuter et les condamner avec toute l'Église; mais une mort précipitée l'empêcha de faire un ouvrage si essentiel et si salutaire.

M. l'abbé Petit, son grand-vicaire, et dans son intimité pendant tant d'années, en instruisit le public dans plusieurs journaux, et réfuta évidemment par des écrits excellens toutes les objections et toutes les spécieuses raisons des usuristes; et le secrétaire de cet éloquent cardinal a assuré partout qu'il avait écrit sous sa dictée cette collection, qu'il n'avait faite que pour les réfuter, comme la doctrine la plus opposée à la justice et la plus contraire à l'Évangile, ayant toujours été la ruine des familles et des États.

A NOS SEIGNEURS

ET ILLUSTRES

ARCHEVÊQUES ET ÉVÊQUES

DE FRANCE.

MESSEIGNEURS,

CHARGÉS *par le grand pasteur et l'évêque de nos âmes* (1) *du dépôt de la foi* (2), que le grand apôtre recommandait si fortement à son disciple Timothée, vous êtes les premiers pasteurs et les princes d'une Église qui a toujours été aussi célèbre par sa science que par son éminente sainteté. Toujours formidable à l'erreur et à l'hérésie, elle doit à l'Église-mère ses premiers fondateurs. (3) *C'était le conseil de Dieu que la foi fût annoncée à nos pères par le saint Siége, afin qu'éternellement unis par des liens particuliers* à ce centre commun de toute l'u-

(1) 1. S. Petr. cap. 2. v. 24.
(2) 1. ad Timoth. cap. 2,
(3) Hist. Gall. Dissert. prélim. p. 46.

nité catholique (1), vous eussiez le glorieux privilége d'accomplir cet oracle du grand Irénée, révéré de tous les siècles, (2) *quand, nous exposant la tradition que la très-grande, très-ancienne et très-célèbre Église romaine, fondée sur les apôtres saint Pierre et saint Paul, a reçue des apôtres, et qu'elle a conservée jusqu'à nous par la succession de ses évêques, nous confondions tous les hérétiques, parce que c'est à cette Eglise que toutes les églises et tous les fidèles qui sont par toute la terre doivent s'accorder, à cause de sa principale et excellente principauté; et que c'est en elle que ces mêmes Eglises et ces mêmes fidèles répandus par toute la terre ont conservé cette antique et perpétuelle tradition des apôtres.*

(3) *Appuyée sur ces solides fondemens, l'Eglise gallicane a été forte comme la tour de David;* dès son berceau même, elle a été puissante *contre les portes de l'enfer.* Bâtie sur un fondement cimenté du sang de ses premiers évêques, comme un astre toujours brillant, sa lumière constamment égale a dissipé de siècle en siècle ces nuages obscurs qui ont enchaîné l'Egyptien toujours endurci dans ses propres ténèbres, et conduit les enfans d'Abraham selon la foi, les fils du vrai Jacob, à la montagne sainte par un chemin toujours serein.

(1) Bossuet, Serm. sur l'Unité de l'Eglise, 4.

(2) S. Irénée, lib. 3. c. 3.

(3) Bossuet, Serm. sur l'Unité de l'Eglise, p. 484.

L'idolâtrie infâme et ses dogmes insensés se dissipèrent comme une vaine fumée ; et Satan, qui se faisait adorer sous tant de formes monstrueuses dans le sein des Gaules, tomba comme un éclair à la voix du zèle et du sang des Trophimes, des Pothin et des Denis ; et successivement par les travaux et les lumières, des Martin, des Remi, des Génulphe, et des Martial.

Quand le perfide Arius (1) *voulut renverser avec la divinité du Fils de Dieu, le fondement de la foi prêchée par saint Pierre, et changer en création et en adoption la génération éternelle de ce Fils unique, cette superbe hérésie, soutenue par un empereur, ne trouva point de plus grand obstacle que la constance et la foi de saint Hilaire de Poitiers.* Ce vénérable évêque, fait pour perpétuer à jamais la gloire de notre Eglise, en fit éclater la lumière et la divine science jusqu'aux extrémités du monde; redoutable même aux puissances du siècle, ennemies de la divinité de son Sauveur, du fond de son exil, il rendait la vérité terrible à quelques faibles prélats qui avaient déshonoré leur siége en la trahissant, et capable de relever ceux que l'imposture avait trompés.

Du côté de l'Orient, Nestorius, divisant Jésus-Christ, disputa à la Reine des anges l'auguste pri-

(1) Bossuet, Serm. sur l'Unité de l'Eglise, p. 485.

vilége d'être la mère de son Dieu ; et Eutichès, en ne laissant à cet Homme-Dieu que la nature divine, celui de lui avoir donné un corps de la propre substance de son chaste flanc ; *Pierre* (1), *du sein de l'Église triomphante, confondit ces deux hérétiques par l'organe* de saint Léon. L'Église gallicane reçut, comme un trésor venu du ciel, cette lettre fameuse si révérée au concile de Chalcédoine, qu'elle devint la règle solennelle qui montrait au monde entier les merveilles de l'incarnation d'un Dieu. Et quarante-quatre de ses évêques par une savante lettre synodique qui a été souvent pour leurs successeurs le modèle de l'acceptation des constitutions apostoliques, protestèrent au chef de toute l'Église *qu'ils étaient prêts à mourir avec lui s'il le fallait pour la défense de la foi* (2).

Ainsi, de siècle en siècle, l'Église de France, comme une colonne inébranlable, a soutenu la foi de Jésus-Christ et sa divine morale; elle l'a défendue contre les attaques opiniâtres de tous ses ennemis, et les outrages qu'ils ont essayé de lui faire.

Son zèle, Messeigneurs, a éclaté surtout dans ces derniers siècles contre les attentats de cette hérésie, fille du calvinisme, le jansénisme, qui a fait

(1) Petrus per Leonem locutus est.

(2) Lettr. synod. des évêques de la Gaule, titre premier, conc. gall. p. 93.

tant de ravage dans le champ du Seigneur, et n'en fait que trop encore; qui a été le prélude et même une des sources de l'impie philosophisme, qui lui ont fait souffrir l'un et l'autre la persécution la plus atroce; et voudrait encore l'anéantir pour se venger des justes anathèmes dont elle l'a frappé.

« La morale chrétienne (1), la gloire et le fruit de » la prédication de l'Évangile, a été corrompue dans » ces derniers temps, disaient vos illustres prédé- » cesseurs à la fameuse assemblée de 1682, par les » fausses et pernicieuses subtilités que la licence des » esprits a introduites : la discipline des mœurs est » énervée; *l'argent le plus épuré est changé en* » *écume* (2) : tous les gens de bien le voient avec dou- » leur, et l'Eglise entière en gémit.

» Mais l'armée d'Israel s'est réunie; tout le clergé » assemblé à Paris a proscrit par un jugement so- » lennel cette fausse et pernicieuse science *qui ap-* » *prend aux hommes, non à former leurs mœurs* » *sur les maximes de l'Evangile, mais à courber la* » *règle, à éluder* la sainteté de la loi par des fausses » interprétations, pour la rendre favorable à leur » cupidité, et à réduire en problèmes et en questions » douteuses la morale chrétienne, par les vains rai- » sonnemens d'une philosophie toute nouvelle. (3)

(1) Décret de morale de l'assemblée du Clergé de France de 1682.

(2) Isaie, 1.

(3) Assemblée du Clergé de France de 1655. Let. aux évêques.

Il semblait, Messeigneurs, que ce philosophisme impie et turbulent devait se taire, et s'envelopper dans ses propres ténèbres et sa honteuse corruption à la voix de ces oracles sacrés; il semblait que sur ces ordonnances venues assurément du ciel, les enfans d'Israel ne devaient plus redouter, dans les siècles à venir, les artifices funestes des prophètes de la volupté et du mensonge.

Mais la cupidité et la fatale convoitise ne se déconcertent jamais, cette hydre horrible renaît de ses propres cendres. Aujourd'hui plus que jamais, ces monstres s'élancent du fond de l'abîme, et répandent dans l'héritage du vrai Jacob les noires fumées de leur corruption. Le philosophisme, dont l'orgueil et le libertinage a rompu toutes les barrières, ce philosophisme, qui n'a pour toute science qu'une vaine et impudente enflure, et d'autre principe que celui de n'en respecter aucun, porte ses attentats sacriléges sur tout le dépôt de l'Église. Les mœurs et le dogme sont également attaqués, son souffle empesté se prend à tout; tantôt inspiré par le démon de l'hérésie et de l'incrédulité, il exerce sa fureur à saper les fondemens de la foi; tantôt par le démon de la débauche et de la volupté, il lance les traits enflammés de sa corruption pour enivrer ses victimes du vin de prostitution; tantôt par le démon de la cupidité et de l'usure, il dégrade les lois primitives de la nature et de la société, l'enseignement de la tradition et de l'Évangile, les règles de la saine politique, pour apprendre aux ambitieux et aux avares à s'engraisser de la substance de leurs semblables.

Il se pare surtout du privilége glorieux d'être seul bienfaisant et humain; et, à la faveur de ces titres qui n'en imposent qu'à ceux qui ne le connaissent pas, il renverse toutes les règles, détruit toutes les bienséances, avilit les vertus honnêtes, prétend ne faire que remettre l'homme dans sa première liberté, et, en autorisant les excès de sa brutale convoitise, lui restituer ses droits naturels; il se croit seul capable de dicter la vraie marche d'une politique sage, de donner une nouvelle influence au commerce; et enfin de rectifier toutes les branches du corps moral, religieux et politique, en se faisant des principes tout nouveaux sur la religion, le gouvernement et le droit de propriété.

Des plumes savantes ont opposé les vrais principes et des maximes pures à son impiété et à sa corruption.

Vos illustres prédécesseurs, dans leurs célèbres assemblées, Messeigneurs, ont déconcerté sa fierté et sa licence en faisant parler hautement la foi et toutes les vertus; ils ont frappé d'anathème ces productions infâmes, où une fatale éloquence a eu l'art funeste d'associer le poison mortel de l'obscénité aux sophismes de l'irréligion pour pervertir le cœur et l'esprit tout à la fois.

Je mets sous les yeux de votre sagesse les principes que j'oppose à sa politique trompeuse, et à la manie sacrilége qu'il a de vouloir toujours subordonner les vraies règles de la tradition et de l'Evangile, à l'égard des mœurs, aux fausses maximes de sa science toute humaine. C'est spécialement aux atteintes qu'il a données et qu'il donne à la foi de l'Église, concernant l'usure, que je me suis attaché.

De tout temps l'intérêt a été habile à trouver des moyens pour se reproduire par les prêts usuraires; il était réservé aux hérétiques des derniers siècles, et à la philosophie moderne, d'en trouver pour justifier cette maudite pratique de rendre le prêt fécond, et de donner à l'argent la faculté de se multiplier lui-même; dans les temps où nous sommes surtout, où on ne se croit de vrais talens, et où on ne se juge avoir quelque mérite qu'autant qu'on est habile à remuer les ressorts d'une politique qui calcule tout au poids des richesses. De là cette ambition démesurée pour transformer tout en commerce, pour inventer des ressources, afin de donner un flux et reflux à l'argent qui a déjà forcé les anciennes bornes de l'équité et de l'honneur, et qui absorbera à coup sûr toutes les autres sources de la prospérité publique.

De là cette chaleur à faire prévaloir ce système ennemi de toute vertu, et par conséquent de toute société, qu'un Etat ne peut être heureux qu'autant qu'on y anime toutes les branches du luxe qui ne connaît plus de limites, qu'on a la liberté d'y exercer et d'y mettre en vente les talens les plus dangereux, et qu'on y permet aux passions de mettre à prix leurs plaisirs et leurs excès.

L'usure, comme le grand ressort de la cupidité, et la cheville ouvrière de la fortune, dont les faveurs sont si amies de tous les plaisirs, a toujours sans doute levé la tête, malgré les anathèmes lancés d'en haut sur elle; foudroyée, elle s'est toujours relevée, et elle a toujours eu des partisans; mais depuis qu'elle a trouvé des apologistes chez nos philosophes et dans le sanctuaire, elle est devenue un art noble et utile, grâces aux lumières de notre siècle; elle ne doit plus être en butte à la superstition et aux persécutions de la théologie, *toujours courte dans ses vues et esclave des anciens préjugés*, disent nos oracles modernes. Quand elle respecte l'indigent et le faible et qu'elle se loge uniquement chez le riche et le négociant, c'est un astre salutaire qui ne laisse après lui que des avantages et des biens sans nombre. Un Etat qui ne l'adopte pas trahit ses intérêts, et le prince qui la réprouve comme injuste ne connaît point ce qu'elle est, encore moins ce que sa religion lui ordonne, ou lui défend à cet égard.

Messeigneurs, je m'élève contre ce scandale, et, au milieu du torrent qui se déborde de toutes parts, j'oppose la vérité aux ténèbres de cette erreur; j'oppose tout le poids de la tradition, les lois divines, et les lois de l'ordre naturel à ce renversement de la saine morale.

Comme je n'ai vu dans vous tous, Messeigneurs, que l'esprit de la même Eglise, qui, en 1700, foudroya avec tant d'éclat toutes les ressources de l'usure, j'ai cru entendre le grand évêque de Meaux, ou plutôt vous entendre répéter après lui, « que si » l'on n'avait qu'à consulter la sagesse humaine, on » aurait à craindre de s'attirer trop d'ennemis de » tous côtés; mais que la force de l'épiscopat consis» tait à n'avoir aucun faible ménagement : *arma mili» tiæ nostræ non carnalia sunt sed potentia Deo* ; (1) » et à détruire également toute hauteur qui s'élève » contre la science de Dieu : que la victoire par ce » moyen était assurée à l'Eglise...... que, puisqu'on » ne se lassait point de renouveler ouvertement les » disputes par des écrits répandus de toutes parts, » l'Eglise devait aussi se rendre attentive à en arrê» ter le cours. (2) »

Quand j'ai eu le dessein, Messeigneurs, de présenter à vos lumières une collection des vrais principes de la foi de l'Eglise contre les systèmes du

(1) II. Cor. c. 10.

(2) Extrait du procès-verbal de l'assemb. du Clergé de France de 1700.

siècle en faveur de l'usure, je n'ai puisé que dans les sources de l'Eglise même, et surtout dans l'enseignement de notre Eglise gallicane. Je me suis fait un devoir de suivre pas à pas le grand Bossuet, et l'esprit des deux célèbres assemblées de 1682 et 1700, dont ce grand évêque fut l'âme et la lumière.

Quand je prends la liberté de mettre à l'ombre de votre autorité sacrée cette simple exposition des principes du droit naturel et de toute la tradition, contre l'intérêt de l'argent, je ne vous présente encore que des vérités reconnues de tous les temps, que j'ai puisées dans le célèbre traité du savant évêque de Meaux, (1) qu'il travailla presque sous les yeux du clergé assemblé en 1682, dont une copie devait être donnée à chaque prélat de cette assemblée, et qui n'était qu'un exposé plus étendu du décret de morale qui fut dirigé à cette époque. Je ne vous présente encore que les oracles de vos illustres prédécesseurs qui ont sûrement proscrit toute espèce d'usure à cause de son opposition au droit naturel.

« A Dieu ne plaise, disaient-ils, que des Chré»tiens appréhendent que l'observation exacte de la »loi chrétienne qui défend l'usure, soit préjudicia»ble à la république, c'est néanmoins sur ce pré»tendu préjudice que les partisans de l'usure ne veu-

(1) Vie de Bossuet, pag. 202.

» lent pas que la loi naturelle la condamne. Y a-t-il » au contraire rien de plus pernicieux à la société, » que de ne vouloir exercer la charité et la générosité » qu'à prix d'argent? Est-il un moyen plus capable » de ruiner promptement un Etat que l'usure, » qui produit les fraudes et l'oisiveté? (1) »

Peut-on après cela s'en laisser imposer par les vains raisonnemens de quelques plumes vendues à la cupidité, ou folles de la nouveauté de certains systèmes auxquels on travaille depuis long-temps d'assujettir la morale? Pouvois-je moi même, Messeigneurs, ne pas voir évidemment par la nature même du contrat de prêt, et par sa différence essentielle des autres contrats, que l'usure est un renversement de l'ordre naturel, qui a donné à ce contrat ses qualités propres et ses effets nécessaires, lorsque j'ai considéré la sainte doctrine de la célèbre assemblée de 1700. Le grand évêque de Meaux parlant au monde entier au nom de l'Eglise de France, dont il fut alors l'organe, s'y attacha d'abord pour confondre l'usure « aux définitions du prêt et du » profit qui en provient d'après le droit civil et ca- » nonique : et considérant ensuite la distinction » d'entre ces contrats et ceux de société, de vente, » d'alliénation et autres semblables, il remarqua en » premier lieu les condamnations des conciles, des

(1) Actes du Clergé, édit de 1753, p. 481.

» papes, et de tous les saints pères, unanimement,
» des facultés de théologie, et en particulier de l'as-
» semblée de 1655, qui n'a laissé aucun doute sur
» cette matière. »

Ce savant prélat remarqua, en second lieu, « que
» la règle pour connaître la nature des contrats,
» était d'en regarder l'intention et l'effet; que
» Dieu en défendant l'usure, défend en même temps
» tout ce qui y est équivalent, et qu'ainsi tout ce
» qui, dans le fond, fera tout l'effet de l'usure que
» Dieu défend, doit être regardé comme également
» défendu, quelque nom qu'on lui donne.

» En troisième lieu, qu'il ne fallait point s'étonner
» de quelque diversité dans les lois civiles, puisque les
» SS. Pères avaient décidé qu'elles ne pouvaient
» préjudicier à la loi de Dieu. »

Vous l'avez trouvée, Messeigneurs, dans le dépôt de notre Eglise, cette doctrine enseignée de tout temps, sur un point de morale si attaqué, et si peu révéré de nos jours : et vous la défendez avec une fermeté égale à vos lumières contre tous les prestiges de la cupidité, et les sophismes d'une philosophie dictée par la corruption du cœur de l'homme.

Quoi qu'en dise cette philosophie, aussi ennemie des mœurs que de la foi, vous opposez toujours aux prestiges de sa fausse science ce que notre savante Eglise a toujours cru et enseigné. Quand l'esprit de nouveauté commence à opposer son faux éclat à la vive lumière de l'antiquité, vous faites parler ces respectables oracles qui vous ont précédés : vous opposez à ce démon inquiet et turbulent l'esprit des anciennes assemblées : vous perpétuez la gloire de l'Eglise de France ; et toujours unis avec l'Eglise-mère, vous faites triompher l'Eglise catholique.

C'est ainsi que vous confondez toujours du poids de votre autorité et de vos profondes lumières tous les ouvrages enfantés par l'esprit de mensonge, ces « ouvrages surtout qui produisent des effets plus fu-» nestes, soit parce que le charme de la nouveauté, » ou la séduction du style, ou la triste célébrité » de leurs auteurs leur ont donné plus d'éclat ; soit » parce qu'ils renferment des principes plus pervers » et des traits d'une impiété plus scandaleuse, et » qu'ils sont par là même dignes d'une flétrissure » plus particulière (1) ».

Ce qui vous remplira surtout, Messeigneurs, d'une juste indignation, c'est que tandis que vous, qui composez l'Eglise gallicane, faites revivre ces grands prélats qui ont été l'ornement de ce royaume, la gloire de la religion, et le flambeau de ces assemblées si augustes, où les ennemis de nos sublimes mystères et de notre sainte morale ont été couverts d'opprobre ; c'est que tandis que l'âme du

(1) Actes de l'assemblée du Clergé de France de 1765, p. 7.

grand Bossuet est tout entière au milieu de vous ; que ce grand homme, qui sera à jamais la gloire de l'Église de France, et de l'esprit duquel vous êtes pleins, confond encore par vous les corrupteurs de la morale et les suppôts de l'incrédulité ; que sa mémoire qui ne mourra jamais, nous répète encore au nom des célèbres assemblées de 1682 et de 1700, « que l'Eglise catholique à toujours cru que » l'usure, c'est-à-dire le profit tiré du prêt, était » défendue entre les frères par Moïse, par les pro- » phètes et par l'Evangile, et que telle est la tradi- » tion constante et perpétuelle de tous les pères et de » tous les siècles (1) ; « que certains hérétiques ont » vainement prétendu qu'il n'y a que les grosses usu- » res, ou celles qu'on exerce envers les pauvres, qui » soient défendues. Qu'il est également constant par » l'autorité de l'Écriture et par toute la tradition que » l'usure, suivant sa définition, *est ce qui est au delà du* » *sort principal* ; et que c'est là ce qui est généralement » défendu à l'égard de tous les hommes ; et que l'E- » glise catholique a condamné le sentiment contraire » comme hérétique.

C'est que, tandis que le savant pape Benoît XIV, par sa fameuse lettre encyclique à toute l'Église d'Italie, de l'an 1745, dit à tout le monde catho-

(1) Décret de morale contre les prop. 50, 51, 52 et suivantes de l'assemblée du Clergé de France de 1682.

lique, « que le péché d'usure, qui a son siége propre » et unique dans le contrat du prêt, consiste en ce » que celui qui prête, veut qu'en vertu du prêt même, » dont la nature est de retirer autant qu'on a fourni, » on lui rende plus qu'il n'a prêté, et en conséquence » exige un intérêt outre le capital, par la seule force » du prêt, que tout profit et intérêt de cette nature » est illicite et usuraire.

» Que, pour excuser cette tache d'usure, il est » inutile d'alléguer que ce profit n'est pas excessif, » mais modéré ; qu'il est peu considérable ; que » celui de qui on l'exige, par la force du seul prêt, » n'est pas pauvre, mais riche ; qu'il ne laissera pas » la somme prêtée oisive, mais qu'il l'emploiera » très-utilement, et pour améliorer sa condition, » soit à des acquisitions de domaines, soit à des » négociations de commerce : puisque l'essence du » prêt consistant nécessairement dans l'égalité entre » ce qui est fourni et ce qui est rendu, cette éga- » lité une fois supposée, celui qui prétend quelque » chose de plus par la force du prêt même, s'op- » pose à la nature même de ce contrat, ayant été » justement satisfait par le paiement d'une valeur » égale à celle qu'il avait comptée ; par conséquent il » serait tenu à restituer le surplus, s'il l'avait reçu, » par une obligation de cette justice qu'on appelle » commutative. »

C'est que, tandis que les plus célèbres Pères de

l'Église et notamment le quatrième concile de Latran, ont unanimement et en termes exprès établi l'injustice de l'intérêt de l'argent dans le prêt, *sur le transport de propriété de la somme prêtée qui se fait du prêteur à l'emprunteur*, *sur l'infécondité*, ou ce qui est la même chose, *la stérilité de l'argent*, et des autres objets qui sont la matière du prêt, *sur l'inégalité* nécessaire que la stipulation d'un profit quelconque apporte à ce contrat : et qu'un ancien concile d'Elvire de l'an 305, le concile de Pavie de l'an 850, et le fameux second concile de Lyon de l'an 1274, ont expressément enjoint la restitution de tous ces profits de l'usure.

C'est que, tandis que les églises particulières du royaume, ou dans leurs statuts synodaux, ou dans leurs rituels, proscrivent l'usure par un anathème général, sans faire aucune restriction de celle qui est exercée envers les pauvres, et de celle qu'on pratique à l'égard des riches, et notamment dans le savant rituel de Toulon, imprimé en 1780, où l'on trouve ces paroles remarquables, page 403, tome second : « Il est aisé de conclure par l'autorité » de l'ancien et du nouveau Testament, 1° qu'il y a » une véritable usure, même quand on prête aux » riches, parce que la circonstance des personnes » riches ne dépouille pas l'usure de son injustice » naturelle et ne l'empêche pas d'être mauvaise en » elle-même ; 2° qu'il est évident, comme dit le pape

» Urbain, que tout intérêt provenant du prêt est une » usure; et qu'il est défendu clairement dans la loi à » tous les hommes, soit riches, soit pauvres : *Omnis* » *usura et superabundantia prohibetur in lege;* et » page 407 : il serait inutile après des témoignages » aussi forts pour faire connaître la doctrine de l'E- » glise contre l'usure de vouloir ajouter des nou- » velles preuves. Quiconque n'en sera pas satisfait, » pourra, quand il voudra, se donner la liberté de » nier les vérités les plus indubitables de la religion. » Car assurément la tradition sur aucun point n'est » plus constante que sur celui-ci, et quand on l'a mé- » prisée une fois, on ne la respecte ailleurs que par » caprice ».

Ce qui vous remplira, dis-je, d'indignation, c'est que, tandis que tous ces grands hommes, que l'Église même, et en particulier l'église gallicane, ont ainsi fixé la nature, les caractères, les fondemens et les effets de l'usure, il se trouve des écrivains de nos jours qui non-seulement méconnaissent des vérités aussi anciennes et aussi manifestes, mais encore qui ont l'audacieuse témérité de déprécier les lumières et l'autorité de ces organes fidèles de la tradition et des saints écrits, de leur prêter une doctrine toute différente à l'égard de ce point des mœurs, et de ridiculiser même leur enseignement et leurs principes.

Voilà comment la philosophie de notre siècle,

qui se vante d'être si honnête, si équitable et si humaine, s'y prend pour répandre ses belles découvertes. Quand elle est déconcertée par l'évidence des vérités qu'elle attaque, elle outrage ses défenseurs; et quand elle ne peut pas se mettre à l'abri de l'autorité, elle lui impute ses délires et ses systèmes.

Quelle témérité, Messeigneurs, ou plutôt quel scandale qu'on ose mettre par écrit, et tâcher de persuader, et à qui? à une foule de gens déjà assez tentés par leur cupidité, au moins peu occupés et peu jaloux de se prémunir dans les véritables sources contre les prestiges de ces étranges inventions, que le célèbre Bossuet, écrivant au nom de l'Église de France, et chargé par cette Eglise elle-même de fixer sa doctrine et sa foi sur la matière de l'usure, *a traité cette matière avec légèreté.* (1) N'est-ce pas outrager l'Église gallicane elle-même, qui a adopté les principes de ce savant prélat à l'assemblée de 1700, et qui en a fait le dépôt de sa croyance?

Que si le célèbre Benoît XIV a taxé l'usure d'injustice et l'a jugée contraire au droit naturel, avec toute la théologie, c'est que *sa timidité* (2) lui en a imposé. N'est-ce pas insulter au chef de l'Eglise,

(1) On trouve toutes ces expressions étranges dans le livre de la Théorie de l'Intérêt de l'argent, réimprimé à Paris et dans d'autres écrits de nos jours.

(2) Ibid.

et à l'Église romaine elle-même, qui a reçu avec tant de respect le jugement et la doctrine de ce grand pape, sur ce point de morale, consignée dans sa lettre encyclique ?

Que toute la théologie et notamment le grand saint Thomas, qui a enseigné que l'argent, étant stérile par lui-même, ne peut produire aucun profit à celui qui le prête, parce qu'il passe en propriété à l'emprunteur, qui par là devient le maître du produit, n'a débité que *des inepties*, *de pitoyables raisonnemens*, *et les rêveries d'Aristote..* (1) N'est-ce pas faire une injure étrange aux plus célèbres savans et aux plus grands docteurs ? ou plutôt n'est-ce pas dire insolemment que les Pères de l'Église et l'Église elle-même dans le concile de Latran, qui a établi ces principes, n'a enseigné que des *vaines subtilités*, *des inepties*, et les ridicules systèmes de l'école péripatéticienne ?

Vous jugez sans doute, Messeigneurs, quelles sont les intentions de pareils écrivains, et quels effets funestes des écrits de cette nature produisent à coup sûr, dans un siècle où tous les moyens de devenir riche sont regardés comme honnêtes ou excusables, parce que les richesses sont devenues les seuls titres du mérite ou de la noblesse, et que ce système destructeur des bonnes mœurs a pres-

(1) Théorie de l'intérêt de l'argent.

que prévalu, qu'on n'est quelque chose qu'à proportion qu'on a de la fortune : dans un siècle où toutes les conditions cherchent à se confondre, où les états les plus communs le disputent aux plus élevés, par le luxe, la dépense et le train; où par conséquent les dépenses surpassent presque toujours les revenus et les produits; et où enfin celui qui a le talent, de quelque nature qu'il soit, de devenir plus riche, se croit le plus heureux : dans un siècle où vous gémissez vous-mêmes de voir qu'un fond d'incrédulité, qui déjà a gagné les compagnes, anime la cupidité de mille manières, présente les maximes de la religion comme insupportables, ou au moins comme susceptibles d'être accommodées au goût et au raffinement du temps présent; où une philosophie à la mode se vante de rappeler l'homme à la raison, et de le sortir des entraves de la crédulité et des préjugés de nos pères : dans un siècle enfin où vous vous plaignez amèrement vous-mêmes qu'on n'étudie presque plus la religion, ou qu'on ne la cherche plus dans les véritables sources, mais dans des sources empoisonnées ou toutes humaines, où une politique toute du monde travaille avec force de la plier aux desseins de son ambition et aux vaines espérances de sa cupidité et même de sa corruption.

Comme premiers pasteurs, comme évêques, comme membres d'un état dont vous faisiez le premier ordre par l'excellence et la haute plénitude de votre sacerdoce, comme vos prédécesseurs le disaient à toute la France en 1765, vous vous regardez comme obligés de lever votre voix apostolique contre cette multitude d'ouvrages impies qu'on ne craint pas de répandre toujours; et vous ne croiriez pas moins manquer au serment que vous avez fait entre les mains de votre souverain qu'à celui que vous avez prononcé aux pieds des autels, si vous n'employiez pas tous les moyens qui sont en votre pouvoir pour vous opposer au torrent de ces productions criminelles qui nous ont fait tant de maux si affreux, et qui nous en feraient encore d'autant plus, comme l'a dit solennellement et avec la plus sublime éloquence, le Bossuet de notre temps, Monseigneur l'évêque de Troyes, et comme vous le dites tous avec lui, que toutes les lois doivent concourir à défendre et à soutenir la prééminence de la religion de l'État, de cette religion qui est celle de nos rois, celle de nos ancêtres, avec laquelle est née la monarchie, et sans laquelle la monarchie mourrait demain; celle qui n'est pas seule établie dans l'État, mais qui elle-même a établi l'État en le civilisant: celle qui n'est pas seulement reconnue par l'État, mais qui reconnaît l'État comme fondé par elle: ce qui a fait dire que le royaume de France a été bâti par les évêques; et ce qui fait aussi demander comment les successeurs de ces évêques et les héritiers de ces habiles architectes, qui ont bâti le plus beau des royaumes après celui du ciel, ne sont plus guère regardés que comme une sorte d'hommes frappés, au nom des lois, de je ne sais quelle exécration civile contre toutes les lois de la justice, de la piété et de la reconnaissance.

Église gallicane si savante, si brillante et si célèbre par ta noble antiquité et tes vertus apostoliques, ton oppression est ta gloire !

PROPOSITIONS

PRÉTENDUES

PHILOSOPHIQUES.

TRAIT DU LIVRE DE LA THÉORIE DE L'INTÉRÊT DE L'ARGENT DANS LE PRÊT, CONTRE L'ABUS DE L'IMPUTATION D'USURE, OU PARADOXES DU PHILOSOPHISME RÉFUTÉS PAR AUTANT DE PROPOSITIONS THÉOLOGIQUES.

Videte ne quis vos decipiat per philosophiam et inanem fallaciam, secundùm traditionem hominum, secundùm elementa mundi et non secundùm Christum.
(*Epistola ad Colossenses*, chap. 2.)

Prenez garde que personne ne vous surprenne par la philosophie et par des raisonnements vains et trompeurs, qui ne sont fondés que sur les traditions des hommes et sur les principes d'une science mondaine, et non sur la doctrine de Jésus-Christ.

PREMÈRE PROPOSITION.

« L'homme a un droit essentiel d'user des moyens » physiquement nécessaires à sa conservation. »

d

PREMIÈRE RÉFLEXION.

C'est un principe de l'école d'Épicure, débité par Jean-Jacques Rousseau dans son Émile flétri par la Sorbonne.

Quelles conséquences affreuses suivent de ce principe isolé tel qu'il est présenté dans la Théorie, sans aucun tempérament, sans aucune restriction! quel horrible anarchie arriverait dans l'ordre social! quel renversement de mœurs! L'auteur de la Théorie a-t-il prévu tous les maux qu'un pareil principe, suivi dans toute son étendue, entraînerait nécessairement? S'il ne les a pas aperçus, quelle éclipse pour sa raison, dont il vante tant les droits et les ressources! quelle confusion bien propre à lui en faire sentir la vaine fierté, et à le forcer de reconnaître la nécessité d'une lumière plus vive qui ne peut venir que des oracles du ciel et des écrits des saints! S'il les avait prévus, ces maux affreux, quelle âme noire et corrompue! mais nous frémirions de le soupçonner seulement d'une pareille horreur, qui ne peut être digne que des cyniques auteurs du Système de la Nature, ou de l'homme brute. Quel crime ne deviendrait pas permis, et cesserait même d'être un crime si tous les moyens physiquement nécessaires à notre conservation nous étaient dus essentiellement? La fornication, l'adultère, l'homicide; je m'arrête, ma plume ne peut plus soutenir une si affreuse perspective; anathème à ce philosophe que la Sorbonne a foudroyé et que la puissance séculière aurait dû poursuivre comme l'ennemi du genre humain, qui a osé produire sous une forme équivalente ce système de prostitution et de barbarie, en disant « que tout est permis pour conserver sa » vie à quiconque n'a nul autre moyen possible pour » vivre. (1) »

« Il n'y a donc aucun crime, s'écrie la savante école » de Paris (2), aucun attentat défendu ; il est alors permis » de tuer l'ami le plus intime, le père le plus tendre, » le bienfaiteur à qui on devrait la plus vive reconnais- » sance. On peut, dans la même circonstance, sans en- » freindre aucune loi, causer la ruine entière de la pa- » trie et de l'Etat! Quelles affreuses conséquences, quelle » horreur n'inspirent-elles pas! qui ne sent combien » elles sont opposées au sens moral, à tout droit natu- » rel, positif et divin! » On voit par là jusqu'où conduisent les maximes de ces grands oracles de la philosophie moderne, l'opposition de leur prétendue sagesse au bien de toute société publique et privée, les lumières tant vantées d'une raison assez aveugle pour se persuader qu'elle n'a besoin que d'elle-même, *qu'elle n'a que faire d'interroger l'antiquité sacrée pour interpréter la voix du droit naturel* (2); *qu'elle a au contraire dans son fonds un tribunal fait pour juger de l'équité des préceptes de la religion révélée* (4); quel monstre deviendrait un homme formé par de telles leçons, et imbu de principes si détestables!

(1) Emile, tom. 2. p. 113.

(2) Censure de la Sorbonne du liv. de l'Emile, p. 53.

(3) Théor. p. 235.

(4) Trait. du Prêt de Com. p. 2. sect. 1.

DEUXIÈME PROPOSITION.

« Le fondement du droit essentiel que l'homme a d'u-
» ser des moyens physiquement nécessaires à sa con-
» servation, est la liberté qui le rend arbitre et comp-
» table de ses actions » (1).

DEUXIÈME RÉFLEXION.

Si nous n'avions pas trouvé cette proposition dans la Théorie, nous dirions qu'elle ne peut être que dans les écrits de quelques écrivains du siècle.

La liberté, qui est dans l'homme le caractère le plus digne de son divin auteur, et où l'image de Dieu paraît davantage, pourrait-elle être le fondement d'un droit aussi licencieux et aussi propre à dégrader l'homme?

Oui sans doute (2), *Dieu dès le commencement a créé l'homme libre, et il l'a laissé dans la main de son propre conseil;* il lui a donné la faculté de faire le bien et lui a laissé celle de s'en éloigner et de se porter au mal. La première vient de sa sage libéralité, et la seconde vient du néant de sa créature. Si je me porte à une action contraire à ses saintes lois (3), *Voilà*, dit le grand Bossuet, *dans ma liberté un trait défectueux, qui est de pouvoir mal faire; ce trait ne me vient pas de Dieu, mais il me vient du néant dont je suis tiré. Je suis né libre sans doute, Dieu m'a fait ce riche présent; mais ma liberté*

(1) Théor. p. 4.

(2) Eccl. c. 15.

(3) Elevat. sur le Christian. p. 86.

n'est pas une indépendance (1). *Sa sainteté m'a donné de plus ses ordonnances et ses préceptes.* Je puis jouir des moyens physiquement nécessaires à ma conservation, mais toujours dans l'ordre de ma sujétion aux ordonnances du Seigneur. Je puis encore me porter à ceux que Dieu condamne, quoique nécessaires cependant à la conservation de mon être; mais ce désordre, de ma part, vient de mon instabilité naturelle : quelle indigne liberté qui attacherait à ma constitution un droit essentiel à ma nature, d'employer tous les moyens physiques que la conservation de ma vie réclamerait. Ma liberté, que je tiens de Dieu, justifierait alors tout ce que mon penchant à la vie me porterait à faire pour l'entretenir; bien plus, parce que cette liberté m'aurait été donnée pour en user, et que mon être constitutif aurait, dans son essence, le droit d'user aussi de tous les moyens physiques nécessaires à ma conservation, quel moyen que ce fût, quoique contraire à la nature, à la religion, à la société, pourvu que la durée de ma vie en dépendît, je serais en droit de m'en servir et de le faire valoir : et quelle est la loi qui m'en *rendrait comptable* alors? puisque l'auteur souverain de ma nature l'aurait lié à l'essence même de mon être.

Quelle précaution chimérique et contradictoire, l'auteur de la Théorie a-t-il prise en disant que cette singulière liberté rend l'homme *comptable de ses actions*, pour en imposer à la bonne foi de ses lecteurs, et pour faire passer un principe si détestable, qui lui a été si nécessaire afin d'établir la pratique de l'usure.

(1) Eccl. c. 15.

Serait-ce à la faveur de ce principe qu'il a voulu établir sa Théorie de l'intérêt? car dès lors qu'il serait vrai que nous avons un droit essentiel d'user des moyens physiquement nécessaires à notre conservation, il n'est point d'usure que nous ne fussions en droit d'exercer. A quels excès serions-nous en droit de nous porter? A pratiquer même la plus cruelle usure envers les pauvres; ce que ce prêtre usuriste condamne lui-même. Voilà comment sa logique se suit, et qu'elle est en droit d'attaquer celle d'une foule de vrais savans. Et à quelles autres horribles extrémités la nécessité, réelle ou factice, de veiller à notre conservation nous menerait-elle? A quoi nous conduirait notre fatale liberté, si elle était le fondement de cette nécessité essentielle, comme le dit cet écrivain. Nos matérialistes, nos apologistes de la nature avanceraient-ils un paradoxe plus étrange? Malheureux peuple! on n'a pas certainement voulu ouvrir à votre liberté une si dangereuse carrière.

TROISIÈME PROPOSITION.

« Tous les préceptes de la morale sont fondés en » raison, et il n'en est pas dont la lumière naturelle ne » fasse sentir l'équité » (1).

TROISIÈME RÉFLEXION.

Les préceptes de la morale sont sans doute fondés en raison, c'est un principe de saint Thomas; mais cette raison seule suffit-elle pour en faire connaître toute l'étendue et tous les rapports? Les sages du paganisme

(1) Théor. p. 4.

auraient donc pu, avec ce seul flambeau, apercevoir d'un coup d'œil toute l'étendue des devoirs naturels de l'homme, et tracer à l'univers un code parfait d'une morale sainte et pure; et pourquoi donc comme des aveugles et des insensés sont-ils tombés dans les erreurs les plus monstrueuses sur les premiers devoirs de l'homme? Pourquoi? parce que, disait la fameuse assemblée du clergé de France, en 1700 (1), *cette lumière naturelle ayant été obscurcie par le péché et par la concupiscence, il leur fallait un autre guide.* Ainsi cette raison seule est incapable de fixer dans tous les cas toute la force et l'étendue des devoirs naturels. L'auteur de la Théorie dicte cependant à son peuple une doctrine contraire; qu'il nous permette de lui dire qu'il aurait dû s'apercevoir qu'il l'induit par là à s'établir soi-même son propre maître et son propre juge, dans l'idée et la pratique de ses devoirs. Ce principe, dans le sens surtout qu'il est employé dans la Théorie, est un principe pervers. En voici la preuve évidente par lui-même.

QUATRIÈME PROPOSITION.

« On n'a que faire d'interroger l'antiquité sacrée ni » profane pour interpréter la voix du droit naturel; » sa sanction nous est connue par le bon usage de la » raison. »

QUATRIÈME RÉFLEXION.

Il n'en veut donc pas du secours de l'autorité divine,

(1) Décret de morale du Clergé de France de l'assemblée de 1682.

(2) Théor. p. 235.

ce prédicateur de l'usure; sa raison se suffit à elle-même, elle fait constamment un usage excellent de sa lumière : quelle philosophie ce ministre de l'Evangile a-t-il puisée dans ces vains raisonnemens qu'il a pris pour ses docteurs? philosophie vaine, qui dédaigne donc le bienfait admirable de la révélation et la vraie lumière de la tradition! Il n'a que faire de les interroger, ces oracles sublimes et divins; il ne veut d'autre autorité que lui-même; il veut donc persuader ce qu'un incrédule lui a persuadé à lui-même (1), *que les préceptes de la religion chrétienne sont faits pour être subordonnés à l'arbitre de sa raison, parce qu'il a dans elle un tribunal pour juger de leur équité.* Paradoxe impie qui est le fondement des principes de sa Théorie, ou plutôt qui n'est que ses principes mêmes, énoncés avec plus de précision et moins de déguisement; car il ne craint pas de dire qu'il les a pris dans les écrits de Mignot et de l'abbé de Condillac (2), *et que ce sont autant de vérités qui y sont démontrées.* Comment cet apologiste de la raison ose-t-il nourrir son peuple de cette parole de mort? Comment a-t-il osé braver cet anathème terrible dont l'Eglise de France l'a frappé par avance dans la personne de ces moralistes corrompus qui prétendaient comme lui soumettre certains préceptes naturels (3) *au jugement de la seule raison.*

Cet écrivain infortuné, à quels prophètes s'est-il adressé pour apprendre les grandes vérités de son état?

(1) Traité du Prêt de Com. p. 20.

(2) Note de la p. 4 de la Théor.

(3) Prop. 119, censurée par l'assemb. de 1700.

Entendez, ô prêtre du Seigneur, la voix de l'Eglise gallicane qui vous crie avec force (1) *que la raison n'est véritablement droite et saine que quand elle n'est pas abandonnée à elle-même, mais guidée par la parole de Dieu, par la tradition des Pères, et par les règles et les maximes de l'Eglise; car il est écrit: Je suis le Seigneur ton Dieu* (2), *qui t'enseigne des choses utiles, et qui te gouverne dans la voie dans laquelle tu marches.* C'est pour cela qu'il a été dit de ces hommes fameux, même par leur sagesse: *Ceux* (3) *qui recherchaient avec tant de travail la prudence et l'intelligence ont ignoré le chemin de la sagesse, et ne se sont point souvenus de ses routes;* tant il est vrai qu'il n'y a de véritable sagesse que celle qui vient de Dieu, et qui nous a été donnée par Jésus-Christ!

CINQUIÈME PROPOSITION.

« En morale, la nature ou l'ordre naturel n'est que la » convenance des choses aperçues par les lumières de » la raison, dans l'ordre de nos devoirs; et en ce sens, » tout ce qui est utile, équitable, juste, est nécessaire- » ment conforme à la nature » (4).

CINQUIÈME RÉFLEXION.

Cette indigne proposition est, en termes équivalens, tout établie dans l'ouvage impie du *Système de la nature.*

(1) Décret de Mor. de l'assemb. de 1682. c. 11.
(2) Isaïe, c. 48.
(3) Baruc, c. 3.
(4) Théor. 2e. édit. p. 88.

Selon cette doctrine si étrange, l'ordre naturel n'est donc pas une auguste émanation de la loi éternelle. Si cet ordre n'est autre chose qu'une convenance respective entre les choses humaines, la loi naturelle ne consiste donc que dans *certains principes éternels et primitifs qui dérivent de la constitution des êtres* (1).

Elle n'est que ce concours de rapports, de proportions qui lient les choses créées entre elles; elles sont donc justes et conformes à l'équité, non pas parce qu'elles sont conformes à la loi éternelle, à cette lumière invisible, aussi ancienne que Dieu, puisqu'elle n'est que lui-même, et que sa main libérale a gravée dans notre être; mais parce qu'il y a entre elles une relation et un ordre qui les accommode l'une avec l'autre. Ainsi cette justice et cette équité qui doit présider à nos actions, qui légitime le commerce mutuel, entre les individus de la société, n'est donc autre chose que le résultat des conditions respectives et des convenances qui se trouvent, ou qui sont mises dans le commerce social, et les communications respectives des êtres créés.

Il n'y a donc plus de lois générales et invariables, pour fixer ce qui est juste ou injuste; il n'y a pas de règle éternelle qui en ait posé les bornes sacrées et indélébiles; ce n'est plus cette lumière indéfectible qui éclaire tout homme venant dans ce monde, ce ruisseau fécond de cette sagesse qui a existé avant tous les êtres, qui en a fixé tous les rapports et tous les mouvemens jusque dans le plus petit détail, nos conventions, nos utilités particulières, nos accords; les regards louches,

(1) Système de la Nature.

obscurs et infidèles de notre raison faible, dégradée et ténébreuse, sont l'unique règle de l'équité et de la justice, l'unique fondement de l'ordre naturel, et l'unique source des lois de la nature : quelle monstrueuse doctrine! quelle abominable philosophie! Que serait le monde, que serait l'homme lui-même! quelle anarchie affreuse! dans quelle confusion seraient les choses humaines, quel désordre indigne régnerait dans tous les êtres, quelles injustices, quelles oppressions! quelle barbarie s'exercerait parmi les hommes! L'impie Hobbes a-t-il poussé plus loin ses extravagances? l'auteur matérialiste du livre de l'*Esprit* pouvait-il porter ses impiétés plus avant? et l'auteur lui-même de la *Théorie* a-t-il senti tout ce qu'il a dit, a-t-il prévu toutes les horreurs de son principe? Pour apprendre à ses lecteurs à être usuriers sans remords, il n'a certainement pas voulu les conduire à n'avoir plus aucune règle, à ne plus reconnaître le témoignage sacré de cette loi naturelle que nous portons tous au milieu de nous-mêmes? Pourquoi s'est-il exposé à leur apprendre à l'étouffer, à la faire taire et à l'obscurcir sans cesse, en leur apprenant qu'ils n'ont plus d'autre guide, d'autre règle et d'autre loi à suivre les uns à l'égard des autres que leur faible raison, leurs intérêts et *la convenance* (1) *des devoirs* que cette vaine raison voit dans les choses mêmes.

Cet auteur a dit sans doute dans la préface de son livre, que Dieu a gravé en nous *les notions* (2) *immuables du droit naturel* : mais comment l'a-t-il dit? comme en passant; et, ensuite dans tout son livre, il établit la

(1) Théor. p. 88. 2e. dit. (2) Ibid, p. 25.

funeste doctrine dont nous venons de tracer les horreurs; c'est sur ce principe de nos plus hardis incrédules qu'il étaie tous ses sophismes pour justifier sa *Théorie de l'intérêt;* il ne veut ni révélation, ni loi primitive, ni tradition écrite ou non écrite, ni SS Pères, ni théologiens, ni l'Eglise même; la raison seule, les conventions particulières et les avantages des contractans, certains philosophes et quelques esprits du siècle. Quelle rétractation plus formelle et plus réfléchie pouvait-il donner de ce qu'il a avancé dans la préface de sa *Théorie*, ou qu elle contradiction plus complète?

SIXIÈME PROPOSITION.

« Plus on examinera la question de l'intérêt de l'argent, » plus on se convaincra que c'est par les lumières de la » raison qu'on doit la résoudre, et non par celles de la » révélation, qu'elle est philosophique et non théolo- » gique....., et qu'on ne peut dire, sans faire injure à » l'Eglise, qu'elle prétende exercer son autorité infaillible » sur des questions qui lui sont étrangères et qui appar- » tiennent à cette dialectique stérile et verbeuse que » saint Paul a eu tant à cœur de bannir de la religion. » (1)

SIXIÈME RÉFLEXION.

Cette doctrine, si étrange et si téméraire, a été toute prise des principes sociniens de l'auteur des *Prêts de commerce*, condamnés avec tant de vigueur par de savans

(1) Théor. p. 331 et ailleurs.

évêques et de célèbres théologiens. L'auteur de la *Théorie* en fait lui-même l'aveu, nous l'avons déjà observé; mais encore pour faire mieux connaître qu'il tient à cette fausse philosophie, il avance hardiment que l'écrit de l'abbé de Condillac, où on trouve, dit-il (1), *le fonds de toutes ces règles* hasardées, ou plutôt si scandaleuses, est un *ouvrage excellent.*

C'est donc au tribunal de la raison, disent ces écrivains qui veulent instruire les peuples, qu'il faut porter la question, *si l'usure est un péché ou un commerce licite;* c'est la raison seule qui doit décider de ce point de morale qui a excité le zèle des plus grands docteurs de l'Eglise, que Moïse a consigné dans sa loi toute sainte, que tous les prophètes ont rangé avec les autres préceptes de la loi et que Jésus-Christ lui-même a lié à la perfection de la morale évangélique. Les plus célèbres conciles, tous les Pères de l'Eglise ont donc méconnu la suffisance de cette raison, et mal à propos ils ont été chercher le secours des livres saints, et les oracles de l'esprit divin et du Fils de Dieu lui-même, pour fixer ce point de morale; pitoyables raisonneurs, ne connoissant pas même le flambeau de leur raison, ces hommes célestes, l'Eglise elle-même qui a fait de cet article de la morale le dépôt de sa foi et un point de son enseignement dans tous les temps, n'a pas su ce qu'elle faisait en allant chercher dans les sources sacrées de la théologie les principes par lesquels cette matière doit être discutée; et les abbés Mignot et de Condillac, Turgot, l'abbé Raynal et tous ces nouveaux

(1) Théor. p. 4, à la note.

fauteurs de l'usure, plus instruits des ressources de la raison et de ses droits que cette Eglise elle-même et que tous ses SS. Docteurs, sont venus dans ce siècle de lumières philosophiques lui apprendre que la matière de l'usure est toute du ressort de la philosophie et hors du domaine de son autorité, et que, puisqu'elle s'est avisée d'étendre le domaine de son *pouvoir infaillible* sur ce point de mœurs au concile de Vienne et dans tous les autres, depuis les premiers siècles de la loi chrétienne, elle a empiété sur les droits de la raison; elle s'est alambiquée témérairement (1) dans une *dialectique stérile et verbeuse que saint Paul a eu tant à cœur de bannir de la religion.*

Grâces à la doctrine de la *Théorie*, nous apprenons que l'Église s'est fait injure à elle-même, qu'elle n'a pas connu les bornes de son autorité, et qu'elle s'est trompée grossièrement en s'arrogeant un pouvoir qu'elle n'avait pas. Car nous savons que la défense de l'usure ou de tout intérêt du simple prêt a été le sujet de son enseignement, de ses censures les plus redoutables, et qu'elle l'a insérée au nombre de ses saints canons.

Qu'elle est à plaindre cette raison qui se porte à de pareils excès; mais allons plus loin, et la *Théorie* nous fera voir à quel point cette raison peut être téméraire.

SEPTIÈME PROPOSITION.

« Vouloir faire entrer dans la morale de Jésus-Christ » les idées philosophiques de capital et d'intérêt, et des

(1) Théor. p. 331.

» règles concernant les affaires temporelles; c'est mé-
» connaître le respect dû au divin législateur.

» La morale de l'Evangile est trop sublime pour être » entrée dans des détails d'affaires temporelles et dans » la théorie des contrats commutatoires, toujours soumis » à la vicissitude des temps et qui sont l'objet des lois » civiles » (1).

SEPTIÈME RÉFLEXION.

Ce ne sont pas les théologiens, encore moins les Pères de l'Église qui cherchent à associer à la morale toute sainte du fils de Dieu, des idées philosophiques sur le capital et l'intérêt; l'Eglise, et l'école après elle, a déjà lancé ses anathèmes et son indignation contre ces plaisantes idées, indignes de l'auguste dignité de sa foi et des principes de son enseignement; cette Église sainte croit, avec la foi la plus simple et la plus capable de confondre tout l'orgueil de la raison, que le législateur de la loi nouvelle par le précepte évangélique qu'il a fait de *prêter sans rien espérer au-delà*, a prétendu perfectionner la défense que Moïse et les prophètes avaient déjà faite de toute usure ou de tout surplus au dessus de la somme prêtée, et l'étendre à tous les hommes, envers tous les hommes, et dans tous les cas. Elle ne va pas chercher les ruses et les subtilités des philosophes pour ne trouver aucune exception, aucune distinction dans ce précepte, elle condamne par la force de cette seule sentence de Jésus-Christ toute raison et toute philosophie qui prétend distinguer l'usure envers le pauvre de l'usure envers le riche, du prêt de commerce de tout

(1) Théor. p. 155.

autre prêt, et c'est ainsi qu'elle l'a toujours entendu dans tous ses conciles, et qu'elle s'en est expliquée par l'organe toujours uniforme de la tradition (1) *qui a toujours été invariable*, dit le grand évêque de Meaux, *à commencer par les plus anciens conciles, et qui a toujours été celle de tous les Pères et de tous les papes.*

C'est l'auteur de la *Théorie* qui fait de ce point de morale, lié si nécessairement à la révélation, un objet purement philosophique, prétendant par une résistance formelle à l'enseignement de l'Église et au texte même de l'Évangile, que c'est à la raison seule à discuter cet objet et à en fixer la nature et l'étendue. Peut-on méconnaître plus formellement le respect dû au divin législateur? et n'est-ce pas l'outrager de la manière la plus indigne, que de disputer à son Eglise un droit qu'elle a toujours exercé dans tous les conciles, et de lui dire à lui-même que sa morale est trop élevée, qu'elle sort d'une source trop sublime pour se rabaisser à la direction des affaires temporelles. *Tandis*, comme dit Bossuet (2), *qu'il n'y a rien de plus digne de sa sagesse que de montrer aux hommes les règles qu'il est en son pouvoir de donner à la société et au commerce, et de régler tout par ses lois.* Nous ne penserons jamais qu'un prêtre ait été capable d'avoir adopté en ce point ce blasphème de nos déistes libertins, qu'ils ont eux-mêmes appris d'Épicure, *que Dieu est trop grand pour être attentif à nos misérables travaux.* Son cœur frémit certainement d'un si horrible blasphème; mais il aurait dû

(1) Traité de l'Usure.
(2) Ibid. p. 545.

s'apercevoir que les expressions dont il se sert, et la manière dont il les présente, n'y paraissent que trop conformes : tant il est dangereux de toucher au poison des principes trompeurs dictés par nos esprits forts, quoiqu'on en déteste les conséquences affreuses, et d'en laisser échapper quelques vapeurs !

Cet apologiste de l'intérêt et des grandes ressources de la raison, débite dans ces deux hardies propositions une philosophie d'autant plus opposée à la vraie raison et aux oracles divins, qu'il censure même la conduite de Jésus-Christ, qui n'a pas dédaigné de renouveler et de perfectionner même les préceptes naturels qui regardent le prochain, qui intéressent sa sûreté, son état, sa tranquillité, ses biens et ceux de chaque individu de la société, et qui constituent le corps de sa divine morale, établie par conséquent pour le maintien et l'ordre de tout le corps social ; qu'il dit clairement que le régime et la conduite particulière des affaires temporelles et des conditions qui doivent fixer l'équité des contrats et des conventions qui lient les membres de la société et qui les animent pour le bien général, sont indignes de la sublimité de la morale évangélique, et des soins de son divin auteur; ces affaires temporelles selon sa *Théorie* sont par conséquent d'autant plus indépendantes de cette sainte loi qui doit être cependant la règle et l'âme de tout bon gouvernement, d'autant plus indépendantes encore de l'influence de l'autorité de ce divin auteur, qu'il ajoute que la morale de l'Évangile n'a pas été étendue jusqu'à ces conventions humaines, parce qu'elles varient, dit-il, comme les temps, et comme les événemens, et qu'elles sont seulement *l'objet des lois civiles*, et point des lois divines. N'est-ce pas dire évidemment que les conditions qui font la base des contrats, et que les contrats eux-mêmes n'ont aucun principe primitif, aucun fondement essentiel qui détermine ou leur équité, ou leur injustice; que toutes ces choses sont arbitraires et dépendantes des événemens, qu'elles peuvent être justes ou légitimes dans un temps par certaines causes par lesquelles elles ne le seront plus dans un autre; que les sages lois civiles ont toute autre source que les lois éternelles qui sont elles-mêmes la base de la morale évangélique, puisque tous ces contrats ne peuvent être que l'objet de celles-là et non de celles-ci? N'est-ce pas renouveler le système téméraire de certains raisonneurs du temps qui prétendent que la Providence divine ne conduit les choses créées que par des lois générales, et que, pour leurs actions de détail et leurs mouvemens particuliers, elle les a subordonnées aux grands ressorts des causes générales?

Tous ces prédicateurs d'une raison si élevée nous font juger que, malgré la sublimité de leur génie, ils ignorent les premiers principes des choses, et qu'ils ont perdu de vue ces maximes si sacrées que le Saint-Esprit mettait dans la bouche de Salomon, ce prince si sage et ce roi si éclairé: *Envoyez-la moi* (1), *Seigneur, votre sagesse du haut des cieux, du trône sublime où vous êtes assis plein de gloire et de majesté, afin qu'elle soit, et travaille toujours avec moi, que je connaisse ce qui vous*

(1) Sages. c. 9.

est agréable, et que je gouverne votre peuple avec justice; et cette autre maxime: *Comme la distribution des* (2) *eaux est entre les mains de celui qui les conduit, ainsi le cœur du roi est entre les mains de Dieu et il l'incline où il lui plaît;*

Et ces deux autres encore (2): *Nous sommes principalement en sa main, nous et nos discours, et toute sagesse et la science d'agir* (3). *C'est par moi que les législateurs ordonnent ce qui est juste.*

A quoi nous conduiraient leurs maximes philosophiques? Il n'est point de précepte de morale qui fût à l'abri des plus grandes altérations, d'être anéanti même si ces étranges paradoxes avaient lieu. La raison de ces philosophes, esclaves de leur cœur corrompu, aurait bientôt effacé du corps de la morale de Jésus-Christ les articles qui tiennent même en bride l'honnêteté de nos mœurs, et qui mettent un frein à la corruption de notre nature; après quelques sophismes que la volupté a déjà mis à côté des expressions lubriques, pour attaquer les réserves de la pudeur, cette raison aveugle aurait bientôt dit que cette morale évangélique est trop pure pour s'être rabaissée jusqu'à nos faiblesses. Des casuistes, plus dignes d'être les disciples ignobles d'Épicure que de porter le nom de chrétien, en étaient presque venus à ce point d'aveuglement; que ne ferait pas la philosophie du siècle, si elle pouvait éluder la sainteté de l'Évangile, qui, dans presque tous ses pré-

(1) Prov. c. 21.
(2) Sages. c. 3.
(3) Prov. c. 8.

ceptes moraux, n'a fait que perfectionner la sainteté de la loi naturelle, anoblir, et préparer même la sanction des lois civiles : car la sagesse incarnée règne non-seulement sur les cœurs, mais encore elle préside aux Etats, et dirige leurs lois; elle forme une société de saints pour le ciel, mais encore elle soutient les sociétés humaines; ainsi elle a pu, sans s'avilir, fixer par les règles de sa loi toute sainte un point de morale qui est l'objet de la vigilance civile; c'est pourquoi les législateurs humains ont de tous les temps associé leur autorité à celle de la religion pour proscrire l'usure, et ont même motivé leurs lois à cet égard, sur l'autorité de la loi naturelle et de la foi; c'est ce qui doit confondre les apologistes de l'usure qui osent désavouer une vérité que toute la tradition ecclésiastique a confirmée, et contredire par des assertions scandaleuses l'Eglise même, qui en a établi la défense sur le texte même de l'Evangile qu'elle a toujours interprété de la même manière.

HUITIÈME PROPOSITION.

« Les paraboles de l'Evangile (1) faisant allusion à des » usages connus, on doit conclure de celle-ci ce qu'on » sait assez d'ailleurs, que du temps de Jésus-Christ il » y avait à Jérusalem des banquiers qui faisaient valoir » l'argent à leur profit et au profit de ceux qui leur en four- » nissaient. Ce trafic de l'argent, fixé à de justes bornes, » est trop utile au public pour être susceptible de blâme, » et l'idée que nous en donne ici le législateur des chré- » tiens en écarte tout soupçon d'injustice.... Préten-

(1) Théor. 2e. édit. p. 182.

»dre, comme font les adversaires de l'intérêt, que dans »cet endroit Jésus-Christ n'a nullement voulu faire en»tendre que l'intérêt de la banque fût permis, et qu'il »faut abandonner le sens littéral de la comparaison, et »se borner au sens figuré, c'est donner pour fonde»ment à ce dernier un sens littéral reconnu pour »faux.»

HUITIÈME RÉFLEXION.

Pour le coup l'auteur de la *Théorie* fait briller sa logique par la contradiction la plus formelle.

Le législateur des chrétiens qui n'avait d'autre but en faisant ses belles paraboles que d'instruire le genre humain : *Et docebat eos in parabolis* (1), faisait allusion à l'usage qui était établi à Jérusalem de faire valoir l'argent à la banque, et suivant ce logicien, plus hardi interprète que Calvin, on doit conclure qu'il prétendait enseigner que dans ce trafic il n'y avait pas le plus petit soupçon d'injustice, et décider au serviteur paresseux qu'il était coupable de n'avoir pas eu l'adresse de mettre son capital à profit, en le faisant valoir à cette banque, et que cet intérêt était tout-à-fait permis. Ce saint législateur a donc donné des règles *concernant* les affaires temporelles. Sa morale, toute *sublime* qu'elle est, n'a donc pas dédaigné d'*entrer* dans ces communs *détails*, et le moyen de mettre l'argent à profit a été donc, suivant notre écrivain, l'objet de sa loi sainte; il méconnaît donc lui-même, malgré le respect qu'il a pour ce divin législateur, celui qui lui est dû, en le faisant ainsi descendre à de si menus *détails*.

(1) S. Marc, c. 4.

Ces interprètes, aussi dangereux écrivains qu'ennemis de la saine théologie, blasphèment contre Dieu et leur Sauveur : plus hardis novateurs que les premiers calvinistes qui ne trouvaient dans cette parabole rien qui parlât en faveur de l'usure, et aussi orgueilleux que les sociniens, ils ont entrepris d'eux-mêmes de donner à cet endroit de l'Evangile un sens impie, en imputant à Jésus-Chist d'avoir justifié l'usure. Nous leur défions de citer un seul Père, un seul concile, un seul théologien orthodoxe qui ait donné à ce texte de saint Matthieu une aussi indigne interprétation. C'est donc eux, insensés qu'ils sont, qui font entrer dans la sublime morale de Jésus-Christ, non-seulement des *idées philosophiques*, mais encore des leçons d'injustice. C'est donc eux qui *abusent manifestement*, et non pas les scolastiques, des textes de l'Ecriture. L'aurait-on cru, qu'au dix-huitième siècle, on eût osé donner à un texte de l'Evangile un sens qu'on n'y a jamais trouvé depuis l'établissement du christianisme? Et comment, sur la foi de ces dangereux écrivains, l'auteur de la *Théorie* s'est-il décidé de se servir de ce texte pour imputer au Fils de Dieu d'avoir été l'apologiste de l'usure, surtout après avoir dit formellement que (1) *ce serait méconnaître le respect dû à ce divin législateur que de prétendre qu'il se soit occupé de nos affaires temporelles*. Il est humiliant pour un prêtre de s'être laissé tromper au point de porter plus loin l'abus des saintes Ecritures que les protestants mêmes qui ont respecté le vrai sens de cette parabole; car on voit dans les Bibles imprimées du temps même de Calvin, en 1557,

(1) Théor. p. 174; 2e. édit.

dans le sein de Genève, ces paroles remarquables, qui certainement devaient le pétrifier : *Il ne faut pas confondre les choses, et conclure de ce passage (qui concerne la banque) que le Seigneur veuille approuver les usures ; mais il prétend ôter toute matière d'excuse à ceux qui négligent les dons des grâces et les bienfaits qu'ils ont reçus de Dieu.*

NEUVIÈME PROPOSITION.

« Dans ces paroles, *nihil inde sperantes*, il ne s'agit » nullement, dit Jansénius, d'un argent reçu au-delà » du capital (1).

» On peut se convaincre d'ailleurs par un raisonne- » ment bien simple que les paroles *nihil inde sperantes* » ne peuvent avoir pour objet un intérêt stipulé entre le » prêteur et l'emprunteur ; le sens attribué par les sco- » lastiques à ce verset en est l'altération la plus mani- » feste » (2).

NEUVIÈME RÉFLEXION.

Autre contradiction manifeste et contradiction sur contradiction, autre interprétation étrange du texte de l'Evangile qui est un blasphème contre l'Eglise et un outrage pour les SS. Pères.

« Aussi tous les interprètes, dit l'auteur de la *Théorie*(3) » dans la même page de son livre, qui se sont le plus at- » tachés au sens littéral, ont-ils reconnu avec soin la » mauvaise application que nous combattons. » Quels sont les interprètes qui se sont le mieux attachés au vrai

(1) Théor. p. 175.

(2) Ibid. p. 177.

(3) Ibid. p. 175.

sens littéral? C'est sans doute les Pères et les conciles, il ne peut pas le nier; cependant, de son aveu même (1), *ces Pères et ces conciles* ont mille fois employé ces paroles, « *nihil inde sperantes*, comme condamnant tout intérêt » provenant du prêt; ils n'ont donc pas reconnu que » cette application fût mauvaise. »

De plus, puisqu'il reconnaît lui-même que ces autorités irréfragables ont trouvé dans ces paroles sacrées la condamnation expresse de tout intérêt *provenant du prêt*, par conséquent d'un intérêt modique, comme d'un intérêt excessif, par conséquent de tout prêt, soit de commerce, soit à l'égard des riches; parce que, qui dit tout intérêt provenant du prêt, sans mettre même aucune restriction, ni aucune exception au mot prêt, renferme nécessairement toute espèce d'intérêt de tout simple prêt quelconque; et qu'il avoue encore dans le même endroit textuellement, *qu'il entend ces paroles, nihil inde sperantes, dans le même sens*, il doit donc reconnaître que toute espèce d'intérêt y est condamné, et qu'à l'égard de quelque prêt que ce soit (2), *ce texte n'est pas étranger, ni sans aucune application vraie et littérale*, et par conséquent qu'il a été forcé lui-même de voir que cette *application* n'est pas *si mauvaise*; et, ce qu'il y a de plus humiliant pour un homme qui a osé disputer au grand Bossuet et au célèbre Benoît XIV, d'avoir eu une bonne logique, c'est qu'il se combat encore lui-même en *combattant* cette excellente application.

(1) Théor. p. 181.

(2) Ibid. p. 162.

L'INTÉRET
DE L'ARGENT,

DANS

LE PRET OU L'USURE,

Condamné comme contraire au droit naturel, divin et politique, dans toute l'antiquité, comme depuis le 13e siècle.

CHAPITRE PREMIER.

On a eu dans toute l'antiquité la même idée de l'usure qu'on a aujourd'hui. C'est toujours sous la même notion qu'elle a été considérée depuis Moïse, et depuis les plus anciens écrivains profanes jusqu'au treizième siècle, et depuis le treizième jusqu'à nous.

Pour se fixer sur l'état de la question et pour pouvoir attaquer la justification de l'usure par des principes évidens et incontestables, il faut d'abord établir ce qu'on a entendu par usure dans toute l'antiquité jusqu'à nos jours.

Pour cela, il faut présenter une chaîne de témoignages à l'égard de ce point de morale, qui parte de la plus haute antiquité jusqu'à notre temps; et faire une exposition de la manière dont il a été parlé de l'usure depuis Moïse jusqu'à ce siècle, en suivant toute la tradition sacrée; et depuis les plus anciens écrivains jusqu'aux contemporains, en suivant la tradition profane.

Moïse, comme l'auteur sacré le plus ancien, commencera la chaîne de la tradition que nous allons établir.

Vous ne prêterez point à usure à votre frère, dit ce saint législateur au livre de l'Exode, *ni votre grain, ni votre argent; mais seulement à l'étranger.* Il faut remarquer que cet écrivain sacré avait déjà déclaré dans le Lévitique (1) aux Israélites, *que prêter à usure c'était prêter sous la condition de recevoir plus qu'on n'avait donné. — Ne accipias usuras ab eo, nec amplius quam dedisti.*

Le prophète Ezéchiel (2) s'énonce avec la même précision. *Vous avez reçu des usures et du surplus, et vous m'avez oublié*, dit le Seigneur; et ailleurs, *celui qui donne à usure et qui reçoit plus ne vivra pas.*

Prêtez sans rien espérer (3), dit Jésus-Christ dans l'Evangile, comme s'il avait dit : Si vous prêtez dans l'espoir de retirer quelque chose au-delà de ce que vous avez donné, c'est une usure. C'est ainsi que toute la tradition l'a entendu, comme nous le prouverons. L'usure, au sens du Sauveur, est donc l'excédant qu'on attend.

(1) Lévitiq. chap. 25.

(2) Ezéchias, chap. 22.

(3) S. Luc. chap. 6.

L'usure est tout ce qui excède le prêt, dit Tertullien (1). Selon saint Augustin (2), *c'est une usure d'attendre plus qu'on n'a donné.*

Selon saint Basile (3), *elle consiste à recevoir plus qu'on n'a donné.*

Saint Ambroise (4) dit, en termes exprès, *que tout ce qu'on prend au dessus du capital est un profit usuraire.*

Cassiodore la définit (5) de la même façon. *L'usure est*, dit-il, *appelée ainsi, parce qu'elle procure une augmentation au-dessus du prêt.*

Lactance (6) *que c'est une injustice claire de se faire donner plus qu'on n'a donné soi-même.*

Les Pères du concile d'Agde (7), *que c'est un lucre usuraire que d'exiger plus qu'on n'a prêté.*

Saint Jérôme (8), *que, quoi qu'on reçoive, si cela excède ce que l'on a donné, c'est une usure manifeste.*

Saint Jean Chrysostôme (9), *qu'il n'y a rien de plus honteux que l'usure; car l'usurier*, dit-il, *profite des travaux qui ne lui appartiennent pas.*

(1) Tertullien, liv. 4. contra Marcion.

(2) S. August. sub Psal. 36.

(3) S. Basile, Ps. 14.

(4) S. Ambroise, liv. 5 de Tobie.

(5) Usuræ ab usu appellatæ sunt quæ creditæ pecuniæ semper procurant augmentum.

(6) Plus autem accipere quam dederit injustum est. (Lact.)

(7) Usura est ubi amplius requiritur quam datur. (Conc. Ag.)

(8) Et non intelligunt usuram appellari et superabundantiam quidquid illud est si ab eo quod dederint acceperint. (S. Jérom.)

(9) Nihil enim præsenti usura turpius, hujusmodi fœnerator uberiores ut patet quæstus de alterius infelicitate consequitur. (S. Chrys.)

Gration définit l'usure dans les mêmes termes que les Pères, et il appuie même sa définition (1) sur l'autorité de saint Augustin, de saint Jérôme, de saint Ambroise et du concile d'Agde. *L'usure*, dit ce canoniste, *consiste à exiger au-dessus du capital qu'on a livré.*

Innocent IV (2), *que tout ce qu'on demande au-delà du prêt est un profit usuraire.*

Le cardinal d'Ostie (3), *qu'on doit regarder comme une usure certaine tout le surplus qu'on fait ajouter à la somme prêtée.*

Geofroi se sert des mêmes expressions que Gratien. Jean-André, canoniste distingué, la définit comme Innocent IV.

Le premier concile de Nicée (4) condamne les clercs usuraires parce qu'ils exigeaient un revenu au-delà du principal.

Le concile de Reims, de l'an 1583 (5), déclare sans aucune ambiguité *qu'il faut regarder comme un fruit usuraire tout ce qui est pris au-dessus du capital.*

L'usure, dit le maître des Sentences, *consiste à exiger plus qu'on n'a prêté* (6); et saint Thomas

(1) Usura est, ubi amplius requiritur quam datur. (Grat. chap. 148.)

(2) Usura est lucrum ex mutuo pacto exactum. (Inn. IV.)

(3) Usura est quodcumque solutioni rei mutuatæ accedit. (Card. d'Ost. chap. 5.)

(4) Mutuum dant, et centesimas exigunt. (Con. Nic. Can. 70.)

(5) Quisquis præter sortem ex mutuo aliquid amplius exegerit, vel acceperit, usuræ reus esse censeatur. (Conc. Reim. tit. de Fœno.)

(6) Usura est, cum quis plus exigit in pecunia, aut in aliqua alia re quam dederit. (Liv. 3. Senten.)

ajoute *qu'elle est le prix de l'usage d'une chose prêtée.*

L'Église romaine caractérise l'usure (1) de la même façon par la bouche d'Urbain VIII, qui, au chapitre *Consuluit*, réprouve une foule d'usures palliées, par lesquelles on reçoit plus que le capital; parce que, dit ce grand pape, *toute surabondance est prohibée par la loi.*

Le Catéchisme du concile de Trente (2) se sert des mêmes expressions que les Pères et les canonistes pour définir l'usure.

L'Église de France, en voulant condamner, à l'assemblée de 1682, plusieurs propositions sur la matière de l'usure, qui avaient déjà été notées par Innocent XI, ne devait les réprouver, comme elle fit en 1700, que sur ce principe: *qu'il est constant, par l'autorité de l'Ecriture et par toute la tradition, que l'usure, suivant sa définition, est ce qui est au-delà du sort principal* (3). C'est ainsi que les illustres commissaires de cette célèbre assemblée s'expliquent dans leur décret de morale, préparé par le grand Bossuet.

Benoît XIV, enfin, dont la profonde science a étonné son siècle, met le dernier sceau à toute cette suite de témoignages, qui de siècle en siècle, depuis la loi écrite, ont fixé la nature de l'usure, et termine la chaîne de cette tradition si constante que nous venons de former, en déclarant expressément dans sa lettre encyclique, de l'an 1745, à tous les évêques d'Italie, que le péché d'usure consiste *en*

(1) Omnis superabundantia prohibetur in lege. (Urb. VIII.)

(2) Est usura quidquid præter sortem, et caput illud quod datum est accipitur.

(3) Œuvres de Bossuet, tom. 16. pag. 169. chap. 9.

ce que celui qui prête veut qu'en vertu du prêt même on lui rende plus qu'il n'a prêté.

C'est ainsi que la Providence, qui voyait qu'il s'élèveroit des novateurs qui voudraient appuyer leurs téméraires inventions, ou sur le silence, ou sur les écrits des saints, a perpétué d'une manière invariable cette idée qu'on doit avoir de l'usure, par les oracles et les docteurs qu'elle a suscités pour éclairer les hommes dans l'une et l'autre alliance : elle n'a pas été moins attentive à la conserver même dans les écrits des auteurs profanes ou des législateurs humains.

Aristote, conduit uniquement par la lumière naturelle et par la force de son rare génie, qui, de l'avou de tous les bons juges en cette matière, n'ignorait *rien de tout ce qu'il était possible de savoir de son temps*, nous décrit (1) l'usure sous l'idée seulement d'une augmentation et d'une surabondance, comme l'Ecriture sainte. *L'usure,* dit-il, *augmente et multiplie. — Fœnus autem auget et multiplicat.*

Quels sont, dit Cicéron (2), *les moyens injustes de s'enrichir?* Entre plusieurs moyens dont parle cet orateur philosophe, il rappelle celui de l'usure, et il le nomme *un trafic honteux et un gain sordide.*

Le philosophe Philon (3), après avoir rapporté la défense que fait le souverain législateur des Hébreux, d'exercer l'usure *entre frères;* c'est-à-dire, *entre concitoyens et patriotes,* ajoute : *que si quelqu'un ne veut pas donner, qu'il prête du moins volontiers, sans recevoir davantage que son principal;*

(1) Arist. lib. de Repub.

(2) Cicer. lib. de Offic.

(3) Phil. pag. 70.

n'étant pas juste, ajoute-t-il encore, *qu'on tire du profit* de l'argent.

Qu'est-ce que l'usure, demande Sénèque? *C'est un effet de la passion de s'enrichir, contraire à la nature.* L'usure ne peut enrichir qu'autant qu'elle produit.

Quoique certains législateurs romains aient permis l'usure, en prenant des précautions pour qu'elle ne fût pas excessive (1), ils l'ont cependant prise comme nous la prenons. La loi douzième la présente comme *un lucre* qui provient du prêt.

La loi dernière du Code Théodosien (2), comme *un accroissement du principal.*

Et Constantin-le-Grand (3), comme *un produit superflu qu'on donne au-dessus du prêt.*

Nos rois, toujours pleins de zèle pour le maintien de tout ce qui a pu intéresser la cause de la religion et des mœurs, se sont accordés avec les Livres saints, les écrits des SS. Pères, et avec les législateurs étrangers, dans l'idée qu'ils ont eue de l'usure. Dans les premiers temps de la monarchie, nos maîtres souverains avaient déjà posé comme une loi, que l'usure consiste dans le surplus que l'on exige de son débiteur.

Et Charlemage (4) disoit en l'an 800, dans son Capitulaire de Nimègue, qu'on commettait le crime de l'usure, *lorsqu'on prenait plus qu'on ne prêtait.*

Saint Louis, le plus sage de nos rois, après avoir

(1) Lucrum ex metuo exactum aut speratum. (Leg. 12.)

(2) Usura dicitur incrementum sortis.(L. der. du cod. Theod.

(3) Superfluam partem supra summam mutuo datam. (Const. le Gr. liv. 1. Cod. Theod.)

(4) Usura est, ubi amplius requiritur quam datur. (Chap. 50. an 806.

fait la défense la plus expresse de l'usure, pour qu'on ne pût donner aucune interprétation contraire à l'intention qu'il avoit d'extirper de son royaume cette pratique si inique, et qu'on ne pût absolument point s'en servir pour favoriser quelque usure que ce fût, eut l'attention d'expliquer en termes formels ce qu'il entendait par usure, et de la définir expressément : *l'usure*, dit le saint Roi, *est tout ce qu'on prend au-dessus du capital* (1).

Cujas, un des plus grands interprètes des lois que nous ayons eu, suit exactement l'esprit de ces grands législateurs dans la matière de l'usure, et nous en donne la même idée. Il la définit *une surabondance ajoutée au capital, ou un profit du prêt* (2).

Que l'intérêt qu'on tire du simple prêt soit peu de chose ou qu'il soit excessif, il a toujours été regardé comme une usure, et appelé en conséquence un profit usuraire par le fameux Antoine Faure, l'un des plus savans jurisconsultes du dix-septième siècle. *Les chrétiens*, décide ce grand homme, *ne doivent exiger aucun intérêt du prêt, quelque petit qu'il soit. — Ullas usuras, vel quantulascumque accipere.*

A cette autorité il faut joindre celle du célèbre Domat qui, dans son savant ouvrage sur les lois civiles, déclare expressément « qu'on appelle usure » tout ce que le créancier, qui a prêté ou de l'argent, » ou des denrées, ou autres choses qui se consument » par l'usage, reçoit de plus que la valeur de ce » qu'il a prêté ». C'est sous cette idée que les parlemens du royaume ont toujours regardé les intérêts du simple prêt, notamment les parlemens de Paris,

(1) Usuram intelligimus quidquid est ultra sortem. (An. 1254.)

(2) Usura est accessio ad sortem vel reditus creditæ pecuniæ.

de Bordeaux et de Toulouse. Brillon, d'Olive et Meynard nous assurent que ces augustes cours les ont toujours *appelés un trafic honteux.* Il n'est point étonnant qu'après tant d'autorités si respectables, si anciennes et si constantes jusqu'à nos jours; dont la chaîne remonte jusqu'à des temps bien reculés, et à des siècles où la seule lumière naturelle servait de flambeau à quelques-uns des sages que nous avons cités, Pascal, le célèbre Pascal ait été révolté que le relâchement eût conduit quelques casuistes au point d'avoir une idée toute différente de l'usure.

D'après ce tableau que je viens de faire de tout ce qui a été dit, dans tous les temps jusqu'à nos jours, de la nature de l'usure, de ce qu'elle est, et en quoi elle consiste, n'est-il pas plus clair que le jour qu'on n'en a jamais eu que la même idée, et qu'on l'a toujours connue sous la même notion, *et qu'il est également constant, par l'autorité de l'Ecriture et par toute la tradition, que l'usure,* suivant sa définition, *est ce qui est au-delà du sort capital; et que c'est là ce qui est généralement défendu à l'égard de tous les hommes,* comme le déclarèrent solennellement les illustres commissaires de l'Église de France, dans la fameuse assemblée de 1682, dans son décret de morale rédigé par le profond Bossuet (1), et comme la définit, en termes exprès, l'Église romaine par l'organe du pape Benoît XIV (2).

(1) Art. 9. de la decr. de M. Deprari, à Paris, durant l'assemblée génér. du clergé de France, 1682.

(2) Let. enc. de Benoît XIV, donnée à Rome en 1745, à tous les évêques d'Italie.

Tous les siècles s'accordent unanimement à dire, que tout ce qui est pris au-dessus de ce que l'on a donné, est usure. Toutes les bouches annoncent cette doctrine; toutes les autorités les plus anciennes consacrent cette notion de l'usure, comme une vérité commune; toutes les lois sacrées ou profanes la présentent sous cette idée générale. L'Écriture, les Pères, les conciles, les papes, les canonistes, les théologiens, les législateurs humains, les sages, les philosophes, tous, par un concert unanime, ne reconnaissent l'usure que dans cela, et la reconnaissent toujours aussi dans cela; leurs déclarations, à cet égard, sont autant de définitions, ou plutôt, c'est une définition commune à tous, consacrée partout dans les mêmes termes ou dans des termes équivalens : point de division, point d'exception, point de restriction : on n'y parle ni de riche, ni de pauvre, ni de marchand, ni de commerce, ni d'intérêt excessif ou modique : *tout ce qu'on prend*, dit-on, *au-delà de ce que l'on a donné, est usure*.

La définition est générale; cette règle embrasse tout. On ne peut dire rien de plus absolu, rien de plus clair; une déclaration aussi précise, aussi générale, aussi ancienne, aussi constante, est une démonstration géométrique, que tout intérêt pris au-dessus du sort principal, soit d'un riche, soit d'un pauvre, soit d'un commerçant ou de tout autre, soit qu'il soit excessif ou non, est une usure certaine. C'est pourquoi la célèbre commission de l'assemblée de 1682 (1) n'a pas craint d'avancer, comme une vérité certaine, *que l'Eglise catholique a condamné le sentiment contraire comme hérétique :*

(1) Art. 9. Usu. D. Mor. de l'assemblée de 1682.

et que Benoît XIV, dans son traité du Synode (1), la déclare *impie* et la traite, *de distinction nouvelle inventée par les hérétiques, réfutée d'avance par les Pères de l'Eglise, qui ont prononcé absolument, indéfiniment, et d'une voix unanime, que tout profit qu'on tire du prêt au-delà du sort principal, est usuraire.*

C'est donc très-mal à propos que les usuristes avancent *que, quand il s'agit de définir l'usure, et d'en fixer* la nature, *d'en déterminer les vrais caractères, c'est alors qu'on voit naître une controverse.*

Il n'y en a jamais eu parmi les savans, dont la raison a respecté les bornes qui lui ont été prescrites, et qui n'ont cherché la vérité qu'avec un cœur simple et soumis. *La controverse* n'a été que du côté de ces esprits indociles et téméraires, dont les uns étoient déjà connus par une révolte ouverte contre l'Eglise de Jésus-Christ, et les autres ne se sont rendus fameux que par une fierté philosophique, qui prétend soumettre tout à la curiosité d'une raison orgueilleuse, et asservir les règles même des mœurs au cours incertain de la politique humaine. C'est parmi eux que cette controverse a été interminable et qu'elle devait l'être. Quand on n'a d'autre boussole que l'esprit de nouveauté et d'indocilité, il n'est pas surprenant qu'on se précipite dans un labyrinthe, et qu'on finisse même par ne plus s'entendre soi-même.

Cette anarchie morale, à l'égard de l'usure, ne durera que trop encore parmi certains écrivains : et il est bien dangereux qu'aujourd'hui, plus que

(1) Benoît XIV, lib. 10. de Synod. chap. 40. n° 3.

jamais, cette révolte contre les vrais principes qui doivent fixer tout esprit droit sur cette matière, ne devienne plus commune. Les funestes écrits en faveur de l'usure tombent entre les mains de bien des gens, *qui, avec des connaissances bien faibles, ou un demi-esprit plein de présomption, croient avoir le talent de bien saisir un principe, et d'en déduire exactement les conséquences.* Quelle fatale révolution font ils sur des personnes de cette trempe! Sans cette manie, venue si fort à la mode, de vouloir raisonner de tout, et de s'enthousiasmer pour les idées d'une nouvelle philosophie qui veut tout comprendre, on auroit toujours continué d'employer les ressources du génie pour soutenir la foi de tous les siècles, et les règles invariables du droit naturel et divin sur la matière de l'usure.

Il eût sans doute resté des usuriers à réprimer, parce que la cupidité aura toujours ses partisans et ses esclaves; mais peut-être l'Église n'aurait plus eu la douleur de voir quelqu'un de ses enfans, encore moins des ministres du sanctuaire, prostituer leurs talens pour mettre en honneur une pratique aussi criminelle que l'usure, parce qu'on l'aurait toujours présentée *avec le caractère fixe et déterminé qu'elle a toujours eu, et qui la rendra perpétuellement notoire et comme visible aux yeux de tout le monde. La bonne foi, le désintéressement, la générosité, la justice et les autres vertus sociales auraient repris leurs droits* dans beaucoup de villes de négoce, et auraient porté l'influence la plus active et la plus honorable dans la partie du commerce, que l'usure déconcertera sans cesse, quoi qu'en disent ses partisans, et qu'elle rendra toujours infâme, en le rendant inique: *et non defecit de plateis ejus usura et dolus* (1). Et ce zèle si sage aurait amené la plus heureuse révolution en faveur des mœurs et des choses de la foi, ou *du moins, il eût fait perdre aux préjugés presque tout leur empire en faveur de l'usure*, en montrant clairement, comme nous allons tâcher de le faire, qu'elle est contraire à toutes les lois, et premièrement à la loi naturelle.

(1) Psal. 54.

CHAPITRE II.

L'usure généralement prise est si contraire au droit naturel, qu'elle en renverse tous les principes, et qu'elle ne peut jamais être légitime.

Puisqu'il est donc évident, d'après la démonstration que nous en avons donnée, sur le témoignage constant et authentique de la tradition tant sacrée que profane, que *l'usure est tout argent ou équivalent qu'on prend au-dessus de ce que l'on a prêté, en vertu du prêt; et qu'on appelle prendre en vertu du prêt, quand on prend par une condition qui en est inséparable, ou qui a les mêmes effets* (1). Il faut donc prouver que l'usure, sous ce caractère qui renferme tout ce qu'on peut exiger ou espérer au-dessus du sort principal, soit du riche, soit du pauvre, soit du commerçant ou de tout autre, qu'elle soit excessive ou non, est contraire au droit naturel.

Gratuité du prêt simple.

Pour établir cette vérité, nous allons suivre certains principes qui ont toujours été reconnus comme des vérités certaines, que la nature a dictés aux hommes comme le fondement du commerce social

(1) Bossuet, traité de l'Usure, pr. 17.

établi entre eux; et qui nous fixeront clairement sur l'opposition que l'usure, ou, ce qui est la même chose, la stipulation de l'intérêt du simple prêt, a avec la loi naturelle.

Le savant Domat, à qui les lois civiles ont tant d'obligation, qui leur a donné un ordre si admirable, qu'il est évident qu'il devait les avoir suivies jusque dans leurs principes primitifs, qui sont les principes du droit naturel, et dont les lumières, toujours d'accord avec celles de la foi, ont été si célèbres; ses excellentes idées vont nous servir de première boussole dans cette matière qu'il a traitée en jurisconsulte, en chrétien et en politique.

« Pour établir, dit cet oracle des lois naturelles » et politiques, les principes sur lesquels il faut juger » si l'intérêt du simple prêt est licite ou non, on » n'aurait besoin que de l'autorité de la loi divine » qui l'a condamné et défendu si expressément et si » fortement. Car quiconque a du sens ne peut re» fuser de tenir pour injuste et pour illicite tout ce » que Dieu défend; mais, encore que ce soit sa » volonté seule qui est la règle de la justice ou plutôt » qui est la justice même, et qui rend juste et saint » tout ce qu'il ordonne, il souffre et veut même que » l'on considère quelle est cette justice, et qu'on » ouvre les yeux à sa lumière pour la reconnaître. Si » on veut donc pénétrer quel est le caractère de » l'iniquité qui rend l'usure si criminelle aux yeux de » Dieu, et qui doit la faire sentir telle à notre cœur » et à notre esprit, il n'y a qu'à considérer quelle » est la nature du contrat du prêt pour juger si » l'intérêt peut y être juste; et on reconnaîtra par » les principes naturels de l'usage que Dieu a donné » à ce contrat dans la société des hommes, que » l'usure est un crime qui viole ces principes, et

» qui ruine les fondemens même de l'ordre de la » société.

« Les deux manières de prêter, soit par le prêt » à usage qu'on appelle *commodatum*, soit par le » simple prêt, tel que nous l'entendons ici, ont » leur origine, comme les autres conventions, dans » l'ordre de la société; elles y sont naturelles et es- » sentielles: car il est de cet ordre où les hommes » doivent être liés par l'amour mutuel, et où chacun » doit avoir pour règle de l'amour qu'il doit aux au- » tres, celui qu'il a pour soi, qu'il y ait des moyens » dont ils puissent s'aider gratuitement et des choses » et de leurs personnes; et comme il y a des con- » ventions réglées pour les communications qui ne » sont pas gratuites, il doit y en avoir aussi pour » celles qui le sont. Ainsi comme on peut faire com- » merce et de la propriété et de l'usage des choses, » il y a des conventions pour ces commerces, comme » sont la vente, l'échange et le louage: ce qui fait » qu'il est de la nature de ces conventions de n'être » pas gratuites; et comme on peut se communiquer » gratuitement et la propriété et l'usage des choses, » il y a aussi des conventions pour s'en accommoder » de cette manière, et dont la nature par cette raison » est d'être gratuite comme sont la donation et le » prêt. »

Un des caractères essentiels au simple prêt, dit un concile de Bordeaux du XVIe siècle, *est qu'il soit gratuit* (1). *C'est-à-dire, qu'il faut que, quand on prête*, l'on soit uniquement conduit par un motif de libéralité pour obliger la personne, sans avoir aucune vue d'intérêt. La loi avait fixé à cet égard, long temps avant ce concile, le vœu de la nature.

(1) Debet esse gratuitum mutuum. (Conc. Bor.)

Elle dit expressément qu'il est de l'essence du simple prêt d'être gratuit, *de substantia mutui est ut si gratuitum* (1). Cette vérité est si frappante que le fameux Basnage l'a regardée comme incontestable. *On aura de la peine*, dit ce fameux protestant, *à ne pas convenir que le prêt doit être gratuit de son origine.*

Transport de l'usage par la cession de la propriété; l'un et l'autre sont inséparables.

« Pour bien déterminer la nature de ce prêt, il » faut observer qu'il a un caractère principal qui » vient de la nature des choses qui sont l'objet de » cette espèce de prêt, qui le distingue du prêt qu'on » appelle *commodatum* et de tout autre contrat. Ce » caractère consiste en ce qu'on ne peut user de » l'argent, des grains, des liqueurs et des autres » choses semblables, qu'en cessant de les avoir : » et c'est un effet naturel de l'ordre de Dieu qui, » destinant l'homme au travail, lui a rendu ces sor- » tes de choses si nécessaires et les a faites telles » qu'on ne les a que par le travail, et qu'on cesse » de les avoir lorsqu'on en use, afin que ce besoin, » qui revient toujours, oblige à un travail qui dure » autant que la vie ». C'est ainsi que raisonnent le célèbre Domat et le savant Père le Semelier, d'après les principes même de Justinien : *Mutui datio in iis rebus consistit quæ pondere, numero, mensurave constant, quæ usu tolluntur; quas res, in hoc, damus ut accipientium fiant* (2).

(1) Dig. de Cred.

(2) Justin. Lib. 3° Qui mod. const. obli.

C'est ainsi que s'exprime la glose, dans l'explication de ces paroles de saint Augustin, *si plus quam dedisti expectes*, en fixant la nature, la matière et les effets du simple prêt; *il y a des choses dont on peut tirer un profit*, comme un *champ* et un *cheval; mais dans celles, quæ consistunt in pondere, numero et mensura*, comme *l'argent et les denrées*, on peut si peu en tirer *que, quand on les donne à quelqu'un, c'est donner la chose même, parce qu'on ne peut pas les prêter sans en transférer le domaine.* Et en cela cette glose est parfaitement d'accord avec les maximes de Justinien, qui nous a donné cette idée si naturelle et si juste de ce caractère qui distingue le simple prêt du prêt à usage.

L'usufruit, dit cet empereur, ou encore le savant Trebonien (1), *est un droit de jouir des biens d'autrui sans en diminuer la substance..... L'usufruit des choses est souvent séparé de leur propriété dans le prêt à usage; mais cela ne se peut dans le simple prêt, qui est de celles qui se consument par l'usage; parce que si l'usufruit est un droit de jouir du bien d'autrui sans en diminuer la substance, les choses de cette nature ne sont pas susceptibles d'usufruit; le droit naturel ni aucune loi civile ne peut autoriser qu'on en accorde l'usage sans la propriété, ni qu'on les donne en propriété sans en donner l'usage. Ce sont, par exemple, le vin, l'huile,*

(1) Justinien, partout triomphant, voulut encore être le législateur de l'empire; il chargea dix jurisconsultes, choisis parmi les plus habiles de ses états, de faire un nouveau code tiré de ses constitutions et de celles de ses prédécesseurs. Ce fut le savant Trebonien qui présida à ce travail. (Diction. des Grands Hommes, p. 568.)

le blé, les vêtemens; l'argent monnoyé est presque de la même nature. Le mot *presque* est ajouté ici pour marquer que l'argent ne se consume pas de la même manière que ces premières matières; il n'est pas détruit en lui-même, mais seulement par rapport à la main qui le possédait, il passe continuellement d'une main à une autre, et il cesse d'être au pouvoir de celui qui en avait la possession. Les jurisconsultes pour exprimer la nature de tous ces objets, les appellent fongibles, c'est à-dire, des choses qui fondent entre les mains de ceux à qui on les prête. « Ce caractère principal des choses » de cette nature est le fondement du commerce » qu'on en fait par le prêt; car, comme on ne peut » les prendre pour en user et rendre les mêmes, ainsi » qu'on prendrait un cheval ou un livre, on s'en » accommode, en les prenant à condition d'en rendre autant; et c'est cette convention qu'on appelle » simple prêt (1).

A l'égard de l'argent, dit le savant chancelier de l'église de Paris, *il serait contre la raison d'en séparer le domaine de l'usage, parce qu'on ne peut pas s'en servir sans le consumer* (2).

De sorte qu'il est essentiel à ce contrat que la chose prêtée passe tellement à celui qui l'emprunte, qu'il en devienne le maître pour avoir le droit de la consumer.

On prête, dit toujours Justinien, *pour faire passer la propriété d'une chose à celui à qui on l'a prêtée* (3).

(1) Domat. pag. 58.

(2) In pecuniis dominium et usus rationabiliter distingui non possunt, quoniam usus pecuniæ est ejus consumptio. (Gers. 2e. parte. tit. de Cont.)

(3) Lib. 20. Inst. 2. parte.

Quand on cède l'usage, ajoute toujours le savant Gerson, *on donne le domaine*, *et ita dominium transit cum usu*. *Le prêt*, continue le législateur romain, est appelé *mutuum*, comme si l'on disait, une *chose qui est à moi devient à vous* : *meum tuum*; parce que la chose prêtée, qui était à un autre, passe en mon pouvoir : *Appellata est mutui datio ab eo quod de meo tuum fit, et ideo si non fiat tuum non nascitur obligatio* (1). Et cela est si vrai que de tout temps il a été reconnu de tout le monde, que celui qui prête une somme d'argent, ou toute autre chose de même nature, cesse si bien d'en être le maître, que tous les prêteurs sont persuadés et l'ont toujours été, qu'ils conservent seulement le droit de redemander une chose de pareille nature ou valeur, à l'époque convenue avec le débiteur.

Ce principe du transport de la propriété faite en faveur de l'emprunteur, est si incontestable, que le judicieux Pothier dit expressément *que l'opinion qui enseigne* que la propriété n'est pas *transportée à l'emprunteur*, *renverse tout le système de la science du droit*, *confondant le jus in re et le jus ad rem*, dont la distinction est un des principaux fondemens. Et ce même principe a paru si évident à tous les auteurs protestans, selon l'observation de Benoît XIV que, quand Saumaise leur confrère eût avancé un principe contraire, ils s'élevèrent unanimement contre lui : *Fere omnes refellerunt recte arbitrantes mutuatæ pecuniæ dominium transferri in mutuatarium.*

Dumoulin, qui a défendu la cause de l'usure avec tant de chaleur, enseigne cependant comme un

(1) In hoc damus, ut accipientium fiant. (Just. liv. 20.)

principe inébranlable, « que l'emprunteur, dans le » simple prêt, devient le maître absolu de la pro- » priété de l'argent qu'on lui prête ; comme, dit-il, » un vendeur d'un fonds le devient du prix de sa » vente (1) ».

Grotius qui a parlé, selon M. l'évêque de Meaux, si judicieusement sur la matière de l'usure, décide aussi que le domaine d'un argent prêté passe en entier à l'emprunteur, le prêteur ne conservant que le droit de reprendre cet argent à l'époque fixée (2).

« Il est clair, dit Puffendorf, que l'usage ordinaire » des choses que l'on emprunte, à condition de ren- » dre l'équivalent, consistant dans la consomption, » le créancier, en le délivrant au débiteur, doit lui » donner en même temps plein pouvoir d'en dispo- » ser ; ce qui ne peut se concevoir sans un droit de » propriété (3) ».

Ce savant homme ajoute, « qu'un homme qui » prête son argent se dessaisit de son bien, sans re- » cevoir autre chose à la place qu'un simple droit qui » lui donne action en justice contre le créancier (4).

» Il est incontestable, dit Heineccius, que le prêt » est une aliénation, et que le domaine des choses » prêtées passe entièrement à l'emprunteur. En vain » Saumaise a-t-il voulu couvrir de ridicule les juris- » consultes qui soutiennent ces principes, les plus » savans hommes ont repoussé si vivement les traits » qu'il a prétendu puiser dans le droit civil, que la » chose paraît aujourd'hui terminée (5).

(1) Tr. cont. usur. n° 17.

(2) In Luc, c. 6.

(3) Tom. 2. lib. 50. c. 7, p. 478.

(4) Ibid. pag. 492.

(5) De Jur. Nat. et Gen. p. 365.

Puisque des protestans apologistes de l'usure, et ses défenseurs les plus décidés, reconnoissent cependant que dans le simple prêt l'emprunteur devient tellement le maître de la somme prêtée que le prêteur n'y a plus aucun droit, n'est-il pas étrange que des écrivains catholiques se hasardent de contester cette vérité, et qu'ils entreprennent de séparer l'usage de la propriété, ou la propriété de l'usage dans toutes ces choses dont on ne peut user qu'en les consumant, de manière que leur consomption est le vrai usage qu'on en fait quand on veut s'en servir.

« Il n'en est pas de même, dit le judicieux » M. l'abbé de Fleury dans son Institution au droit » ecclésiastique, d'un cheval qu'on me prête : on dis- » tingue dans ce prêt la propriété d'avec l'usage, au » lieu qu'elle ne peut pas être séparée dans le prêt » d'argent et des autres choses qui se consument par » l'usage (1).

» L'usage, dit encore le savant M. Pothier, que » l'emprunteur reçoit de la chose qu'on lui prête, » étant renfermé dans le droit de propriété, qu'il a » acquis par le prêt de cet argent, n'est pas quelque » chose de distinct qu'il ait outre cet argent (2) ». S'il n'est pas distinct, s'il est donc entièrement lié avec la propriété, sur quel principe les partisans de l'usure veulent-ils le séparer pour le rendre appréciable en faveur du prêteur? il n'y a plus aucun droit, puisque l'emprunteur en est devenu le maître; il ne peut donc pas le mettre à son profit.

Ce principe que le protestant Saumaise a été le premier à attaquer par une témérité qui n'a pu être

(1) Nouv. édit. par M. Boucher d'Argis, tom. 2. chap. 13.

(2) Tr. du Prêt, de Com. p 172.

imitée que par certains écrivains assez hardis pour prendre un tel maître, doit être d'autant plus sacré aux yeux de tout homme fidèle à la vérité, et à l'autorité des vrais savans dans la science du droit et de la religion, que les SS Docteurs et les conciles s'en sont servis il y a bien des siècles pour confondre l'usure.

Il est évident, d'après ce que nous enseigne la raison et la loi, que l'usage d'une somme d'argent ne peut point être cédé utilement à un autre sans qu'on lui cède la propriété et le droit d'en disposer. C'est le pape Jean XXII qui s'explique ainsi (1).

Et, avant lui, le grand saint Ambroise avait mis en principe que *l'argent étant une chose qui se consume par l'usage, celui qui le prêtait n'en était plus le maître.*

Et le fameux concile de Latran, présidé par Léon X, a décidé de la manière la plus authentique que ce qui caractérise vraiment l'usure, c'est *qu'on prenne un profit de l'usage* qu'on a cédé d'une chose, et dont on a transporté le domaine à un autre. Preuve évidente que les Pères de ce concile pensaient que l'usage de la chose prêtée passoit avec la propriété, puisqu'il ne pouvait plus être apprécié en faveur du prêteur, attendu que c'était profiter d'une chose qui ne lui appartenait plus; ce qui fait l'usure.

Voilà ce qui faisait dire à saint Jean Chrysostome qu'en prenant un surplus dans le prêt de l'argent, *on se faisait payer comme due une chose qu'on n'avait pas donnée* (2), parce qu'en le prenant comme le prix de l'usage de la somme qu'on avait prêtée,

(1) In Extrava. ad Cond.

(2) S. Chrysos. Hom. 57.

en prenait le prix d'une chose qui n'était plus à vous.

En effet, dit le sorboniste M. Petitpied dans ses Lettres sur l'usure, « le contrat de pur prêt étant un » don d'une chose qui est consumée par le premier » usage qu'on en fait, et dont on ne peut faire usage » sans la consumer, on ne peut céder cet usage sans » céder entièrement la propriété de cette chose, » parce que ce serait en vain qu'on donnerait cet » usage qui n'est qu'un usage de consomption, si on » n'en donnait pas entièrement la propriété (1). Ce qui fait que l'un est inséparable de l'autre essentiellement, et qu'ainsi l'usage suivant toujours la propriété et la propriété l'usage, l'emprunteur devient le possesseur absolu de l'un et de l'autre, et de leurs effets respectifs; et le prêteur perd toute espèce de droit sur l'un et sur l'autre par le don gratuit qu'il a fait de l'un et de l'autre, ne conservant que le droit unique de se faire rendre une somme ou une chose égale au terme convenu, comme la même valeur en argent, et non pas le même argent; et si c'est du blé, du blé de même valeur, et non pas le même blé. Car il répugne dans la chose et dans les termes mêmes, qu'on puisse donner une chose à un autre pour s'en servir, dès qu'il ne peut s'en servir qu'en la consumant, de manière que la consomption est le seul usage qu'il doit et qu'il peut en faire sans qu'on lui en donne la propriété; puisque en la prenant pour la consumer, par la consomption qu'il en fait ou qu'il en veut faire, c'est lui qui la détruit ou qui a le pouvoir de la détruire, si réel et si propre à lui, que si elle périt, elle périt pour lui, que si elle accroît, elle accroît pour lui, que si on

(1) Par le S. p. 33.

la lui enlève, c'est à lui qu'il faut la rendre; et qu'il a si bien le droit d'en disposer à son seul gré, qu'il peut en faire l'usage qu'il lui plaît sans que personne ait le droit de s'y opposer, *et ideo mutuum quia de meo fit tuum* (1). Fondé sur ce principe naturel *que tout est à ses risques*, comme le dit Justinien, *et que l'emprunteur doit toujours répondre de la chose empruntée. Ille cui pecunia mutuatur, sub suo periculo tenetur restituere integre* (2).

L'ARGENT EST STÉRILE PAR LUI-MÊME.

Que l'argent soit une de ces choses stériles qui ne produisent rien par leur propre vertu, et qui ne sont fécondes que par l'industrie et le travail de la main qui les fait valoir, de manière que celui qui les a ne devient jamais plus riche après les avoir consumées, comme on l'est après l'emploi que l'on fait d'un cheval ou d'une maison, parce qu'il reste au possesseur le loyer ou le prix de l'usage de l'un ou de l'autre, et le même cheval et la même maison; c'est un principe de l'ordre naturel, ou plutôt c'est une vérité fondée sur la nature de l'argent et des autres choses qui se consument par l'usage. Elle est si frappante que les esprits les plus simples en sont convaincus; et, d'ailleurs, instruits par une expérience quotidienne. Dans le sein même du paganisme, les législateurs s'en sont servis pour taxer d'usure et d'injustice le surplus qu'on exige de l'argent, quand on le prête; et les SS. pères, les conciles, les docteurs et les juristes se sont appuyés sur cette vérité pour regarder comme usuraire et comme

(3) Justin. lib. 3.
(4) Lib. 10. de Reb. cred.

inique, tout ce qu'on prend au-delà du capital dans le simple prêt.

L'usufruit, disent les lois romaines, *s'établit non seulement sur des fonds de terre, ou sur des édifices, mais encore sur des esclaves et d'autres choses, à l'exception de celles qui se consument par l'usage même, car ces choses ne sont pas susceptibles d'usufruit, comme le vin, l'huile, le blé, etc., à quoi il faut ajouter l'argent monnoyé, car il se détruit par l'usage* (1).

C'est sur ce principe que le célèbre Dumoulin décide, « qu'un homme détenteur d'un dépôt, qui » a fait travailler cet argent, applique légitimement » à son profit le gain qu'il a fait sans faire aucune » injustice au déposant, parce que ce gain n'est pas » le fruit de l'argent, dit ce savant jurisconsulte, » mais celui de l'industrie de cet homme » (2).

Ce même jurisconsulte, tout ami de l'usure qu'il a été, a reconnu cependant, d'après l'observation d'Aristote, « que le gain de l'argent prêté est hon» teux, et détesté avec raison, parce qu'on force par » là l'argent à produire contre sa nature et sa desti» nation, qui n'est pas de produire du profit (3).

C'est à cause de la stérilité de l'argent que Brentius, quoique protestant, taxe l'usure d'iniquité : « Faut-il s'étonner, dit-il, qu'elle soit illégitime, » puisqu'elle est contraire à la nature de l'argent ; » car de sa nature l'argent ne produit pas de l'ar» gent, comme un grain semé produit d'autres » grains (4). »

(1) Lib. 3e Inst. tit. 15e.

(2) Trait. des Con. usur. no 628.

(3) 3. Trait. cont. Usur. no 440.

(4) Brent. Hom. 6. in C. Hum. Luc.

Automan, protestant aussi, reconnaît la stérilité de l'argent, et il appuie son assertion sur des lois qu'il cite (1).

Cette infécondité de l'argent a été reconnue si anciennement que, chez les Juifs mêmes, elle était regardée comme une raison qui devait faire estimer comme usuraire tout profit d'argent. Le fameux philosophe Philon a prétendu que le motif qui a fait «que Moïse a défendu l'usure; c'est que ce saint »législateur regardait comme injuste qu'on tirât du »fruit de l'argent comme on en tire des trou»peaux» (2). Il regardait par conséquent l'argent comme impropre à produire du fruit.

Il n'est pas étonnant que les plus grands docteurs de l'Église dont la science et la sainteté ont fait tant d'honneur à la religion, aient aperçu cette vérité. Elle leur a servi de règle invariable pour reconnaître l'usure partout où elle veut se cacher et l'injustice qu'elle porte avec elle.

Prendre plus, s'écriait saint Ambroise avec un zèle constant, *que de la somme principale, c'est une tromperie manifeste, attendu que l'argent étant stérile, il ne peut devenir fructueux que par le travail de celui à qui il est prêté* (3).

Le prêt, dit saint Bazile, surnommé le Grand, *qui devient fécond par cette maudite usure, est un monstre* (4). Peut-on dire plus énergiquement qu'il est une production contre nature, à cause que l'argent est stérile.

C'est une injustice horrible, s'écriait saint Gré-

(1) Lib. 10. cap. 60.
(2) Philip. lib. 1r. de Car.
(3) S. Amb. lib. de Tob. cap. 56.
(4) Hom. 11. in Psal. 13.

goire de Nysse, *de vouloir tirer du fruit d'un fonds qui n'a jamais reçu de semence, et qui n'a pas été travaillé* (1); c'est à dire d'une terre en friche, et par conséquent stérile.

C'est ce qui faisait dire à haute voix à saint Jean Chrysostôme, qu'*il n'y avait rien de plus opposé à l'équité naturelle*, en parlant du produit du prêt, *que de vouloir recueillir une moisson, sans avoir un fonds productif, comme un champ* (2). Peut-on mieux dénoter la stérilité de la matière du prêt, qui est l'argent, ou toute autre chose consomptible par l'usage ?

Personne ne doit tenter l'impossible, disait encore saint Grégoire de Nysse; *il n'appartient qu'au Tout-Puissant, dont les œuvres passent notre attente, de tirer avantage des choses désespérées; lui qui commande à l'eau de couler des rochers... Mais vous, ne forcez pas l'or et l'argent d'enfanter contre leur usage, et de faire ce qui ne convient qu'aux choses fertiles* (3).

Et saint Basile, que nous avons déjà cité, mais que nous ne pouvons trop citer pour constater le sentiment de ces échos des premiers siècles de l'Église, s'explique de la même manière et de la même force : *Abolissez ces contrats à grosses usures, et la terre vous donnera ses productions ordinaires : car tant que contre nature vous forcerez l'or, l'argent et les choses stériles d'enfanter, la terre, naturellement fertile et féconde, sera frappée de stérilité pour la punition de ses habitans* (4). C'est ainsi que ce saint

(1) Or. con. L. pag. 225.

(2) Hom. 56. in Matth.

(3) Æris et auri rerum parere non solitarum ne quære fœtum. (Orat. Cont. Fœn.)

(4) Hom. in Fam. et Siccit.

évêque, aussi célèbre par ses lumières que par sa sainteté, montrait à son peuple que le ciel était devenu d'airain et un feu brûlant, et la terre inféconde contre leur nature; parce que, par une injustice monstrueuse, il renversait lui-même l'ordre des choses, en forçant par ses usures l'or de produire l'or.

L'auteur de l'ouvrage imparfait, témoin fidèle des sentimens de l'Eglise grecque, respectable surtout par son antiquité, pose l'iniquité de l'usure *en ce que l'argent n'est pas destiné de sa nature à un usage lucratif comme un champ, une maison, qui sont féconds par leur qualité naturelle* (1). C'est ainsi que, presque dans le berceau de l'Église, on a condamné l'usure à cause de la stérilité de l'argent auquel on la fait produire; cette vérité, qui seule démontre son iniquité, n'est donc pas si nouvelle; elle était reconnue et respectée par les premiers témoins de la foi et les premiers défenseurs de la morale chrétienne: et l'Eglise enfin, pour confondre tous les sectateurs et les patrons d'une pratique aussi injuste, la consacre par un jugement irréfragable, qu'elle a prononcé dans un concile œcuménique, qui est le cinquième concile de Latran, et qui par conséquent est une loi qui oblige sous peine de grave désobéissance et de damnation. *L'usure*, disent les Pères de ce concile, *est le profit ou le fruit qu'on retire sans travail, sans dépense, d'une chose qui ne fructifie pas. Ea est proprie usurarum interpretatio, quando videlicet ex usu rei quæ non germinat, nullo labore, lucrum fœtusque conquiri studetur* (2).

(1) Hom. 38. in Matth. int. opera S. Chrysost.

(2) Conc. Lat. 5. sess. 1.

Est-ce Aristote qui a présidé à ce concile? est-ce une assemblée de scolastiques qui dicte ces oracles? C'est un concile universel, c'est le chef de l'Eglise, ce sont cent quatorze évêques, dix-huit cardinaux et deux patriarches d'Orient; c'est l'Eglise elle-même qui, du centre de son autorité indéfectible, fait entendre à tout le monde chrétien la voix de l'esprit de vérité qui la conduit et qui l'éclaire.

Qu'elle est donc téméraire cette philosophie trompeuse qui traite de nouveauté surprenante et de subtilité forgée au treizième siècle, une vérité si inhérente avec la nature des choses, reconnue par les sombres lueurs du paganisme, qui a servi de règle aux anciens Pères, et de fondement à l'Eglise pour condamner l'usure! Si ces écrivains qui vilipendent ces principes de l'infécondité de l'argent, par lesquels on manifeste l'iniquité de l'usure, « avaient lu, dit le savant Thomassin, les SS. docteurs, ils se seroient convaincus que ces vérités et » ces raisonnemens ne sont sûrement pas un raffinement et une invention de la théologie scolastique, » mais la doctrine constante de ces premières lumières de l'Eglise. »

PREMIER PRINCIPE DE DROIT.

Il a toujours été de principe dans toute espèce de droit, que les fruits d'une chose doivent appartenir à celui à qui elle appartient elle-même: *res fructificat Domino suo:* et que cette propriété des fruits devenait encore plus absolue lorsque cette chose n'en produit point par elle-même, mais seulement par l'industrie et le travail de celui qui en a le domaine. Ce double principe se trouve évidemment établi dans la personne de celui à qui on prête une somme d'argent ou toute autre chose qui est consumée par l'usage, et dont par conséquent l'usage et la propriété sont inséparables. Cet argent devient son argent, *ex meo fit tuum*, dit la loi, *et ideo, si non fiat tuum, non nascitur obligatio* (1). Il ne produit ni ne peut produire rien par lui-même; il ne donne de fruit que parce qu'il est mis en valeur par la main de l'emprunteur; il lui appartient d'une manière si absolue et si exclusive, qu'il est tout à ses risques et fortunes. Quand il viendrait à périr sans aucune faute de sa part, et par un pur cas fortuit, il est toujours tenu d'en rendre autant de quelque manière qu'il périsse, et quand même il n'aurait donné aucun avantage.

SECOND PRINCIPE.

C'est la règle des profits à venir, disent tous les jurisconsultes et tous ceux qui respectent l'ordre naturel, que, pour y avoir part, « Il faut s'exposer aux » événemens des pertes qui peuvent arriver, au lieu » des profits que l'on espérait, et le parti d'avoir part » à un gain futur renferme celui de ne point profiter » s'il n'y a pas de gain, et de perdre même si la perte » arrive » (2). C'est assurément une iniquité aux yeux de toutes les nations de se décharger de la perte et de s'assurer du gain; et c'est l'ordre naturel que celui qui porte seul cette perte ait seul les avantages : *Secundum naturam est commoda cujusque rei, eum sequi quem sequntur incommoda* (3).

De tous ces principes fondés sur la raison et sur des autorités si irréfragables que nous venons

(1) Leg. 2. de Reb. cred.

(2) Dom. Leg. ci. lib. 10. tit. 10.

(3) Leg. 10. Re. ju. 50.

d'exposer, suit cette conséquence aussi incontestable qu'elle est évidente. Que tout intérêt qu'on stipule ou qu'on tire d'un simple prêt est d'autant plus injuste, et conséquemment usuraire, qu'on n'a aucun titre pour l'exiger ou pour le prendre.

1° On ne peut pas le prendre par la force du prêt, parce que c'est un contrat purement gratuit de sa nature, qui par conséquent ne produit aucun avantage; c'est la proposition du concile de Bordeaux de l'an 1500.

2° Par le transport de la propriété qu'on cède, parce que cette cession doit être aussi gratuite, puisque cette cession n'est que le contrat même du pur prêt.

3° Par la cession de l'usage, parce que le droit d'usage suivant nécessairement la cession de la propriété, cette propriété donnée, le prêteur n'a plus aucun droit sur cet usage; il ne peut donc plus en disposer; et par conséquent il ne peut plus en tirer aucun profit : c'est seulement pour le propriétaire qu'une chose a quelque valeur ou qu'elle fructifie; ce sont les termes mêmes du droit, des Pères et des conciles.

4° A cause du produit qu'on se procure par l'argent ou par toute autre chose consomptible par l'usage, parce que l'argent et toutes ces choses sont stériles par elles-mêmes et ne produisent rien. C'est le raisonnement des mêmes Pères et des mêmes conciles.

5° A cause de l'industrie et du travail de la main qui fait fructifier cet argent; parce que ce sont des biens sur lesquels on n'a aucun droit, qui sont si fort du domaine absolu et exclusif de l'emprunteur que le prêteur n'y a contribué en rien, et qui sont entièrement indépendans de lui; c'est une évidence que personne n'a jamais contestée.

D'ailleurs, comme nous avons dit encore, il a toujours été de principe que, pour partager les profits, il fallait partager les pertes, ce que ne fait point le prêteur.

Au reste, ce prétexte de la part des partisans de l'usure n'est pas nouveau. Du temps de saint Jérôme, les usuriers l'avaient déjà mis en vogue pour en imposer à leur conscience et au juste reproche des personnes équitables. *J'ai donné un boisseau de grains*, disaient-ils, *lequel ayant été semé, en a produit dix; n'est-il pas juste que je prenne un demi-boisseau par dessus? puisque par mon bienfait, celui à qui j'ai prêté en a neuf boisseaux et demi; il ne me donne, à proprement parler, qu'un bien qu'il tient de moi* (1). Mais ce saint docteur, qui était aussi bien entendu pour juger de l'étendue du droit naturel que certains raisonneurs du siècle, relevait fortement ce motif si peu fondé, le taxait d'*injuste;* et en effet il ne peut faire illusion qu'à la cupidité.

« Ceux, ajoute le grand Bossuet, qui disent qu'il » n'y a rien de plus juste que de profiter d'un prêt » dont le débiteur profite lui-même visiblement, ne » disent rien : car Grotius a fort bien prouvé qu'il n'est » pas juste ici de regarder ce que gagne mon débiteur, » mais ce que je perds. Le profit qu'il fait par son » industrie ou par son travail, ou le profit qui naît » naturellement de ce que je lui prête, comme du » grain, ne vient pas de moi, et je n'ai rien à exiger » pour cela; si je lui donne le moyen de profiter, » nous avons vu qu'il me le rend tout entier quand » il me rend la chose prêtée : le surplus n'est pas de » mon fait, et si je veux entrer dans ce profit, j'ai

(1) S. Jérôme, Com. in Ezech.

» le contrat de société; mais le prêt n'est pas établi » pour cela : ce qu'il opère naturellement, c'est » qu'on me rende ce que j'ai donné. Je dois être » content quand cela est » (1).

De toutes ces conséquences il suit évidemment :

1° Que toute stipulation d'intérêt dans le simple prêt, dans quel cas que ce soit, est une usure d'autant plus criante et inique en elle-même qu'elle détruit la condition la plus essentielle à la validité de tous les contrats, qui est l'égalité : car le prêteur reçoit plus qu'il n'a donné, parce que l'emprunteur lui rend plus qu'il n'a pris; la nature de leur contrat consistant cependant en ce que le premier en prêtant n'a acquis que le droit de redemander la même somme qu'il a donnée, son débiteur n'ayant pu s'obliger de donner davantage. *Ultra id quod accepit reobligari neminem posse constat* (2). Cette vérité est unanimement établie par tous les SS. Pères.

Saint Chrysostome a qualifié cette pratique de convention inique. *Vous demandez*, dit-il, *plus que vous n'avez prêté, et vous faites payer comme dû ce que vous n'avez pas donné* (3).

Qu'y a-t-il de plus injuste que vous, s'écriait saint Ambroise, *qui n'êtes pas même content de recevoir le principal; vous appelez débiteur celui qui vous a payé plus qu'il n'a reçu !* (4)

Vous êtes des hommes injustes, disait Lactance aux usuriers de son temps, *parce que vous recevez plus que vous n'avez donné* (5). Ce savant faisait

(1) Bossuet. Traité de l'Usure, pag. 74.

(2) Leg. 9. D. non num. pec.

(3) S. Chrys. Hom. 57. in Matth.

(4) S. Amb. Traité de l'Usure.

(5) Lact. L. 6. de Instit. c. 18.

donc consister l'iniquité de l'usure en ce qu'on ne gardait plus l'égalité entre ce que l'on avait prêté et ce qu'on recevait.

C'est une iniquité pernicieuse de prêter sous un intérêt, concluait autrefois le grand saint Basile, prêchant à son peuple; *et cette iniquité consiste en ce qu'on prend plus qu'on n'a donné* (1).

Le but de l'Esprit saint, déclare saint Jérôme, en défendant tout surplus dans le prêt, *a été d'empêcher qu'on ne reçût plus qu'on n'avait prêté* (2).

Vous êtes un malheureux usurier, s'écriait saint Augustin, *digne de toute espèce de blâme, si vous prêtez dans l'intention de vous faire rendre plus que vous n'avez prêté; et si vous mettez dans vos mains cet excédant que vous vous êtes réservé, vous vous chargez d'un bien qui ne vous appartient pas* (3).

Peut-on exprimer plus clairement cette inégalité criminelle et inique qu'une insatiable avarice fait mettre dans cette paction par laquelle on stipule l'intérêt au-dessus de la somme capitale qui a été prêtée. C'est dans cette injuste inégalité, disent les SS. Docteurs, que consiste l'usure; ce n'est ni dans un intérêt excessif, ni dans un intérêt arraché à l'indigent, c'est dans un intérêt quelconque, un surplus seulement quel qu'il soit. Ce qui fait l'usure, déclarent-ils d'une voix unanime, c'est qu'on reçoit plus qu'on n'a donné; ce qui est, concluent-ils généralement, une *injustice claire : injustum est.*

Le fameux Grotius, ami de l'usure, pose lui-même pour règle, que *tout ce qu'on peut exiger au-delà*

(1) S. Basil. Hom. 11. sur le Ps. 13.

(2) S. Jer. Com. in Ezech.

(3) S. Aug. in Ps. 36.

d'une parfaite compensation est injuste. « Cette » règle est admirable, ajoute Bossuet; et c'est la » vraie règle de l'équité naturelle; mais appliquons-» la, dit ce savant évêque, au principe sur lequel » Grotius établit l'usure, elle le détruira manifeste-» ment. Je perds, dit-il, en prêtant, la commodité » et le profit que l'argent comptant porte avec soi, » j'en conviens; mais quand on me rend mon argent, » on me le rend aussi avec toutes ses commodités; » on me rend donc en toutes manières autant que » j'ai prêté. La compensation est parfaite, et l'égalité » aussi; qui me rend mon argent, me rend avec lui » toutes les commodités dont le prêt m'avoit privé. » Si j'exige outre cela du profit, j'exige plus que je » n'ai donné : je suis donc injuste, parce que je dé-» truis l'égalité ». On ne peut pas s'expliquer plus évidemment pour caractériser l'inégalité de l'usure (1).

Le judicieux auteur de l'*Histoire de l'Eglise*, M. de Fleury, dans son ouvrage de l'*Institution au Droit ecclésiastique*, décide sans ambiguité que Jésus-Christ a défendu l'usure à l'égard de qui que ce soit, riche ou pauvre, par cette raison naturelle qu'elle n'est pas compatible avec l'égalité essentielle aux contrats. « Il n'est pas permis, dit-il, de tirer » aucun profit du prêt de l'argent ou des autres » choses consomptibles par l'usage : la raison est » que dans les contrats qui se font entre les hommes, » on cherche, autant qu'il est possible, l'égalité; en-» sorte que l'un reçoive ce qui l'accommode, par » autant d'une autre chose qui accommode l'autre : » ainsi dans les échanges et les partages, on tend à » la plus grande égalité : ainsi dans la vente, l'inten-

(1) Bossuet, Traité de l'Usure, p. 6.

» tion des parties est d'égaler autant qu'il se peut le » prix à la chose ; que si nous pouvons donner à un » autre ce dont il a besoin sans nous incommoder, » la loi de l'humanité nous y oblige, comme de mon- » trer le chemin, d'allumer un flambeau; c'est le » fondement des contrats gratuits comme le prêt et » le dépôt. Je ne dois point refuser à mon prochain » une somme d'argent qui m'est inutile et dont il a » besoin, étant assuré de sa bonne foi; et s'il me la » rend dans le temps convenu, je n'ai aucun droit de » lui demander rien de plus; il n'en est pas de même » d'un cheval ou d'une maison, on y distingue la » propriété d'avec l'usage, parce que l'on s'en sert » sans les consumer (1). »

Ce n'est pas ici un ami d'Aristote qui parle, ni un scolastique; c'est un savant qui connaissait très-bien le mal que cet ancien philosophe avait fait à la théologie morale, et ces docteurs qui avoient eu la manie de le prendre uniquement pour guide. « Il est » étonnant, dit-il, dans son cinquième discours sur » l'*Histoire ecclésiastique*, que des chrétiens, ayant » entre les mains l'Écriture sainte, aient cru avoir » besoin d'Aristote pour apprendre la morale. »

L'usage, dit le lumineux Potier, *que l'emprunteur reçoit de la somme qu'on lui prête, étant renfermé dans le droit de propriété qu'il a acquis par le prêt de cet argent, n'est pas quelque chose de distinct qu'il ait outre cet argent; le prêteur ne peut donc recevoir rien de plus que cette somme; s'il reçoit en outre un autre profit, il n'y a plus d'égalité entre le donné et le rendu, et le contrat est inique* (2). Ce n'est pas ici un scolastique qui parle,

(1) Fleury, Inst. au Droit Eccl.

(2) Tr. du Prêt de Com. p. 172.

c'est un savant jurisconsulte qui approfondit depuis bien des années toutes les espèces de contrats, et qui enrichit le public des ouvrages les plus judicieux.

2° Il suit des mêmes principes qu'on vend une chose à son propre maître. Peut-il y avoir rien de plus opposé au droit naturel? En cédant à l'emprunteur la propriété de la chose qu'on lui a prêtée, on lui en a cédé nécessairement l'usage, puisque ces deux choses sont naturellement inséparables : on lui vend cependant cet usage; on lui vend donc une chooe qui est à lui : peut-on faire un vol plus caractérisé?

3° Il suit encore toujours des mêmes principes qu'on se fait payer deux fois la même chose, ou qu'on retire un prix d'une chose qui n'est pas à soi. Le droit naturel pourra-t-il jamais s'accorder avec une iniquité si révoltante? car si on exige l'intérêt pour la somme qu'on a donnée, alors on reçoit un double prix, l'argent qu'on a prêté et l'intérêt qu'on prend de surabondant. Si c'est pour la jouissance ou pour l'usage, on apprécie donc à son profit une chose qui appartient à un autre. C'est ainsi que s'explique le catéchisme du concile de Trente, ou, ce qui est la même chose, le catéchisme romain généralement reçu dans toute l'Église latine, *qui fœnerantur, bis idem vendunt, aut vendunt id quod non est* (1).

« Quelques-uns de ceux, dit Bossuet, qui » avouent que l'usure est défendue par la loi de » Dieu, selon la notion que nous en avons vue, » cherchent des expédiens pour faire trouver, à ceux » qui prêtent, des profits légitimes. Je dis que cela

(1) Cath. Rom. ad 7. Pr. Decal.

» est mauvais; et voici comment il faut procéder pour » connaître la vérité dans cette matière. Il faut avant » toutes choses bien entendre ce que la loi défend, » et comment cette loi a été entendue par ceux qui » sont faits pour la développer; c'est là une règle » sûre. Cela étant bien entendu, il faut dire que tout » ce qui dans le fond fera tout l'effet de la chose que » Dieu défend, est également défendu, de quelque » nom qu'on le nomme, parce que le dessein de » Dieu n'est pas de défendre ou des mots ou des » tours d'esprit et de vaines subtilités, mais le fond » des choses ».

Or il est évident que tous les prétextes qu'allèguent les fauteurs de l'usure pour la justifier, font exactement l'effet de la chose que le droit naturel défend.

Si cela n'était pas, ou plutôt s'il pouvait y avoir des raisons légitimes pour stipuler un intérêt dans le prêt, ce serait :

1° A cause que le prêteur se met en danger de perdre son argent en le confiant à la disposition d'un autre. Ce prétexte est sans nul fondement, parce que ce serait toujours prendre un intérêt en conséquence du prêt, attendu qu'il y a toujours un danger qui en est inséparable, et qui suit nécessairement la translation qu'on fait à un autre de la chose qu'on lui prête; c'est bien ici le cas de dire avec le grand Bossuet : « Que ce prétexte ferait précisé» ment l'effet de la chose que la loi défend; car ce » serait un dédommagement de craintes vagues et » sans objet »; ce qui ne peut pas être un titre, comme on l'a observé dans le décret de morale préparé dans l'assemblée de 1682 où il est dit : *que la défense de l'usure se trouverait anéantie; c'est pourquoi*, y ajoutait-on, *on ne doit pas permettre de recevoir de l'argent pour se dédommager du risque qu'on court en prêtant, car ce faux prétexte est si contraire au droit naturel, qu'il n'irait à rien moins qu'à autoriser la plus criminelle et la plus criante de toutes les usures, qui tend à opprimer les pauvres* (1). Alexandre VII avait reconnu la force de cette raison naturelle, et en conséquence, Innocent XI et le clergé de France, en 1700, condamnèrent ce prétexte, en condamnant cette proposition 56 : *Usura est recipere aliquid ratione mutui, non autem periculi recuperandæ sortis; neque ullus potest esse ità securus quin possit aliquod intervenire, vel saltem aliqua difficultas, vel labor, in re habenda* (2).

C'est comme quand on dit qu'on peut prendre un intérêt comme le salaire du travail qu'on fait pour compter l'argent qu'on prête. Quel titre étrange qui a été proscrit dans la proposition censurée que nous venons de rapporter! Quelle ressource la cupidité va-t-elle chercher! Il faut avoir bien peu de pudeur pour présenter un tel prétexte : *Qui gratis mutuum dare tenetur*, dit le savant Concina, *gratis laborem hunc sustinere astringitur* (3).

2° Ce serait à cause que le prêteur se met dans la nécessité de ne pouvoir pas de quelque temps répéter sa somme. Il est bien étrange qu'on prétende établir un titre pour justifier la stipulation de l'intérêt sur un caractère qui est essentiel au prêt même, et sans lequel il ne peut exister; car la première condition du prêt est que le domaine de la chose passe pour un temps à la disposition de

(1) Dec. Mor. in Com. 1682.

(2) In Cens. an. 1700.

(3) Conc. pag. 399.

l'emprunteur, et le premier engagement de celui-ci est qu'il ne la rende qu'au terme convenu : *In mutui datione*, dit la loi, *oportet dominum esse dantem, et dies solutionis, sicut summa, pars est stipulationis*(1).

C'est ce qui détermina le pape Alexandre VII à réprouver un titre de cette nature, en condamnant une proposition dans laquelle on prétendait l'autoriser d'une manière où il paraissait même plus favorable; parce qu'on supposait que le prêteur s'obligeait même à ne pouvoir pas redemander sa somme, et se liait les mains jusqu'à un certain temps : *Licitum est mutuanti aliquid supra sortem recipere, si se obliget ad non repetendam sortem usque ad certum tempus;* et le clergé de France, à l'assemblée de 1700, la déclara contraire tant à la loi écrite qu'à la loi non écrite (2).

3° Ce serait par ce singulier principe, si souvent répété par les usuriers et les usuristes, qu'il semble qu'ils ont réussi à le faire adopter comme une vérité, qu'un contrat où les deux parties ont un avantage commun ne peut pas être injuste.

Quelle ineptie! comme si le plus petit commerçant, jusqu'à un marchand d'allumettes, ne savait point que ce n'est pas une utilité réciproque seulement qui rend les contrats légitimes, mais une juste proportion dans les profits et dans les pertes, c'est-à-dire une égalité parfaite dans les conditions qu'on y appose : *Sicuti lucrum, ita damnum quoque, commune esse oportet*, dit la loi 25e. Ce qui ne peut pas être dans le contrat de stipulation d'intérêt, dans le simple prêt comme nous l'avons démontré.

(1) Lib. 2. de Re cred.

(2) In Cens. an. 1700.

Mais, mal à propos, disent les nouveaux Juifs que nous combattons ici, prétendez-vous qu'on ne peut pas profiter du lucre stipulé dans un contrat de simple prêt, par la raison qu'il n'y a pas d'égalité dans ce contrat. La donation que fait l'emprunteur au prêteur rétablit cette égalité, en y en formant une d'équivalente. Ainsi, par exemple, j'emprunte d'un homme une certaine somme, ou pour faire un commerce très-lucratif, qui me donnera 10 ou 20 pour 100, ou pour acheter un domaine qui me produira un fort revenu : ne suis-je pas libre de faire un présent à cet homme du tiers de ce produit qu'il exige lui-même pour lui tenir lieu du capital qu'il m'a prêté, et qu'il n'exige même qu'au même titre que je le lui donne? Ce don de ma part, bien loin de me gêner, est un témoignage de ma reconnaissance, et un prix que je donne bien volontiers à celui qui me met la fortune à la main.

Subterfuge insidieux que tout cela. Cette prétendue donation ne peut-être qu'un moyen de pallier l'usure la plus réelle, et de couvrir par le prétexte, en apparence le plus louable, la plus évidente injustice; car si cette prétendue donation pouvait-être un titre légitime pour stipuler un intérêt, ou elle le serait du côté du prêteur ou du côté de l'emprunteur; elle ne peut pas l'être du côté du prêteur, puisqu'elle est évidemment forcée de ce côté-là; et qu'ainsi sous ce rapport elle cesse d'être un pur don. Le pape Innocent XI a condamné il y a long-temps ce titre singulier; et l'Eglise de France le réprouva en 1700, comme usuraire, et censura cette proposition par laquelle on voulait le canoniser : *Usura non est dum ultra sortem aliquid exigitur, tanquam ex benevolentia et gratitudine debitum, sed solum si exigatur tanquam ex justitia debitum.*

Ce titre n'est pas plus légitime en le prenant du côté de l'emprunteur. Dès lors que cet intérêt est stipulé comme une condition sans laquelle il n'y aurait point de prêt, ou qu'il est promis seulement, parce qu'il voit bien que sans cela il ne réussirait pas, et que telle est la volonté de son créancier futur, ce n'est pas un don libre, ou pour mieux dire, ce n'est plus une donation. *Nemo*, dit la loi, *in necessitatibus liberalis existit : on ne donne*, dit une autre loi, *que quand on n'y est pas astreint par une cause coactive : Donari videtur quod nullo jure cogente conceditur* (1). Ainsi, dès qu'il y a une convention faite sans laquelle il n'y aurait point cession d'argent, il y a une nécessité, et par conséquent plus de liberté dans la donation, et par conséquent plus de donation, parce qu'un don, et de plus un don fait uniquement par reconnaissance, est essentiellement libre, et qu'il ne peut pas l'être, lorsqu'il est exigé comme une condition si essentielle, que si cet emprunteur ne s'y engageait pas, son espoir s'en irait en fumée, et son prétendu bienfaiteur n'aurait plus d'argent pour lui.

Si ce titre pouvait être juste, il n'est point d'usure qu'on ne rendît légitime; la gratitude, cette vertu des belles âmes, ne serait plus si rare. Ah! que vous deviendriez admirables, messieurs les usuriers! Par la plus étrange révolution, ces sangsues publiques, affamées du sang humain, deviendraient des modèles de générosité et de bienfaisance.

Qu'on est à plaindre lorsqu'on se livre à des systèmes en matière de mœurs et de foi ! on se trouve bientôt loin de la raison et du bon sens; et pourquoi, puisqu'on veut tant qu'un bon père de famille amé-

(1) Leg. civ. liv. 82.

liore son état, à l'aide de quelque prêteur, et qu'il soit si reconnaissant qu'il cède volontiers une partie de ses profits à son bienfaiteur, ne lui laisse-t-on pas tout le mérite de sa reconnaissance, en le faisant emprunter sans qu'il promette rien, que de rendre en son temps le seul capital qu'il reçoit, restant parfaitement libre d'avoir de la gratitude ou non? Alors on sera le maître de lui laisser suivre toute sa reconnaissance; il ne fera que l'acte de la plus belle vertu qui fût jamais; et bien loin que nous y trouvions rien d'usuraire, nous canoniserons à l'envi la générosité de celui qui donne et la bienfaisance de celui qui a prêté?

Ce n'est pas ainsi qu'on prête, répond-on; c'est le moyen de resserrer le nœud de toutes les bourses. Preuve invincible que ce prétendu don est une redevance nécessaire, absolument exigée d'un côté; et conséquemment forcée de l'autre. Ce raisonnement se détruit donc de lui-même.

4°. Ce seroit enfin parce qu'il n'y a rien de plus naturel que de pouvoir céder à un autre l'usage de son argent, sous la stipulation d'un certain prix; et c'est ici le grand argument que les successeurs de Calvin et de Saumaise et les admirateurs de Dumoulin cherchent à faire valoir avec une opiniâtreté qui révolte.

Ils disent donc, ces grands amis de l'usure, que la jouissance de l'argent est naturellement appréciable; qu'elle a un prix soumis à l'industrie de celui qui la possède; et que celui qui l'a cédée peut donc stipuler le prix à son avantage, sans blesser le droit naturel. Qu'on doit appeler cette cession utile, un placement de son argent à titre lucratif, et non pas un prêt; parce qu'on n'entend point prêter dans le vrai sens; et qu'ainsi, en exceptant les pauvres, et les cas d'une stipulation excessive, on peut placer son argent de cette manière entre les mains d'un marchand ou d'un homme riche.

Quel étrange langage ! quels paradoxes révoltans ! on donne la jouissance d'un certain argent sous la condition d'un tel prix. On ne prétend pas le prêter, mais en céder un usage qui devient fructifère pour le prêteur; on prétend donc créer une nouvelle espèce de contrat et établir un nouveau moyen de traiter avec les hommes, inconnu à toute l'antiquité; et dès lors ce contrat se détruit lui-même par sa propre nouveauté; car ce prétendu contrat doit être, ou un simple prêt : ce que ses inventeurs ne veulent pas, et ce qu'il est cependant bien réellement, quoi qu'ils en disent, ou tout autre contrat, comme de prêt à usage, ou de vente, ou de louage, ou d'échange, ou de ferme. S'il est un simple prêt, comme sa nature le démontre, parce qu'il a les mêmes qualités, et qu'il n'en a aucune de différente, il ne peut produire aucun fruit pour le prêteur, comme nous l'avons démontré par l'essence du prêt même, et par la nature de la matière du prêt, et comme nous allons le démontrer encore, par la différence qu'il y a du simple prêt avec tout autre contrat : il ne peut pas être d'ailleurs un des autres contrats reconnus de tous les temps; nous allons aussi le démontrer.

Le savant Domat va nous donner toutes ces preuves dans son immortel ouvrage des *Lois civiles*. Il est bon de remarquer que tout ce qu'il dit à cet égard n'est que l'assemblage d'une foule de vérités, qui sont autant de principes adoptés dans tous les temps, par tout ce qu'il y a eu de vrais législateurs et de théologiens, et le droit naturel et public reconnu par tous les peuples, et inhérent à la constitution de toute société.

« Il est commun au simple prêt, et au prêt à » usage, qu'on emprunte une chose gratuitement : » dans le prêt, c'est pour consumer la chose et en » rendre une autre; mais dans le prêt à usage, c'est » seulement pour user de la chose, et rendre la même » après l'usage fini; et dans le prétendu contrat à titre » lucratif on donne l'argent pour le consumer, on en » transfère la propriété de manière qu'il est au péril » de l'emprunteur qui doit en rendre autant quand » même il aurait péri sans qu'il s'en fût servi; ce qui » le rend parfaitement identique avec le simple prêt. » De plus le prêt à usage doit être sans aucun prix; si on en stipule dit, la loi (1), il devient alors un louage, *gratuitum debet esse commodatum, alioqui mercede interveniente locatus tibi usus rei videtur.* Ce contrat à titre lucratif porte un prix, il ne peut donc pas être un prêt à usage, on ne peut assurément pas prêter à usage les choses qu'on cesse d'avoir, quand on en use, comme l'argent et les denrées : *Non potest commodari id quod usu consumitur* (2).

« Il est commun au prêt et à la vente que la chose » est aliénée; dans le prêt, c'est pour en avoir une » autre de semblable; mais dans la vente, c'est pour » un prix; et la cession qu'on fait de la chose, est » absolue et pour toujours : *Si pecuniam dem ut* » *rem accipiam, emptio et venditio est* (3). » Dans le contrat à titre lucratif, on transfère, il est vrai, la propriété de la chose, mais on ne met à prix que

(1) Inst. liv. 10. art. 28.
(2) Inst. liv. 3.
(3) Inst. liv. 5.

la jouissance. La cession de la propriété ne se fait que pour un temps ; et à condition d'ailleurs qu'on en rendra une semblable, c'est-à-dire une autre somme d'argent égale à celle qu'on a reçue. D'ailleurs encore, ce ne pourrait jamais être une vente, de quelque manière qu'on la prît, car on ne vend pas l'argent, dit le grand Bossuet.

« Il est commun au prêt et à l'échange, qu'on y » donne une chose pour une autre. Dans le prêt on » ne donne que pour avoir, quelque temps après, » non une chose différente, mais une autre toute » pareille. Dans l'échange, c'est par la différence » des choses que l'on s'accommode en se les don» nant réciproquement et en même temps. » Mais dans cedit contrat lucratif, on ne donne que pour r'avoir dans un autre temps, non une chose différente, mais une toute pareille, ce qui le rend semblable au prêt. Ajoutez encore pour grande différence qu'on a la précaution d'y stipuler un profit.

« Il est commun au simple prêt et au louage, qu'on » emprunte une chose pour en user. Dans le prêt, » c'est pour en user sans autre charge que d'en ren» dre autant ; et dans le louage, c'est pour user de la » chose moyennant un prix, et rendre la même in» dividuellement. » On ne loue d'ailleurs que des choses qu'on ne doit pas consumer par l'usage, et le preneur devient si peu le propriétaire de la chose louée, que, si elle périt par un cas fortuit ou avant qu'on s'en soit servi, il est déchargé du prix stipulé pour le loyer, et de plus la diminution sensible ou insensible, qui tombe sur la chose louée, ne tombe pas sur lui : *Locatio, si rem aliquam utendam, sive fruendam tibi aliquis dederit, non potest commodari id quod usu consumitur. Tantum eos casus non præstet*, le preneur, *quibus resisti non possit, quia sine dolo et culpa ejus accedunt* (1).

« Il est commun à ces cinq espèces de conven- » tions, qu'on ne s'y accommode des choses que dans » la vue de l'usage qu'on en peut tirer; mais on y » traite des choses en deux manières, qui regardent » cet usage bien différemment; l'une qui est propre » au prêt à usage et au louage, où l'on ne traite » que du seul usage, et non de la propriété des » choses, car il ne s'y en fait point d'aliénation; l'au- » tre qui est propre à la vente, à l'échange et au prêt, » où l'on ne traite que de la seule propriété des » choses, et où elles sont aliénées indépendamment » de l'usage qui en sera fait, et de telle sorte que, » quand la chose périrait aussitôt que le contrat est » accompli, sans qu'il fût possible à celui qui la » prend d'en faire aucun usage, le contrat subsiste- » rait en son entier; au lieu que le prêt à usage et » le louage ne subsistent point, si la chose a péri » avant que celui qui la prendroit pût en user: ce » contrat s'évanouit si elle périt. D'où il suit que » celui qui a pris une chose par une vente, par un » échange, ou par un prêt, en est devenu le proprié- » taire; et que quand il en use, c'est sa chose propre » qu'il met en usage. Mais dans le prêt à usage et » dans le louage, c'est de la chose d'un autre qu'usent » celui qui emprunte et celui qui loue.

» Dans le louage d'un cheval, d'une maison, et » des autres choses de cette nature, celui qui baille » peut justement stipuler le prix du service et de » l'usage que celui qui prend une chose à louage » en pourra tirer, pendant que lui, qui en est le » maître, cessera d'en jouir et de s'en servir; et il

(1) Cod. liv. 18. Inst. liv. 8.

» a aussi pour un juste titre cette espèce de diminution, qui, quoique insensible, arrive en effet à la chose louée.

» Dans le bail à ferme, le bailleur stipule justement le prix des fruits et des autres revenus qui pourront naître du fonds qu'il donne au fermier.

» Dans les prix faits et les louages des mercenaires, il est juste que ceux qui donnent leur temps et leurs peines s'assurent du salaire d'un travail dont l'homme doit tirer sa vie.

» On voit, dans tous ces commerces, que ce qui rend licite le profit qu'on peut en tirer, est que celui qui loue à un autre, ou son travail, ou son industrie, ou un cheval, ou une maison, ou un autre fonds, stipule justement un prix pour le droit qu'il donne de jouir ou de ce que produit le travail, ou du service de ce cheval, ou de l'habitation de cette maison, ou du revenu de ce fonds, ou des autres usages qui pourraient se tirer de ce qui est baillé à louage. Quoique cette convention paraisse un juste titre pour prendre un salaire, un loyer, ou un autre revenu, elle ne suffirait pas pour rendre licite le profit du louage, si elle n'était accompagnée des autres caractères essentiels à ce contrat; et qui sont tels que, s'ils manquoient, la convention du profit y serait injuste : de sorte que, quand il serait vrai qu'on peut faire une pareille stipulation de l'intérêt de l'argent ou des denrées, pour le profit qu'en pourra tirer celui qui emprunte, ce qui est démontré injuste, le défaut de ces autres caractères nécessaires pour rendre licite le profit du louage, rendroit illicite le profit du prêt; et pour en juger d'une manière incontestable, il n'y a qu'à considérer quels sont les caractères qui se rencontrent dans le louage,

» et non dans le prêt, et sans lesquels le profit même » du louage serait illicite.

» Dans le louage, il faut que celui qui prend à ce » titre, puisse user de la chose, ou en jouir selon la » qualité de la convention; s'il en était empêché par » un cas fortuit, il serait déchargé du prix du louage; » mais dans le prêt, celui qui emprunte demeure » obligé, soit qu'il use de la chose empruntée, ou que » quelque événement, de quelque nature qu'il soit, » l'empêche d'en user.

» Dans le louage, le premier n'est obligé de rendre » que la même chose individuellement qu'il a louée, » et si elle périt en ses mains par un cas fortuit, il » n'en est pas tenu, et il ne doit rien rendre. Mais » dans le prêt, l'emprunteur est tenu de rendre la » même somme, c'est-à-dire la même quantité qu'il » a empruntée, quand il la perdrait en même temps » par un cas fortuit.

» Dans le louage, la diminution sensible ou insen- » sible qui arrive à la chose louée, par l'usage qu'en » fait celui qui l'a prise, tombe sur le maître qui » l'avait louée, de manière qu'elle lui est rendue » bien différente souvent, et dans l'espèce et en va- » leur de ce qu'elle était. Mais dans le prêt, celui qui » a prêté ne souffre aucune diminution, ni aucune » perte; on lui rend absolument tout ce qu'il avait » donné.

» Dans le louage, le preneur use de ce qui est » regardé par toute la terre être à un autre : car il » est évident au jugement de tous les hommes, que » celui qui donne à louage demeure le maître de ce » qu'il a loué.

» Mais dans le prêt, celui qui emprunte devient » le maître de ce qui lui est prêté. C'est ainsi qu'on » l'a toujours estimé dans toute société, et s'il ne

» l'était, il n'en userait pas; de sorte que, quand il » s'en sert, c'est, selon tous les hommes, sa chose » propre qu'il met en usage; et celui qui la lui a » prêtée n'y a plus aucun droit. »

Et dans ce contrat de nouvelle invention, qu'on appelle contrat lucratif, la propriété de la chose passe aussi au preneur, il répond des cas fortuits; la diminution sensible ou insensible tombe sur lui, il ne doit rendre qu'une chose égale; et d'ailleurs il n'y s'agit que des choses dont l'usage suit toujours la propriété, et en est si inséparable, comme nous l'avons déjà établi, qu'on ne peut pas céder l'un sans l'autre; caractères qui démontrent incontestablement que ce prétendu contrat n'est qu'un simple prêt, et qu'il ne peut être d'ailleurs aucun des autres contrats uniquement avoués et reconnus dans toutes les législations.

« On voit par ce parallèle des caractères qui dis» tinguent le contrat du louage de celui du prêt, et » de ce prétendu contrat lucratif, quelles sont dans » le louage les causes naturelles qui rendent juste le » profit que tire celui qui loue, ou son travail, ou » son héritage, ou son cheval; et que, pour rendre » légime le prix du louage, il faut que celui qui loue » une chose en conserve la propriété, et que, de» meurant maître de la chose, il en souffre la perte » ou la diminution, si elle périt ou se diminue : et il » faut de plus qu'il assure une jouissance à celui qui » prend à louage, et que si cette jouissance vient à » manquer, quand ce serait même par un cas fortuit, » il ne puisse prendre le prix du louage.

» Ce sont là les fondemens naturels reconnus dans » tous les temps, avoués par tous les peuples, con» signés dans tous les codes de la législation, qui » rendent licites les commerces, ou l'un met une

» chose à profit entre les mains d'un autre; et on » voit au contraire que celui qui prête à intérêt, ou » de l'argent ou des denrées, ne répond d'aucun » profit à celui qui emprunte, et qu'il ne laisse pas » de s'assurer un profit certain; qu'il ne répond pas » même de l'usage qui sera fait de ce qu'il donne, » et qu'au contraire, encore que la chose qu'il prête » vienne à périr, celui qui emprunte lui en rendra » autant, et encore l'usure. » Ce qui se fait taxativement de la même manière dans le prétendu contrat lucratif où le prêteur ne répond de rien, et où il s'assure tout, et où l'emprunteur répond de tout et s'expose à tout; « qu'ainsi il prend un profit sûr, où » celui qui emprunte ne peut avoir que de la perte; » qu'il prend un profit d'une chose qui n'est pas à » lui, et d'une chose même qui, de sa nature, n'en » produit aucun, mais qui, seulement, peut être » mise en usage par l'industrie de celui qui em» prunte, et avec le hasard de la perte entière de » tout profit et du capital, sans que celui qui prête » entre en aucune part ni de cette industrie ni d'au» cune perte.

» Il serait bien aisé de pousser plus loin les consé» quences qui suivent de ces principes; » mais il n'en faut pas davantage pour démontrer que le prêt à intérêt n'est pas seulement injuste par la défense de la loi divine, et par son opposition à la charité, mais encore qu'il est naturellement illicite, comme violant les principes les plus justes et les plus certains de la nature des conventions, et qui sont les fondemens de la justice des profits dans tous les commerces. Il est pareillement visible que ce prétendu contrat lucratif, inventé tout nouvellement, n'est autre chose qu'un simple prêt, et que d'ailleurs il ne peut sûrement pas être un titre légitime pour justifier l'intérêt de l'argent.

Peut-on dire rien de plus démonstratif contre la stipulation des intérêts du simple prêt, dans quel cas qu'on le prenne? Voilà des principes pris de la nature même des contrats et des conventions qui lient les intérêts des hommes, qui sont l'âme du commerce, qui ont toujours fait la base fondamentale des droits respectifs dans toutes les sociétés, qui, dans tous les siècles et dans toutes les nations, ont eu la même nature et les mêmes effets, et que toutes les législations ont consacrés, comme le ressort unanime qui devait diriger les intérêts de chaque individu. C'est une voix générale et toujours constante que la nature fait entendre chez les peuples les plus sauvages; c'est le cri de la raison dont la sage Rome, dit un de ses célèbres historiens (1), sentit toute la force, dans les premiers siècles de sa formation où ses mœurs, moins corrompues, la mettaient mieux à l'abri des séductions de la cupidité.

Il était réservé à un des chefs de la prétendue réforme, ou à la philosophie hardie de ce siècle, de trahir la nature dans un point si essentiel. Pourquoi, avec le flambeau de la révélation qui a si bien éclairé la raison humaine, se trouve-t-il encore des hommes que la cupidité aveugle sur des principes aussi sacrés, tandis qu'ils ont été révérés chez les nations même qui connaissaient si peu les premières lois?

....Quid non mortalia pectora cogis,
Auri sacra fames!

Ce n'est pas sans dessein que la Providence a voulu qu'un grand homme consignât dans un ouvrage, qui

(1) Sane vetus urbi fœnebre malum cohibebatur, antiquis quoque, et minus corruptis moribus. (Tacit. Annal.)

est le dépot sacré des lois civiles et du droit public, un assemblage de principes tirés du droit naturel, du droit politique, et même des lois divines, qui présenteront toujours l'usure comme une pratique injuste de sa propre nature; ces principes seront un monument qui démasquera sans cesse toutes les formes sous lesquelles elle cherche à se cacher. C'est assurément par un conseil supérieur que cette Providence à voulu que ce savant homme associât ainsi au code universel des peuples le triple fondement de l'iniquité de l'usure.

De tous les principes que ce célèbre jurisconsulte vient de nous fournir, qui renferment, en substance, tout ce que les vrais théologiens ont dit sur la matière de l'intérêt de l'argent, on démontre, par une conséquence évidente, que tous les titres sur lesquels on veut justifier cet intérêt, sont injustes, et que notamment ce dernier, qu'on appelle contrat à titre lucratif, est une chimère révoltante. Car, d'après ce que nous avons établi, que peut être ce prétendu contrat? une paction, répond-on hardiment, à titre lucratif. O assurément lucratif! puisqu'elle a la propriété d'enrichir un homme aux frais d'un autre, et aux dépens de son travail, de son industrie et de ses risques et périls.

On l'appelle un contrat à titre lucratif: et qu'on dise donc, un contrat au titre le plus inique qui fût jamais, un contrat qui est le stratagème le plus indigne, la convention la plus révoltante; une injuste invention dont personne n'avait eu l'idée avant ces esprits téméraires qui ont travaillé à corrompre la morale; un contrat enfin qui ne peut être qu'une nouveauté chimérique, puisqu'on ne veut pas qu'il soit un simple prêt. Il n'est pas d'ailleurs ni une vente, ni un échange, ni un prêt à usage, ni une ferme, ni un louage, encore moins un contrat de société. Le parallèle que nous en avons fait avec tous les contrats connus en est une démonstration géométrique.

Que peut-il donc être encore? Tout ce qu'on voudra, pourvu qu'on veuille avouer qu'il est injuste. Il serait plus naturel d'avouer que ce n'est qu'un pur prêt, qu'on n'a cherché à déguiser, et à habiller d'un autre nom, que pour faire passer un système nouveau, inconnu à nos pères. Il en a exactement toutes les qualités, car c'est taxativement par les mêmes caractères que nous avons prouvé qu'il est entièrement différent de tous les autres contrats, et que nous avons démontré encore que le simple prêt est entièrement disparate de tous ces mêmes contrats.

Et puisque c'est toujours par ces mêmes caractères que nous avons démontré que le simple prêt ne pouvait jamais produire aucun intérêt, il est donc démontré, par la même raison, que cette espèce de contrat, qui n'est par conséquent autre chose que ce simple prêt, ne peut non plus en produire aucun.

L'évidence de l'identité de ce prétendu contrat lucratif avec le simple prêt, l'évidence de l'union inséparable de l'usage de l'argent avec sa propriété, et de sa stérilité démontrée par les lois romaines, les SS. Pères, les conciles universels, et la nature même de l'argent, et l'aveu qu'on fait qu'on ne regarde la stipulation de l'intérêt comme légitime (1),

(1) On ne fonde point cet intérêt sur le prêt, puisqu'on n'entend point prêter dans le vrai sens de ce mot, mais placer son argent à titre lucratif, ce qui exclut toute idée de *mutuum*. (Théor. de l'Intérêt, pag. 18.)

que parce qu'on prétend exclure de cette convention à titre lucratif toute idée et toute nature du prêt, rendent la démonstration péremptoire et sans réplique.

Cette invention d'un contrat à titre lucratif est une trouvaille qui tient si fort de la nouveauté, que MM. les docteurs de Sorbonne, qui signèrent la fameuse consultation du 21 mai 1712 touchant l'usure, ont eu bien raison de remarquer que le système de l'auteur du *Traité des Billets*, qui avait adopté un prétendu contrat de commerce, qui n'était autre chose que ce contrat qu'on appelle lucratif aujourd'hui, que pour masquer le système de ce novateur (1), *était une chose nouvelle qui se détruisait même par sa propre nouveauté.* Car, ajoutent ces savans docteurs, nul père, nul canoniste, nul théologien n'en avait parlé avant lui, *si ce n'est les défenseurs des trois contrats qui ont été condamnés par Sixte V, par la faculté de Sorbonne, et par plusieurs évêques de France.*

D'après tous ces principes d'autant plus certains que nous les avons tirés des lois romaines, des écrits des SS. Docteurs, du dépôt même de l'enseignement de l'Église, et de la nature des choses, il est évident que l'usure, ou l'intérêt de l'argent, excessif ou non excessif, dans le commerce ou dans tout autre cas, est un profit inique de sa nature, et par conséquent une injustice réelle. C'est la proposition même des SS. Docteurs et des conciles. S. Clément d'Alexandrie avance en principe, parlant de l'usure, *qu'elle est prohibée dans la loi de Moïse comme injuste* (2).

(1) Consul. de Sorb. 21 mai 1712.
(2) 11. S. Rom.

Lactance (1), *que c'est une injustice de prendre plus qu'on n'a donné : Plus autem accipere quam dederit injustum est.*

Saint Ambroise (2), *que c'est faire un vol que de prendre l'usure de l'argent qu'on a prêté : Si quis usuram acceperit rapinam facit.*

Saint Augustin (3), *que les produits de l'usure sont injustes, et qu'il faut les restituer : Hæc male utique possidentur, et vellem ut restituerentur.*

Saint Chrysostome (4), *que l'usure est une obligation d'iniquité.*

Saint Grégoire de Nysse (5), *qu'elle est un brigandage, latrocinium.*

Saint Basile (6), *que c'est une pernicieuse iniquité que de prêter sous un intérêt.*

Saint Bernard (7), *qu'elle doit être regardée comme un vol.*

Un concile d'Elvire (8), de l'an 305, *que l'usure est une iniquité.* Le concile de Pavie, célébré en 850, *que la restitution du surplus qu'on a pris doit être faite à ceux dont on l'a exigé. A quibus usuras exegerunt ipsis restituant quæ superabundantius abstulisse probantur...* Le célèbre second concile de Lyon, de l'an 1274, où il assista plus de cinq cents évêques, *qu'on refusera la sépulture ecclésiastique aux usuriers, jusqu'à ce que la restitution des pro-*

(1) Lact. liv. 8. div. Inst.
(2) S. Ambr. liv. de bon. Mor. c. 18.
(3) S. Aug. Epist. 54.
(4) S. Chrysos. Hom, 57.
(5) S. Greg. Hom. 4.
(6) S. Bas. Hom. 11. in Ps. 13.
(7) Sermon 4.
(8) Conc. d'Elv. c. 20.

fits usuraires sera faite, lors même qu'ils l'auraient ordonnée par leurs testamens.

La maxime, *usura est, quidquid ultra sortem accipitur*; et cette autre, qu'*elle est une injustice certaine, contraire à l'équité naturelle*, sont donc des vérités qu'on peut d'autant moins contester, qu'elles sont fondées sur le témoignage constant de toute l'antiquité et de tous les temps jusqu'à nos jours. Tout ce qui a été dit depuis le treizième siècle pour constater l'iniquité de l'usure par les règles du droit naturel n'est donc pas nouveau, et ces principes qui caractérisent si bien l'injustice de cette pratique, ont donc toujours été connus, ils n'ont jamais varié; enseignés de tous les temps, toujours opposés à l'insatiabilité des usuriers, ils sont aussi anciens que la raison humaine, ils sont nés avec elle; ils ont été consignés dans les écrits des SS. Pères, et ces SS. Docteurs les ont toujours fait valoir lorsqu'ils l'ont cru nécessaire. Par conséquent il n'est rien de plus étrange que la hardiesse avec laquelle on a osé dire dans certains écrits publiés de nos jours, qu'il était facile d'assigner l'époque où les scolastiques avaient ajouté des idées nouvelles à la doctrine de l'antiquité sur la matière de l'usure, et d'en prouver la nouveauté (1).

Mensonge formel, assertion révoltante, qui ne peut en imposer qu'à des hommes qui n'ont jamais rien lu. Depuis le dixième siècle, dit authentiquement le prélat éclairé, auteur du savant *Rituel de Toulon* (2), imprimé il y a cinq ans par les ordres de MM. les évêques de Toulon et de Macon, nous avons le second concile de Latran sous Innocent II,

(1) Théor. de l'intérêt de l'argent, pag. 30.

(2) Rituel de Toulon, p. 404 et 407, tom. II.

le troisième concile de Latran, sous Alexandre III, tenus en 1139 et en 1179, près d'un siècle avant la naissance de saint Thomas, et le second concile général de Lyon, sous Grégoire X, *qui ordonnent que si les usuriers publics sont morts sans s'être reconnus, et même s'ils le pouvaient, sans avoir restitué ou ordonné la restitution des intérêts qu'ils auront exigés, on les* prive de la sépulture ecclésiastique... *Il serait inutile*, ajoute ce savant prélat qui a suivi toute la tradition, *après des témoignages aussi forts pour faire connaître la doctrine de l'Eglise contre l'usure, de vouloir ajouter de nouvelles preuves. Quiconque n'en sera pas satisfait pourra, quand il le voudra, se donner la peine de nier les vérités les plus indubitables de la religion. Les païens peuvent faire honte à beaucoup de chrétiens sur l'usure, dont plusieurs d'eux ont fort bien compris l'iniquité et l'opposition à la loi naturelle.* Il ne faudrait même, selon saint Augustin, *que le témoignage de la conscience de ceux qui exercent l'usure pour leur en faire sentir l'injustice s'ils s'y rendaient attentifs.* Et comment donc les apologistes de l'usure osent-ils avancer des paradoxes aussi révoltans?

Un auteur connu, dit-on, oui, mais par sa mauvaise foi, et une témérité qui a révolté tous les bons esprits, *a rempli cette tâche avec beaucoup d'érudition.* Quelle étrange, ou plutôt quelle scandaleuse érudition, qui ne va à rien moins que de vouloir prouver que les plus grands hommes, depuis le treizième siècle, n'ont pas compris les SS. Pères, encore moins l'Écriture sainte, et le droit naturel! et que l'Eglise présente, en croyant trouver dans les sources sacrées de la tradition un enseignement qui n'y est pas, prête à l'Eglise ancienne une opinion qu'elle n'a jamais connue ! Nos frères séparés n'ont guère porté plus loin leurs reproches et leurs calomnieuses imputations.

Nous ferons voir d'une manière encore plus étendue, que ces écrivains qui parlent ainsi se sont laissé séduire, et ils seront forcés d'avouer qu'ils n'ont bâti eux-mêmes qu'un système, sur les inventions de quelques hérétiques ou de quelques raisonneurs politiques; et que leur opinion elle-même est une nouveauté, démontrée telle par la comparaison qu'il est aisé de faire de leur langage avec celui de ces patrons de l'erreur ou de la politique du siècle; que leurs assertions inconnues aux anciens Docteurs, ont été controuvées, comme ils ne l'ignorent pas eux-mêmes, par les hérésiarques Calvin et Bucer, soutenues et développées par les protestans Saumaise et Dumoulin, et défendues par Broedersen.

Il est donc certain que si jamais système a été contraire à la tradition ecclésiastique et aux principes du droit naturel ou de la nature des choses, c'est celui que ces temps malheureux ont vu naître. Et ce qui éloignera à jamais tout doute à ce sujet, c'est que, malgré la vogue qu'on cherche toujours à lui donner, la foi de l'Eglise déposera toujours contre lui; le témoignage des hommes vraiment chrétiens le réprouvera, et la loi naturelle ne cessera de réclamer contre ce qu'il aura toujours d'inique et de nouveau, malgré les efforts de la cupidité et les subtilités d'une philosophie peu soumise. Il sera cru et enseigné par les vrais théologiens, et par tous les hommes attachés à l'Eglise et à l'intégrité des mœurs, *que tout intérêt de l'argent est en soi chose inique et criminelle, inséparable d'une injustice radicale et intrinsèque, et proscrite par le droit naturel.*

Il sera toujours certain que toute stipulation d'intérêt dans le simple prêt a été mise de niveau, par les SS. Pères, *avec le mensonge, la fourberie, et le parjure criminels de leur nature*; et que, quoique certains philosophes et certains écrivains n'aient pas voulu être d'accord en cela avec les SS. Pères, les conciles, les plus grands théologiens, et les savans canonistes et jurisconsultes, leur opinion ne l'emportera pas sur les vrais principes. Le savant et célèbre Benoît XIV (1), que nous pouvons d'autant mieux prendre comme l'organe de tous les docteurs et de la tradition, qu'il a examiné et fait examiner cette matière à fond, l'emportera sans doute sur eux; et son autorité, qui aurait dû leur en imposer à tous égards, fera qu'on sera encore plus étonné qu'on n'a été jusqu'ici, qu'un point de morale aussi simple en lui-même, aussi important pour la règle des mœurs, et aussi dépendant de celle de la foi; celui qui a été le plus développé, et le mieux confirmé; d'ailleurs aussi inhérent à l'ordre politique et à la solide constitution de toute vraie société, puisse être encore le sujet d'une foule de si étranges contradictions : événement d'autant plus singulier que la vérité est toujours d'accord avec elle-même, qu'elle n'admet point de conflit entre les devoirs et les intérêts de la société; événement d'autant plus déshonorant pour nos adversaires, que ces misérables inventions que nous combattons, inconnues dans les beaux siècles du Christianisme, ont pris naissance dans des temps où l'hérésie, la cupidité, et un orgueil philosophique ont entrepris de jeter des

(1) Lett. Encycl. de ce Pontife, p. 4.

doutes, et même des ridicules sur des points de morale respectés jusque-là; de méconnaître les règles du droit naturel, d'infirmer la chaîne sacrée de la tradition, de renverser l'enseignement de l'Eglise, et de détourner le sens même des Écritures, pour soutenir un système qui est visiblement condamné et réprouvé par toute espèce de loi. Au reste, ajouterons-nous toujours avec l'illustre auteur du Rituel de Toulon : « Quand toute notre raison ne verrait » rien dans l'usure qui la lui fît paraître injuste, elle » n'en devrait pas moins se soumettre à la loi de Dieu » interprétée par l'Eglise, et obéir avec respect à » une volonté juste et sainte, en soumettant son » esprit au joug salutaire de la foi. Car il est aisé de » conclure, par l'autorité de l'ancien et du nouveau » Testament, qu'il y a une véritable usure, même » quand on prête aux riches, parce que la circon- » stance des personnes riches ne dépouille pas l'u- » sure de son injustice naturelle, et ne l'empêche » pas d'être mauvaise par elle-même. »

CHAPITRE III.

Toute usure est condamnée et défendue à tous les hommes, et à l'égard de tous les hommes, par l'un et l'autre Testament, par les conciles et les décrets des souverains Pontifes.

Après avoir établi d'une manière incontestable par la chaîne non interrompue de la tradition, tant sacrée que profane, qu'il a toujours été entendu par tous les hommes *que l'usure est tout ce qui est pris au-delà du sort capital*, soit que ce soit modique ou excessif; et que c'est là, comme s'explique l'oracle du clergé de France, *ce qui est défendu à l'égard de tous les hommes*, soit riche, soit pauvre, soit commerçant, ou tout autre, pour prouver par l'Ecriture sainte, par les conciles, par les Pères, par les théologiens, par les lois civiles et les philosophes païens même, qu'elle est inique en elle-même, et prohibée sans restriction ni ménagement à tout homme, à l'égard de tout homme et dans quelque cas que ce soit, il ne faudrait que présenter le texte des livres saints, le sentiment des docteurs, le témoignage de la théologie, des législateurs et de la philosophie païenne, et la démonstration serait assurément sans réplique, car il n'y a qu'une voix unanime.

Mais pour donner à nos preuves une évidence

capable de convaincre tout esprit bon et docile et de déconcerter tous les sophismes des amis de l'usure, nous ferons de tous ces témoignages, une analyse, surtout des textes sacrés, dans le sens qu'ils ont été entendus par les conciles et par les Pères, propres à démasquer l'iniquité de l'usure dans tous les cas particuliers dans lesquels les usuristes prétendent la justifier, et nous en présenterons même où tous ces cas sont réprouvés expressément.

Pour donner un sens vrai et exact aux paroles de l'Ecriture sainte, quand il s'agit des dogmes de la foi, ou des maximes de la morale, il faut suivre, dit le concile de Trente, après saint Augustin, *celui que l'Eglise leur a toujours donné dans les canons des conciles, conformément à la doctrine unanime des SS. Pères.* La raison est que l'Eglise, étant la dépositaire des livres saints et du sens qu'ils renferment, et étant conduite par l'Esprit saint qui a parlé par les prophètes, elle est l'interprète infaillible du sens de ces divins oracles. Voilà la règle qui va nous servir de boussole dans l'explication des textes sacrés qui prohibent l'usure, et qui en démontrera par conséquent l'iniquité, ce qui fera une règle de foi.

Si vous prêtez de l'argent à mon pauvre peuple qui demeure au milieu de vous, vous ne lui serez point un créancier rigoureux, et ne l'opprimerez point par des usures (1).

Si votre frère est appauvri et ne peut travailler, ne prenez point d'usure de lui, ni plus que vous lui avez donné; craignez le Seigneur, afin que votre frère puisse demeurer avec vous, ne lui donnez

(1) Exod. chap. 20, v. 25.

point votre argent à usure, n'exigez point de surplus pour les grains que vous lui avez prêtés (1).

Je suis le Seigneur qui vous ai tiré de la terre d'Egypte; vous ne prêterez point à usure à votre frère, ni votre argent, ni votre grain, ni quoi que ce soit, mais seulement à l'étranger; mais pour votre frère, vous lui prêterez sans usure ce dont il aura besoin, afin que le Seigneur bénisse votre travail dans la terre où vous allez entrer (2).

Ces trois lois prohibent chacune l'usure, et la prohibent de manière qu'elles s'expliquent l'une par l'autre, et qu'elle y est défendue dans tous les cas.

La première, prise de l'Exode, défend en général toute oppression par usure, particulièrement à l'égard des pauvres; car le mot *pauperi* n'est mis là que pour exemple, selon le cardinal Cajetan. *Præsertim pauperi*, dit ce cardinal. Saumaise et Grotius, tout fauteurs de l'usure qu'ils sont, expliquent ainsi ce passage, et la raison de cette interprétation est prise du texte même, parce que, disent ces deux savans, le terme *pauperi* ne restreint pas plus les précédens que ceux-ci, *qui habitat tecum*, ne restreignent les premiers, *populo meo pauperi;* car si cela était, il faudrait conclure de ce passage, que la loi n'aurait pas défendu d'accabler et d'opprimer les pauvres qui auraient habité toute autre ville que celle de leur créancier. De Sainte Beuve trouve dans ce passage qu'il y est ordonné deux choses; la première de n'être pas un créancier rigoureux, c'est à dire de ne pas tracasser son débiteur avec acharnement, *non urgebis eum quasi exactor;* et la seconde de ne

(1) Lévit, chap. 25.

(2) Deut, chap. 23.

pas l'accabler par des usures; *non usuris opprimes* (1).

Bossuet ajoute : *Dieu défend par la première loi de l'Exode toute oppression par usure en général*, et saint Grégoire de Nysse se sert uniquement de cette première loi pour prouver que l'usure dont il parle généralement est défendue par l'ancien Testament; après avoir dit dans le même endroit qu'elle est une pratique indigne, parce que par elle on tire un fruit d'une chose qui ne produit pas, qui est l'argent, ce qui est aussi vrai du riche comme du pauvre : *Æris et auri rerum parere non solitarum, ne quære fœtum, quapropter Divina Scriptura ubique usuras prohibet.* (2)

La seconde, prise du Lévitique, dit le grand Bossuet, détermine plus particulièrement ce que Dieu appelle *usure*, en disant de ne rien prendre au-dessus; *nec amplius quam dedisti*, et pour le faire mieux entendre, et fixer même tout ce qui peut faire matière de l'usure, elle ajoute : *Vous n'exigerez point du surplus pour les grains que vous avez prêtés à votre frère : Et frugum super abundantiam non exiges.* C'est ainsi que saint Ambroise (3) l'a entendu : *Etiam in Levitico*, dit ce saint docteur, *præscribit lex, usuram a fratre non esse poscendam : sic enim habes et vivet frater tuus tecum; pecuniam tuam non dabis illi in usuram, et in amplius recipiendum, non dabis illi escas tuas. Generaliter hæc sententia Dei omne sortis excludit augmentum.*

(1) Résolut. des Cas de Conscience, de Sainte-Beuve, chap. 110.

(2) S. Grég. de Nyss. Orat. cont. Usur. pag. 225.

(3) S. Ambr. liv. de Tob. chap. 55.

Peut-on parler plus clairement pour fixer l'iniquité de tout ce qui est pris au-dessus du principal, que ce soit excessif ou non, et pour en montrer l'injustice à l'égard de quelque personne qu'on l'exerce, soit riche ou pauvre. Le mot *fratri suo*, mis sans restriction par ce saint Père, ne comprend-il pas le riche comme le pauvre? De plus, les paroles mêmes du texte établissent clairement cette dernière vérité, disent le cardinal Cajetan et le célèbre Vatable, si savant dans la langue hébraïque, et si fameux par ses explications de l'Écriture sainte; il s'agit, disent-ils, dans ce texte d'un homme qui est seulement prêt de tomber en nécessité, *attenuatus*, qui emprunte d'un riche, et qui, au moyen de cet emprunt, remet ses affaires en bon état, et qui par conséquent, bien loin d'être pauvre, revient dans l'aisance, *ad pinguiorem fortunam tendens* (1). Cependant le législateur de l'ancienne loi défend qu'on prenne des usures de cet homme; c'est pourquoi de Sainte-Beuve (2) ne trouve dans cette loi qu'une défense formelle faite aux Juifs de ne prendre aucun intérêt usuraire, ou ce qui est la même chose, rien au-dessus du sort principal. *Nec accipias usuras ab eo nec amplius quam dedisti.*

La troisième, prise du Deutéronome, défend expressément, dit toujours de Sainte-Beuve, de prêter avec usure; et cela, ajoute-t-il, doit s'entendre par rapport à tout homme de la même nation, *fratri tuo*. La preuve, dit ce célèbre casuiste, tirée du même texte, en est évidente; car l'Ecriture oppose celui qu'elle appelle frère, non pas à celui qu'elle appelle riche, mais à celui qui est

(1) Le P. de Semeli. Conf. eccl. liv. 2. tom. I.
(2) De Sainte-Beuve, Cas de Consc. 210.

étranger, *sed alieno.* Tous ceux qui ne sont pas étrangers sont de la même nation; c'est le sentiment de saint Thomas, qui explique ainsi ce passage : *Judæis prohibitum fuit, accipere usuram a fratribus suis scilicet Judæis*, ce qui fait comprendre qu'il est toujours injuste de prendre un intérêt de qui que ce soit : *Per quod, datur intelligi, quod accipere usuram a quocumque homine, est simpliciter malum.*

« Comme ces deux premières lois, dit le savant » évêque de Meaux (1), semblent ne parler que des » pauvres, cette troisième étend généralement la dé» fense à tous les Israélites, qu'elle appelle frères, » non-seulement ceux qu'elle appelle proprement » pauvres, mais en général à tout Israélite; et cela » paroît par l'opposition que fait la loi du frère avec » l'étranger; car ne permettant l'usure qu'à l'égard » de l'étranger, il paraît que la défense s'étend à tout » ce qui n'est pas tel, c'est à dire à tous les Israé» lites. »

Grotius lui-même, qui ne doit pas être suspect en cette matière, parce qu'il était intéressé à chercher dans l'Ecriture tout ce qui pouvait favoriser son penchant pour le système de l'usure (2), expliquant ce texte dit que, puisque Moïse ne se sert plus du terme de *pauvre*, c'est une preuve incontestable qu'il ne l'a employé dans l'Exode, et même dans le Lévitique, que par manière d'exemple; c'est pourquoi saint Basile (3) déclare expressément que la loi de Moïse a fait une prohibition générale et indéfinie de l'usure à l'égard de tous les Juifs, riches

(1) Bossuet, Trait. de l'Usur. pr. 1.

(2) Conf. de Paris, pag. 66.

(3) S. Basile, in Psal. 14.

ou pauvres. *Lex luculenter fœnus prohibet, dicens non fœnerabis fratri tuo, et proximo tuo.* Et saint Ambroise (1) n'a pas cru trouver de preuve plus concluante pour démontrer l'iniquité de l'usure, même à l'égard des commerçans, que de se servir de l'autorité de ce passage du Deutéronome : *Plerique refugientes præcepta legis cum dederint pecuniam negotiatoribus, audiant quid lex dicat; neque usuram escarum accipies neque omnium rerum quascum que fœneraveris fratri tuo.*

Saint Chrysostome (2) veut-il prouver que les chrétiens, sans distinction d'état ni de fortune, ne peuvent prêter à usure, il se sert de l'exemple des Juifs, à qui il prétend que la même défense a été faite, sans aucune distinction et sans en excepter aucun, par le même passage du Deutéronome : *Proinde ab initio, olim judæis crassioribus, tale dedit præceptum, dicens non fœnerabis fratri tuo et proximo tuo,* pour faire entendre le sens de *fratri tuo.*

Il serait difficile de trouver de meilleurs interprètes des lois de Moïse que les savans de la nation juive, qui connaissaient parfaitement ses usages, son esprit et ses pratiques, et les principes surtout de ses préceptes par rapport aux mœurs. Le célèbre Josèphe et le philosophe Philon ont expliqué cette loi du Deutéronome, comme elle a été entendue par les Pères et les Docteurs. Qu'*aucun Hébreu*, dit l'historien Juif, *ne prête à usure aux Hébreux, ni son manger, ni son boire.* Remarquez l'expression générale, *aux Hébreux.*

Et Philon : *Moïse*, dit-il, *défend qu'un frère prête à usure à son frère; appelant frère,* ajoute toujours

(1) S. Ambr. l. de Tob. chap. 14.
(2) S. Chrys. in Gen. Hom. 41.

ce philosophe; *non celui qui est né de même parens, mais en général son concitoyen, son compatriote, ne jugeant pas juste qu'on tire du profit de l'argent comme on en tire des animaux qui font des petits* (1).

Ce philosophe va encore plus loin, et dit en termes exprès : « *Que tout* intérêt qu'on doit attendre » d'un homme que l'argent que vous lui avez prêté a » mis dans un bon état doit être sa sincère recon- » naissance. » N'est-ce pas dire bien clairement que l'usure est injuste à l'égard même d'un homme qui, bien loin d'être pauvre, est dans l'aisance ?

Le grand Bossuet (2) qui nous rapporte les témoignages de ces deux philosophes juifs, conclut « qu'il est donc vrai que des Israélites ont prétendu » que leur loi ne leur permettait de profiter de leurs » prêts à l'égard de leurs frères, c'est à dire, de tous » ceux de leur nation, qu'en méritant leur recon- » naissance, et qu'ils ont tenu injuste tout autre pro- » fit, tout, en un mot, ce qui excédait le principal. »

Qui est celui, ô Seigneur, dit le prophète-roi (3), *qui sera reçu dans vos tabernacles? Celui qui est sans tache, qui fait les œuvres de justice, qui n'est point trompeur, qui ne fait point de mal à son prochain, qui ne blesse point sa réputation, qui jure et ne trompe pas, qui ne donne point son argent à usure, et ne prend point de présens pour opprimer l'innocent.*

Le même prophète, dans le psaume 54, décrit une ville injuste; il dit, *qu'on y trouve la division*,

(1) Philon. de Charit. pag. 701.

(2) Bossuet, Traité de l'Usure, pag. 523.

(3) Ps. 14.

l'iniquité et la sédition; que l'usure et la tromperie se trouvent dans ses places.

Le prophète Ezéchiel (1) continue : *L'homme juste*, dit-il, *est celui qui ne prête point à usure et ne prend point de surplus; qui retire sa main de l'iniquité, et qui rend un jugement droit entre l'homme et l'homme; et l'homme injuste est celui qui afflige le pauvre, qui fait des rapines et des abominations, qui donne à usure et prend du surplus : vivra-t-il? il ne vivra pas; puisqu'il a fait toutes ces choses détestables, il mourra.*

Tu as pris, dit encore ce prophète (2), *des présens pour répandre le sang, tu as prêté à usure, et tu as pris du surplus, et tu m'as oublié, dit le Seigneur.* « Voilà les choses auxquelles est jointe l'u-» sure, toutes défendues par le Décalogue. » C'est le grand évêque de Meaux qui parle; cet homme si profond dans la science des Ecritures, et si instruit de toutes les règles des mœurs. « Toutes, dit-il, » portent en elles-mêmes une manifeste iniquité; » mauvaises, non parce qu'elles sont défendues, » mais comme ayant naturellement du mal en elles-» mêmes. Qui regardera, ajoute-t-il toujours, de » près ces paroles remarquables de la loi, annoncées » par les prophètes, verra que l'usure y est défendue » comme inique par elle-même, et que cette loi » marque, en un mot, selon le style des lois, l'ini-» quité de l'usure, en disant qu'elle exige plus qu'elle » ne donne. Etablissant ainsi en quoi elle consiste, » puisqu'elle détermine clairement que c'est ce sur-» plus, ce qui est au-dessus du prêt, ce qui excède, ce » qui est donné, et selon notre langage, ce qui est au-

(1) Ezéch. chap. 18.

(2) Ezéch. chap. 12 et 13.

» dessus du principal; car en traduisant mot à mot » selon l'hébreu, on doit appeler ce surplus *accrois-* » *sement, multiplication;* c'est ce que la loi appelle » usure, c'est-à-dire tout ce qui fait que ce qu'on » rend excède ce qu'on a reçu.

» C'est sur cela que ces oracles vivants ont rangé » l'usure parmi les choses mauvaises par elles-mê- » mes. » Les Juifs l'ont pris ainsi, comme nous l'a- vons prouvé d'après le témoignage de Josèphe et de Philon. « L'usure est donc une chose mauvaise » par elle-même, selon l'esprit de la loi; et si cette » loi la permet à l'égard des étrangers, c'est une de » ces permissions, ou plutôt de ces tolérances accor- » dées à la dureté des cœurs. » Philon lui-même l'a entendu ainsi.

Il est bon (1), dit-il, *que tous ceux qui prêtent, le fassent gratuitement à l'égard de tous les débi- teurs; mais parce que tout le monde n'a pas cette grandeur de courage, et qu'il y en a qui sont captifs des richesses, ou qui sont fort pauvres, le législateur a trouvé bon qu'ils donnassent ce qui ne les fâche- rait pas. C'est pourquoi il ne leur est pas permis de faire, avec leurs concitoyens, ce qu'il leur a per- mis avec les étrangers; il appelle les premiers frères, afin qu'on n'ait point de peine à leur faire part des biens, comme à des héritiers. Pour les autres, il les appelle étrangers, nom qui marque qu'il n'y a point de société avec eux, si ce n'est qu'ils prennent le nom d'étranger pour signifier ceux qui ne sont point capables de ces vertus excellentes, comme les gentils, et par là ne méritent pas d'être admis dans l'étroite union avec son peuple; car le gouvernement de ce peuple est plein de vertu par*

(1) Philon, de Char.

ses lois, qui ne permettent pas de reconnoître d'autre bien que celui qui est honnête. Or le profit de l'usure de soi est blâmable.

Ce sage continue toujours de montrer que l'usurier est trompeur, inhumain et odieux : « Il croit » donc, ajoute toujours le grand Bossuet, que l'u- » sure est une iniquité d'elle-même, et permise seu- » lement à ceux qui ne peuvent se mettre au-dessus » de l'avarice, ou qui, étant fort pauvres, sont con- » traints de chercher toute sorte de profits. Les » choses permises ainsi sont celles que Jésus-Christ » appelle permises, à cause de la dureté des cœurs » incapables d'entendre la véritable vertu. »

Dieu ne tolérait ainsi, dans cet ancien peuple, une pratique aussi illicite, que comme il lui souffrait la loi du divorce, que la nature désavoue assurément, « parce qu'il falloit, dit toujours le célèbre » Bossuet, nourrir dans cette nation cet éloigne- » ment des autres, afin de la défendre de l'idolâtrie » des peuples voisins, des étrangers et de leurs usages » dépravés auxquels elle se portait facilement. C'était » à la dureté de son cœur qu'on peut dire que cette » permission était accordée, et pour empêcher de » plus grands maux, quoique elle fût injuste aux » yeux de Dieu. »

Cette réflexion de l'évêque de Meaux est fondée sur le sentiment de saint Thomas, sur lequel s'est aussi appuyé l'auteur des *Conférences de Paris*, qui dit, après ce saint docteur, que Moïse n'avait eu cette tolérance que pour mettre un frein à l'insatiabilité des Juifs, qui, vivant au milieu d'un peuple qui autorisait l'usure, se seraient ruinés entre eux par des prêts usuraires; de sorte, dit ce savant théologien, que, comme ceux qui répudiaient leur femme n'étoient pas toujours exempts de péché, aussi ceux qui prêtaient à usure aux étrangers n'étaient pas toujours excusables devant Dieu; et comme Jésus-Christ, en abolissant le divorce, a déclaré dans l'Evangile, que Moïse, et non le Seigneur, l'avait toléré, David, Ezéchiel, inspirés de Dieu, avaient aussi manifesté aux Juifs que Dieu défendait l'usure à tous les hommes. Ces permissions du législateur des Hébreux étaient du nombre de celles dont Dieu a parlé ensuite par la bouche d'Ezéchiel, qui dit que Moïse avait donné à son peuple des préceptes imparfaits, et des lois où ils ne trouvaient point la vie : *Præcepta non bona, et judicia in quibus non vivent.*

C'est un devoir de penser que ce grand prophète, instruit parfaitement des préceptes de la loi naturelle, n'avait pas moins la ferme confiance qu'un jour la miséricorde divine ferait luire sur ce peuple grossier un plus beau jour, par le ministère des autres prophètes qui devaient lui succéder, et qu'ils lui manifesteraient une loi plus parfaite qui proscrirait l'usure à l'égard de tous les peuples, pour les mener à une justice plus pure et plus digne de la préférence que la bonté divine avait fait de lui, et pour le disposer ainsi, par les différens états de la loi, à devenir plus parfait, à proportion qu'il s'approcherait de ce jour si précieux à la foi des vrais enfans d'Abraham, où un Dieu lui-même devait, en personne, graver dans son cœur la loi la plus sainte, et être pour tous les peuples l'exemple et le modèle de toutes les vertus. C'est la pensée de saint Jérôme (1) : *Vide profectum, in principio legis, a fratribus tantum fœnus tollitur; in propheta ab omnibus usura prohibetur, dicente Eze-*

(1) S. Jérôme, Comment in Ezech.

chiele, pecuniam suam non dedit ad usuram, porro in Evangelio, virtutis augmentum est.

Ce saint docteur établit bien évidemment, d'après les livres saints, par la gradation admirable qu'il fait, que toute stipulation d'intérêt et toute espèce d'augmentation du sort principal a été un crime chez les Juifs, à l'égard de tout le peuple hébreu, dans le premier état de la loi; qu'elle l'a été à l'égard de toute nation dans le temps des prophètes; et qu'enfin, depuis la publication de la loi évangélique, ce crime doit être devenu plus détestable. *Putant quidam*, ajoute ce saint Père (1), *usuram tantum esse in pecunia quod prævidens Scriptura divina, omnis rei aufert super abundantiam, ut plus non recipias quam dedisti.*

Voilà bien le contrat lucratif de nos usuristes proscrit absolument : tout ce qu'on reçoit au delà de ce que l'on a donné, sans aucune exception, ni pour ce que l'on prend, ni pour le motif pour lequel on le prend : *ut plus non recipias quam dedisti.* Ce sont les paroles de ce saint docteur, qui les a prises mot à mot du prophète.

Tertullien, long-temps avant saint Jérôme, s'était servi des mêmes paroles d'Ezéchiel, pour proscrire tout intérêt, tout profit au-dessus du principal, sans faire aucune distinction, ni des personnes, ni de fortune, ni d'état. *Percurre*, dit cette première lumière de l'Eglise, *sequentia Ezechielis de eodem viro justo, pecuniam suam fœnori non dedit, et quod abundaverit non sumet fœnoris, scilicet redundantiam quod est usura.* Peut-on reconnaître dans ces paroles, ce contrat de nouvelle invention, par lequel on autorise un lucre au-dessus de la somme qu'on a donnée; *redundantiam* ou *super-*

(1) S. Jérôme, Comment. in Ezech.

abundantiam, comme dit le prophète. Ces paroles ne sont-elles pas générales? N'excluent-elles pas visiblement toute espèce d'avantage qu'on peut prendre au-delà de la chose prêtée, soit argent, soit fruit, ou toute autre chose?

Un si grand jour ne pourra-t-il pas dissiper les ténèbres affreuses que la cupidité tâche de répandre depuis si long-temps sur les points de morale les mieux établis, et que l'esprit de nouveauté autorise d'une manière si déplorable!

Saint Basile, parlant sur le psaume quatrième, se fonde expressément sur ces paroles du même prophète, pour mettre l'usure au nombre des grands crimes, et pour prouver que ce qui la rend inique, c'est parce que l'on prend plus qu'on n'a donné : *Ezechiel in maximis malis fœnus ponit, et plusquam sortem accipere.*

Saint Augustin cite lui-même le psaume quatorzième, que nous avons mis en avant nous-même, pour caractériser l'horrible iniquité de l'usure, prise généralement; et par l'explication qu'il en a faite, il démontre visiblement qu'elle n'est condamnée dans ce psaume, que parce qu'elle est injuste en elle-même, par conséquent défendue à tous les hommes, envers tous les hommes; attendu qu'elle fait qu'on reçoit plus que l'on n'a donné. En quoi, dit (1) ce grand docteur, elle est précisément abominable : *Dictum est alio loco, qui pecuniam suam non dedit ad usuram*, psaume quatorzième, *et quam detestabile sit, quam odiosum, quam execrandum! Puto quia et ipsi fœneratores noverunt..... Si fœneraveris homini, id est mutuam pecuniam tuam dederis,*

(1) S. August. Serm. 30. in Psal. 36.

a quo aliquid plusquam dedisti expectes accipere, fœnerator es, et in hoc improbandus.

Si on ne reconnaît pas là la condamnation du contrat lucratif de nouvelle invention, il faut dire qu'on renverse tout. Saint Augustin y déclare exécrable tout profit qu'on reçoit au-delà de ce que l'on a donné, et cela parce que c'est un surplus ; et ce qui rend sa décision et celle des autres Pères, que nous venons de citer, décisive et sans réplique, c'est qu'ils ne sont ici que les interprètes de Moïse et des prophètes, et que leurs idées ne sont que les idées du Saint-Esprit.

« Je remarque, dit l'abbé Duguet, que presque » tous les endroits où l'Écriture défend l'usure » donnent nécessairement l'idée d'une chose injuste, » contraire à l'humanité, à la volonté de Dieu, aux » bonnes mœurs : on les peut consulter; je me contente » de ce qu'en disent les prophètes. David, parlant de » l'homme de bien en général, et ne mêlant dans les » qualités qu'il lui donne rien qui ait rapport au » culte judaïque, dit de lui, *qu'il jure dans la vérité,* » *et qu'il ne trompe point son prochain par de faux* » *sermens, et qu'il ne donne point son argent à* » *usure, et qu'il ne reçoive point de présens pour* » *opprimer l'innocent;* et ce n'est qu'à cette condi- » tion qu'il lui promet l'entrée du ciel et la vue de » Dieu. Ézéchiel, dans la peinture du juste, met » cette qualité comme essentielle à sa justice, et au » bonheur éternel qu'il lui promet. *Si un homme* » *est juste...... s'il ne prête point à usure, et ne reçoit* » *point plus qu'il n'a donné..... celui-là est juste, et* » *il vivra très-certainement.... Qui reçoit plus qu'il* » *n'a prêté ne vivra point, parce qu'il a commis* » *toutes ces actions détestables.* Comment l'Écriture » pourrait-elle nous parler plus fortement, pour nous

» persuader que l'usure est contraire à la justice vé» ritable, par laquelle on plaît à Dieu? Et que dit» elle de plus contre l'idolâtrie, le parjure et le » larcin, qu'elle joint à l'usure dans les mêmes en» droits et aux mêmes conditions? Il faudrait que les » apôtres, les premiers maîtres des chrétiens, et les » docteurs de l'Eglise eussent bien rassuré les Juifs » convertis contre des préceptes si clairs, et ac» compagnés de tant de menaces, pour leur persua» der qu'ils ne les obligeaient pas; et comme l'ont dit » certains autres défenseurs de l'usure, qu'ils étaient » abolis avec la loi et l'état temporel des Juifs; ou » qu'ils fussent bien aveuglés pour croire que des » expressions si évidentes et si générales » *ne renfermaient qu'un sens très-limité, et que le but de la* loi énoncée dans ces passages, ou dans ceux de Moïse, *était seulement de faire pratiquer la charité fraternelle par le sacrifice de l'intérêt personnel, et de leur faire sentir le prix du gouvernement théocratique sur les mœurs des nations étrangères, auxquelles il leur était permis de prêter à intérêt.*

Si vous prêtez, dit Jésus-Christ dans l'évangile de saint Luc, *à ceux de qui vous espérez recevoir quelque service, quel gré vous en saura-t-on, puisque les pécheurs mêmes se prêtent les uns les autres pour recevoir un pareil avantage? Prêtez sans rien espérer, et alors votre récompense sera très-grande, et vous serez les enfans du Très-Haut, parce qu'il est bon aux ingrats et aux méchans.*

Si votre justice n'est plus parfaite que celle des scribes et des pharisiens, vous n'entrerez pas dans le royaume des cieux; soyez donc parfaits, comme votre Père céleste est parfait (1).

(1) S. Matth. chap. 5.

« Il n'y a qu'à rapprocher, dit le savant évêque
» de Meaux, ces trois oracles de Jésus-Christ, ou plu-
» tôt tout le chapitre cinquième de saint Matthieu,
» avec le passage de saint Luc, pour voir que l'esprit
» de la loi nouvelle est de perfectionner toutes les
» lois de l'ancienne qui regardent les bonnes mœurs.

» Notre Seigneur pose, pour fondement, que notre
» justice doit être plus pure et plus parfaite que
» celle du peuple juif; il va ensuite à perfectionner
» toute la doctrine des mœurs. Si donc la défense
» de l'usure par la tradition commune des Juifs et
» des chrétiens, regarde la perfection des mœurs;
» si elle regarde la perfection de la justice en défen-
» dant de recevoir plus qu'on ne donne; si elle re-
» garde la fraternité qui doit être entre ceux qui
» sont participans de la même religion, et qui sont
» tous les enfans de Dieu; un chrétien peut-il penser
» que sa justice soit au-dessus de celle des phari-
» siens, quand il voit le pharisien se défendre la
» moindre usure sur son frère, pendant qu'il se la
» croit permise?

» Le précepte de l'aumône, le précepte de la cha-
» rité, le précepte de pardonner, se trouvent dans
» l'ancienne loi, aussi bien que celui de l'usure, qui
» dérive du même principe. Comme donc tous les
» autres préceptes sont non relâchés mais perfec-
» tionnés dans la loi évangélique, il en faut dire au-
» tant de celui de l'usure.

» Or cette perfection consiste en deux choses;
» l'une que le chrétien, dans les mêmes cas, doit
» plus aimer son frère, plus aimer, plus pardonner
» que le juif, et par la même raison moins donner
» à usure; autrement la justice de la loi l'emporte-
» rait : l'autre, c'est que l'obligation s'étend à plus de
» personnes, et la loi de la charité fraternelle nous doit

» servir de lumière pour connaître cette nouvelle » perfection que reçoivent sous l'Évangile tous les » préceptes des bonnes mœurs.

» Les Juifs ne connaissaient pas que le précepte » de la charité s'étendait à tous les hommes. Ils ne » croyaient pas que les infidèles pussent jamais être » compris sous le nom de *prochain* et de *frère*, et » c'est pourquoi ce docteur de la loi (1), qui se vou- » lait justifier lui-même, demandait à notre Seigneur » *quel est mon prochain?* car, comme nous avons » dit, il convenait à la dureté du peuple juif, de » nourrir en quelque sorte son aversion pour les » étrangers, de peur que, par la pente universelle du » genre humain, il ne fût entraîné à leurs coutumes » impies. Mais Jésus, qui était venu pour être le sau- » veur de tous et pour rompre la paroi de division, » ensorte que dorénavant il n'y eût plus ni Gentils, » ni Juifs, ni Scythes, ni Grecs, ni Barbares, et que » tout fût en lui non-seulement un même peuple » mais un même corps, nous apprend que tout » homme est notre prochain, sans même excepter » le Samaritain, c'est-à-dire celui des étrangers qui » était le plus haïssable.

» Selon ces principes, il faut entendre que l'usure » n'est pas seulement défendue dans les mêmes cas, » c'est-à-dire envers tous ceux de même croyance, » comme elle l'était aux Juifs, mais encore envers » tous les hommes.

» Ainsi le précepte contre l'usure subsiste parmi » les fidèles dans toute sa vigueur, en retranchant » seulement ce qui n'a été accordé qu'à cause de la » dureté des cœurs, c'est-à-dire la liberté de l'exer- » cer envers l'étranger.

(1) S. Luc. chap. 10.

» Et l'exemple du mariage nous doit faire voir » quel est en cela l'esprit de la loi nouvelle; car, loin » de retrancher les obligations de la chasteté conju- » gale, elle n'en ôte que ce qui a été donné à la » dureté des cœurs, comme le divorce. Ainsi, dans » le précepte contre l'usure, tout ce qui regarde la » fraternité subsiste; et il est seulement déclaré que » la fraternité s'étend à tous les hommes; le passage » de saint Luc, *nihil inde sperantes*, le fait voir » clairement. Il est vrai qu'il a souffert diverses ex- » plications; mais quoi qu'il en soit, et quelque expli- » cation qu'on embrasse (c'est toujours Bossuet qui » parle), il est clair que l'usure demeure toujours dé- » fendue. Si l'intention de l'Évangile est de défendre » d'espérer prêt pour prêt, combien plus d'espérer » quelque chose de plus qu'on n'a prêté? Si l'inten- » tion est d'élever les chrétiens au-dessus des pécheurs » qui reçoivent tout leur sort, combien plus de les » élever au-dessus de ceux qui prétendent plus que » leur sort? Ainsi, en quelque manière qu'on veuille » prendre ce passage, l'esprit de l'Évangile est de » comprendre l'usure dans cette défense.

» De dire qu'il faille entendre ce qui la regarde » dans ce passage, non comme un précepte, mais » comme un conseil, ou du moins comme un pré- » cepte qui doive être limité à certains cas, comme » celui de l'aumône, la nature et la perfection de la » loi évangélique ne le permet pas; car ce n'est pas » son esprit de réduire en simple conseil ce qui a été » précepte dans la loi de Moïse; et si ce qui est obli- » gatoire, en tout cas, dans la loi de Moïse, telle » qu'est sans difficulté l'usure de frère à frère, n'est » plus obligatoire qu'en certains cas sous l'Évangile, » l'Évangile est au-dessous de la loi, et il est plus » imparfait.

« Concluons donc que, pour entendre la perfec-
» tion de la loi évangélique, le *nihil inde sperantes*
» doit s'étendre premièrement à tous les cas où il
» s'étend dans la loi mosaïque, c'est-à-dire, généra-
» lement et en tout, envers les frères, et qu'il se
» doit encore étendre au-delà, en étendant la fra-
» ternité à tous les hommes, selon l'esprit de l'E-
» vangile.

» C'est ainsi manifestement que l'ont entendu les
» Pères, les conciles, les papes et les plus célèbres
» théologiens, ou en l'expliquant formellement en
» ce sens, ou en regardant l'usure comme défendue
» par l'un et par l'autre Testament, n'y ayant que
» ce seul passage de l'Evangile qui regarde cette
» matière. »

Afin de ne laisser aucun doute sur un point aussi important, et pour ôter aux partisans de l'usure tout subterfuge, à l'aide duquel ils pourraient encore faire illusion, et compromettre même l'autorité du célèbre Bossuet dans cette matière, nous allons présenter ici le témoignage constant de toute la tradition, qui a toujours expliqué ce passage dans le même sens. Que deviendra donc l'imputation scandaleuse qu'on a faite à ce flambeau de l'Eglise de France, d'avoir traité légèrement cette matière dans un ouvrage qu'on ne peut pas ignorer, qu'il travailla presque sous les yeux du clergé de France, en 1682 (1), qui devait être comme une suite et une extension du décret de morale dressé dans l'assemblée de cette année, qu'il avait composé lui-même avec les autres plus savans évêques, et qui par conséquent est un monument de la foi de cette

(1) Vie de Bossuet, pag. 202. Procès-verbal du Clergé de 1700.

savante Eglise? et cela est si manifeste, que le rapport que fit ce grand évêque à l'assemblée de 1700, présidée par le cardinal de Noailles, le 28 août, pour exposer la vraie doctrine contre l'usure, n'est que l'abrégé de ce traité : ou il faudra qu'on en rougisse, ou qu'on ait l'audacieuse témérité de faire la même imputation à toutes ces autorités sacrées que nous allons opposer.

Avant de présenter l'autorité des conciles et des Pères, qui établira en même temps la condamnation unanime et toujours constante de toute stipulation d'intérêt dans le simple prêt, et qui nous fixera sur la manière dont le texte de saint Luc, et même les autres textes de l'Ecriture ont été toujours entendus, il est bon d'observer avec l'auteur des *Conférences* de Paris, de Périgueux, et l'évêque de Meaux, que si l'Eglise, dans les canons de quelques-uns de ses premiers conciles, n'a parlé nommément que des clercs, contre lesquels il était infligé de terribles peines, c'était :

1° Par ménagement pour les infidèles qui embrassaient la foi chrétienne : il fallait les familiariser, par degré, avec les règles sévères des mœurs, et ne pas les effrayer tout de suite par l'appareil formidable des peines.

2° Parce que l'esprit des saints prélats qui illustraient les premiers siècles de l'Eglise, était seulement d'établir des peines canoniques contre les ecclésiastiques qui, à cause de leur état, sont bien plus coupables que les simples laïques, lorsqu'ils se rendent criminels d'une chose qui est toujours criminelle dans toute espèce de personne. La manière dont ces premières lumières de l'Eglise s'expliquent fait bien voir clairement qu'ils n'entendaient pas faire une défense nouvelle de l'usure, mais interposer un frein pour en imposer davantage à la cupidité, qui ne trouve malheureusement que trop de partisans parmi les ministres d'un Evangile qui ne prêche que la pauvreté et le désintéressement.

Le premier concile de Nicée, de l'an 325, en est une preuve bien évidente, et capable de faire une forte impression sur les esprits les plus prévenus. Cette savante assemblée dépose les clercs, *qui, perdant de vue le précepte du Seigneur, qui a proscrit l'usure, se livrent à cet infâme trafic, entraînés par l'avarice la plus sordide: Quoniam multi clerici, avaritiam et turpem quæstum sectantes, obliti sunt divini præcepti, quod est qui pecuniam suam non dedit ad usuram fænerantes, centesimas exigunt* (1). C'est un lucre infâme que de donner à usure, dit ce concile; c'est un lucre défendu par la loi de Dieu; c'est la cruelle passion de l'avarice qui le fait rechercher. Ce qui est prohibé, parce que c'est le fruit de l'avarice, parce que c'est une infamie, parce que c'est contre la loi divine, peut-il être bien permis à des laïques? N'est-ce pas indigne en lui-même! Oui sans doute; et le concile d'Elvire (2), qui avait traité les choses avec plus de sévérité vingt ans avant celui de Nicée, l'avait bien pensé. On y condamna généralement tous ceux qui pratiqueraient l'usure à être privés de la communion et exclus de l'Eglise, les clercs pour une première usure, et les laïques pour une seconde: *Si quis etiam laicus accepisse probatur usuras, et promiserit correptus se jam cessaturum, placuit ei veniam dari, si vero in ea iniquitate duraverit, ab Ecclesia sciat se esse projiciendum.* Il faut remarquer que ce

(1) Concil. Nic. an. 325. ch. 17.

(2) Concil. d'Elvire, de l'an 305. ch. 20.

concile traite l'usure d'iniquité, ce qui annonce un crime contre le droit naturel : car une iniquité et une injustice sont à peu près la même chose.

Rien ne prouve mieux que l'Eglise ne prétendait sûrement pas restreindre la défense de l'usure aux seuls clercs, comme l'ont prétendu ceux qui veulent justifier cette pratique indigne, que l'Epître décrétale du pape saint Léon aux évêques de la Campanie, citée expressément dans le savant Catéchisme de Montpelier (1). Ce grand pape, après y avoir déclaré que l'usure est un profit honteux, et qu'il est condamnable, tant dans les laïques que dans les clercs, et généralement dans tous les chrétiens, ne prononce cependant de peines que contre les ecclésiastiques : *Ne hoc quoque prætereundum esse, duximus, quosdam lucri turpis cupiditate captos usurariam exercere pecuniam et fœnore velle ditescere quod nos, non dicam in eos qui sunt in clericali officio constituti, sed in laicos cadere, qui christianos se dici cupiunt, condolemus.*

Cet exemple était fait pour confondre la mauvaise foi de certains usuristes.

Ce qui se passa au concile de Carthage, dont ils auraient dû lire l'histoire, aurait dû aussi les prémunir contre l'auteur du *Traité du Prêt de commerce* notamment; et ils n'auraient pas eu la témérité d'avancer *que les défenses qui frappent d'une manière plus directe sur les intérêts du prêt de commerce ne regardent que les ecclésiastiques.*

Dans cette célèbre assemblée, l'évêque Abundantius, ayant dit que, puisque l'usure avait été défendue aux clercs dans le concile de sa province, il demandait que le concile général d'Afrique confir-

(1) Catéchisme de Montp. pag. 171. S. Léon. ep. 3.

mât ce décret par son autorité. Alors Gratus, évêque de Carthage, qui présidait le concile, dit qu'avant de rien statuer sur les choses nouvelles et obscures, il fallait les examiner de près, et les éclaircir; mais que, pour la matière dont il parlait, l'Écriture sainte était si précise qu'il n'était pas nécessaire de différer à prendre un décret, et qu'il fallait le mettre à exécution tout de suite, et qu'il fallait encore, à plus forte raison, regarder dans les clercs une chose comme très-condamnable, qui était très-répréhensible dans les laïques.

Gratus episcopus dixit.... De quibus apertissime divina Scriptura sanxit, non differenda sententia est, sed potius exequenda proinde quod in laicis reprehenditur, id multo magis in clericis oportet prædamnari (1). Dès ce moment, tous les évêques s'écrièrent que c'était un crime d'aller contre l'Evangile et les prophètes. *Universi dixerunt : Nemo contra Evangelium, nemo contra prophetas, impune facit.*

Ce décret fait tomber d'un seul coup tout ce que les amis de l'usure prétendent. Elle y est défendue, et parce qu'elle est le fruit de l'avarice, mère de tous les maux, et parce que l'Évangile la proscrit. Voilà le passage de saint Luc bien interprété par une autorité qui ne laisse aucun prétexte; voilà par conséquent l'usure bien défendue dans la loi nouvelle, comme elle l'avait été dans la loi ancienne; défendue généralement aux laïques et aux clercs; cette défense, par rapport aux laïques, est regardée, même par le concile, comme une vérité déjà établie : c'est l'usure la plus passable qu'on y condamne, puisque c'est celle que la loi autorisait,

(1) Conc. Carth. primum. an. 348.

l'usure même du prêt de commerce, selon le propre aveu des usuristes, puisqu'ils avancent que toutes les défenses qu'on a faites aux clercs dans l'antiquité, en matière d'usure, *étaient relativement au prêt de commerce.* Peut-on être excusable quand on ferme les yeux à une si grande lumière.

Le concile d'Agde, de l'année 506, dont nous avons déjà fait mention, qui fut présidé par saint Césaire d'Arles, l'un des plus savans évêques de son temps, dans la définition qu'il donne de l'usure, ne met aucune différence entre celle qui est exercée par les laïques, et celle que les clercs pratiquaient : il l'a prohibée sous cette notion générale, *qu'elle consiste à prendre plus qu'on n'a donné;* ce qui est vrai de dire de tous ceux qui l'exercent, soit marchands ou autres, soit à l'égard des pauvres ou des riches. Cette défense qui s'étend à tous les états, et qui comprend toute espèce de lucre, est si expresse dans les règles de l'antiquité, et les Pères de ces premiers siècles étaient si persuadés que mal à propos l'on faisait des exceptions à cet égard, que le concile d'Aix-la-Chapelle, tenu en 789, sous Charlemagne, décida, dans les termes les plus formels, qu'il était défendu absolument à tous les hommes, par les décrets du pape saint Léon, les canons des apôtres, comme par la loi de Dieu, de donner à usure quelque chose que ce fût : *Item in eodem concilio, seu in decretis papæ Leonis necnon et in canonibus qui dicuntur Apostolorum, sicut et in lege, ipse Dominus præcepit, omnibus omnino interdictum est, ad usuram aliquid dare.* Il n'y a là aucune exception, la prohibition est générale, toute espèce d'usure y est défendue et à tout le monde. C'est ainsi encore que s'explique le sixième concile de Paris, de l'an 819. Il montre l'usure en général comme un crime affreux aux yeux du Seigneur, qui a prononcé contre elle un anathème terrible dans la loi, comme par les oracles des prophètes; *Dominus quippe, et in legalibus, et in propheticis oraculis usuram minaciter et terribiliter inhibet.*

C'est surtout dans le second concile général de Latran, de l'an 1139, célébré sous le pape Innocent II, que cet indigne commerce est taxé d'iniquité détestable, contraire aux lois divines et humaines, anathématisé, tant dans l'ancien que le nouveau Testament, digne de toutes les censures ecclésiastiques. *Nous réprouvons*, disent les Pères de ce concile, *cette race abominable d'usuriers, à cause de leur rapacité insatiable; nous les déclarons infâmes et indignes de la sépulture chrétienne, s'ils meurent dans cette exécrable profession. Porro detestabilem et probrosam, divinis et humanis legibus per scripturam, in veteri et in novo Testamento abdicatam, illam in quam insatiabilem fœneratorum rapacitatem damnamus, in tota vita infames habeantur, et nisi resipuerint christiana sepultura priventur.*

Le troisième concile général de Latran, de l'an 1181, sous Alexandre III, déclare, sans aucune ambiguité, que l'usure, qu'il prend même relativement au commerce, est condamnée dans l'une et l'autre loi. *Plusieurs*, disent les prélats qui composoient le concile, *abandonnent tout autre commerce pour exercer l'usure qu'ils veulent regarder comme permise, sans faire la moindre attention que les Ecritures de l'ancien et du nouveau Testament la condamnent de la manière la plus forte.* On ne peut pas méconnaître que l'intérêt du prêt, ou de commerce, ou fait aux riches, ne soit ici exactement proscrit. Le concile parle de ceux qui quittent le commerce ordinaire pour faire un emploi lucratif de l'argent. A ce propos, je demande deux choses à messieurs les usuristes : la première, si un concile général des plus nombreux et des plus savans, tel que celui-ci, n'est pas aussi instruit de la religion et de la morale que certains philosophes qui font eux-mêmes toute leur autorité ? La seconde, si un concile que toute l'Eglise révère comme œcuménique, déclarant à tout le monde chrétien, par une loi solennelle, que l'usure, nommément celle qu'ils préconisent, est défendue aux hommes par l'un et l'autre Testament, ce n'est pas une témérité insupportable de le nier?

Un concile de Tours, tenu sous le même pape, n'a pas été moins décisif; les usures y sont appelées *détestables*, et le cas qui y était proposé fait voir, dit le célèbre Bossuet, « qu'il n'y s'agissait ni de » l'usure excessive, ni de l'usure envers les pauvres, » mais de l'usure selon la notion générale, qui a tou- » jours été celle que l'Eglise romaine a eu en vue » avec toute l'antiquité. »

Les Pères du concile général de Vienne, de l'année 1311, où présida le pape Clément V, étaient si imbus de cette doctrine et si assurés de sa vérité, qu'ils définirent *que l'usure prise d'une manière indéfinie, c'est-à-dire généralement tout profit au dessus de ce qu'on a donné*, est contraire à tout droit divin et humain; que l'opinion de ceux qui disent qu'elle n'est pas défendue, est une erreur, et ils ordonnèrent que *celui qui soutiendrait cette étrange opinion serait puni comme hérétique, et que les juges qui condamneraient les débiteurs à payer les intérêts usuraires qu'ils auraient promis, demeureraient excommuniés*; et tout cela fut dit : *sacro approbante concilio. Sane si quis in illum errorem inciderit, ut pertina-*

citer affirmare præsumat, exercere usuras non esse peccatum, decernimus velut hæreticum puniendum.

Dans le fameux concile de Latran, tenu sous Léon X, tous les écrits en faveur de l'usure y ont été clairement proscrits par avance. Les expressions dont se sert ce concile sont toutes foudroyantes contre eux. *Notre Seigneur Jésus-Christ*, y dit-on, *nous a défendu par un commandement exprès, et si indubitable qu'il est consigné dans l'évangile de saint Luc, de n'attendre aucun profit d'un simple prêt au-delà de ce que l'on a donné; car, continue ce concile, ce qui caractérise vraiment l'usure, c'est lorsque par l'usage qu'on donne d'une chose, on lui fait produire un lucre, quoiqu'elle soit stérile d'elle-même, sans y mettre aucun travail ou sans faire aucune dépense, et sans s'exposer à aucun danger : Cum Dominus noster, Luca Evangelista attestante, aperto nos præcepto, obstrinxerit ne ex dato mutuo, quidquam ultra sortem, sperare debeamus, ea enim est usurarum interpretatio, quod videlicet ex usu rei, quæ non germinat, nullo labore, nullo sumptu, nullove periculo, lucrum, fœtusque conquiri studetur.*

Quand les Pères de ce concile auraient eu ces écrits entre les mains, ils n'en auraient pas mieux réprouvé les principes étranges.

1° On y déclare que c'est le Fils de Dieu lui-même qui défend toute stipulation de l'intérêt du simple prêt; 2° que cette défense est renfermée dans le passage de saint Luc; 3° que toute usure réelle ou mentale y est condamnée; 4° que ce n'est pas seulement l'usure excessive, mais encore la plus modique, *quidquam;* 5° que ce qui fait l'usure, c'est de prendre plus qu'on n'a donné, et de le prendre parce qu'on a cédé l'usage de la chose prêtée, *ex usu;* 6° que l'argent est une chose stérile d'elle-même, *quæ non germinat*; 7.° que c'est une usure de prendre un profit de toute autre chose aussi stérile que l'argent. Cette analyse est-elle claire? est-elle concluante? Est-ce ici Aristote qui dicte ces oracles? C'est un concile célèbre tenu dans la capitale du monde chrétien, dans le sein de cette Eglise-mère qui dirige toutes les autres.

« Il faut remarquer, dit l'abbé Duguet, qui a » employé lui-même l'autorité de tous ces conciles » pour combattre l'usure, que, parmi les canons de » l'Église qui l'ont proscrite sous quelque forme » qu'elle se soit présentée, ceux du concile d'Elvire » sont les plus anciens. La divine Providence, ajoute » ce savant, les a fait passer jusqu'à nous, pour cou- » vrir d'une salutaire confusion ceux qui regardent » l'usure comme une chose qui n'est défendue que » dans certains cas, et par des motifs de charité or- » dinairement, » pensant que, dans tout autre cas, habillée du nom de contrat lucratif (c'est le nom favori des nouveaux usuristes), « bien loin d'avoir » rien de contraire au droit naturel, elle y est plus » conforme et plus utile aux Etats, que la défense » que des hommes, gâtés par une pitoyable scolas- » tique, ont malheureusement introduite vers le trei- » zième siècle. Voilà comme on parle, quand on ne » voit les choses qu'avec une raison fière et indé- » pendante, ou avec les yeux de la cupidité, et qu'on » croit néanmoins avoir plus de sagesse que tous les » hommes de tous les siècles. Il est digne de l'usure, » ajoute encore le même savant, d'avoir de tels apo- » logistes; mais que ceux qui ont la crainte de Dieu » écoutent des saints, dont quelques-uns avaient » beaucoup souffert pour Jésus-Christ, à la tête » desquels était le grand Osius, si célèbre dans l'his-

» toire de l'Eglise, et qu'ils voient quelle horreur » avaient de l'usure ces bienheureux évêques, puis» qu'ils la punissaient dans les laïques, même après » une rechute, par un anathème sans retour. »

Le savant clergé de France a été toujours si persuadé de ces principes qu'à l'assemblée de Melun, de l'an 1579, il fit une défense absolue de l'usure qui, dans les termes dont elle est conçue, renferme la prohibition de toute espèce de spéculation d'intérêt du prêt, et qui est, disent ces célèbres évêques, consignée même dans l'évangile de saint Luc.

Que personne ne présume prendre quelque chose au-delà de ce qu'il a prêté, même aux Juifs. Il est même défendu de rien espérer, quand même le sort principal appartiendrait à un pupille ou à quelque veuve; car tous les chrétiens sont obligés d'obéir au précepte de Jésus-Christ : Prêtez sans rien espérer. Tout est ici exclu. La plus petite usure, *aliquid*; on ne permet rien à personne, *a quovis homine*; il n'y a d'exception à l'égard de personne, *omnes enim audire tenentur*. Ceux même en faveur de qui elle serait plus favorable et plus permise, si elle pouvait l'être. *Tametsi pecuniæ sint pupillorum aut viduarum*. C'est l'Evangile même qui prononce cet anathème : *Audire tenentur illud Christi, mutuum date, nihil sperantes.*

Un concile de Bordeaux (1), quelques années auparavant, avait dit la même chose, et avait fondé sa défense de toute espèce d'usure, dans les cas même où elle paraîtrait la plus tolérable, sur le même précepte de l'Evangile. Un concile de Reims de la même année, un autre de Toulouse de 1590, celui de Narbonne de 1606, ont enseigné la même

(1) Conc. de Bordeaux de 1583.

doctrine; et un de Malines a fait aux tuteurs la même défense qu'avaient faite dans le même siècle, l'assemblée de Melun et un concile de Bordeaux; ce qui exclut bien clairement toute sorte d'usure à l'égard même des gens riches, parce que ce n'est qu'entre des mains opulentes que l'argent des pupilles est placé. Enfin les fameuses assemblées du clergé de 1682 et de 1700 la proscrivent de la manière la plus éclatante et sous toutes les formes.

Une succession de témoignages aussi sacrés et aussi imposans, une voix aussi respectable qui crie depuis si long-temps, aussi généralement et aussi constamment, n'a pas été capable de dissiper le délire de cet écrivain (1) qui a osé dire à tout l'univers que le but de l'ancien droit ecclésiastique n'avait été que de condamner les profits faits sur les pauvres. Tous les oracles de l'Eglise depuis son berceau viennent de le convaincre du mensonge le plus hardi; les témoignages des souverains pontifes, qui ont pris en main la défense du dépôt de la foi et des règles des mœurs, lorsqu'elles ont été attaquées, vont nous le prouver évidemment.

Le plus ancien, et un des plus respectables que nous ayions, est du grand saint Léon, qui illustra le cinquième siècle, à qui le concile général de Calcédoine donna de si fameux éloges, et duquel il dit que saint Pierre avait parlé par sa bouche; ce saint et ce savant pape ne dit pas seulement que *c'est n'être pas chrétien que de prêter à usure; mais* il ordonne *qu'on punisse riguoreusement ceux qui déshonorent la religion par ce lucre injuste et honteux.*

Il faut, ajoute ce grand pape dans un de ses ad-

(1) Traité du Prêt de Comm. t. 11. liv. 2.

mirables sermons (1), *détester l'iniquité de l'usure, et renoncer pour jamais à un commerce qui sera toujours contraire à l'humanité, et d'autant plus funeste aux âmes qu'il leur donne la mort, et les exclut pour jamais de cette montagne sainte où résident le bonheur et la paix, parce que le royaume du ciel ne peut pas être la récompense d'un homme qui fait un profit aussi frauduleux que celui qui vient du prêt d'argent.*

Voilà un terrible arrêt lancé contre l'usure, sept ou huit siècles avant le grand règne des scolastiques. Ce premier flambeau de l'Église la taxait alors d'une chose inique, de pratique barbare. Ce grand saint pouvait-il mieux s'expliquer pour déclarer que l'usure était injuste par elle-même; et les théologiens du treizième siècle avaient-ils besoin d'un autre témoignage pour avancer avec confiance qu'elle était contraire au droit naturel? « Comment aurait parlé, » dit l'abbé Duguet, ce grand et digne successeur » de saint Pierre, de ceux qui auraient entrepris de » justifier l'usure par écrit, et de tuer ainsi leur » âme, en corrompant les mœurs de leurs frères et » en insultant à l'Écriture? »

Cette sainte doctrine a été toujours celle du saint Siége. « Alexandre III et Urbain III, comme le rap» porte le célèbre auteur des *Conférences* de Pa» ris (2), ont même déclaré dans leurs décrétales, *ex» trà de usuris*, que l'usure est condamnée par le droit » naturel, par le Fils de Dieu dans saint Luc, et qu'elle » a toujours été proscrite par les canons des conciles » généraux et provinciaux, et ils ne se sont jamais » écartés de ces sentimens. » Eugène II et Léon IV, présidant deux conciles de Rome, l'avaient déclarée

(1) Serm. 160.

(2) Bossuet, Traité de l'Usure, p. 534.

comme très-condamnable long-temps avant. « Il » n'y a qu'à lire, dit le célèbre Bossuet (1), les dé» crets des premiers pasteurs de l'Eglise, pour voir » quelle a été la sévérité de l'Eglise romaine sur ce » point qui intéresse si fort les mœurs. » On y voit partout que l'usure y est prise sous cette idée générale sous laquelle tous les conciles l'ont regardée, sous laquelle nous avons prouvé qu'elle avait été une, de tous les temps et par toutes les autorités, idée qui embrasse toute espèce de stipulation d'intérêt du simple prêt, toute augmentation au-dessus du sort principal.

Urbain III, consulté si celui-là doit passer pour » usurier qui prête avec dessein, quoique sans con» trat, de recevoir plus que son capital, et sur d'au» tres cas d'usures palliées, réprouve généralement » toutes ces pratiques lucratives; *parce que*, dit-il, » *toute usure et toute surabondance est défendue par* » *la loi; et encore*, ajoute ce grand pape, *parce* » *qu'on voit clairement ce qu'il faut en penser dans* » *l'évangile de saint Luc, dans lequel il est écrit :* » *prêtez sans rien espérer. D'où il conclut que de* » *telles gens font très-mal, à cause de l'intention* » *qu'ils ont de gagner, et sont tenus à restitution.* »

« Dans le chapitre *plures*, continue l'illustre évêque » de Meaux (2), qui est du concile de Tours, tenu » par Alexandre III, il est décidé que le gain des » usures est détestable; et le cas proposé fait voir » qu'il ne s'agit ni de l'usure excessive, ni de celle » envers les indigens, mais de l'usure généralement » prise selon la notion ordinaire, qui a toujours été » celle que la première Eglise du monde a eue en » vue avec toute l'antiquité. »

(1) Bossuet, Traité de l'Usure.
(2) Ibidem.

Grégoire IX, qui régnait en 1227, parle encore dans une décrétale, d'une manière plus précise (1), puisque, dit-il, *la pratique criminelle de l'usure a tellement prévalu presque partout, que plusieurs abandonnent tout autre commerce pour exercer celui-là; le regardent comme licite, ne voulant plus faire attention que l'usure est réprouvée dans l'un et l'autre Testament : nous ordonnons,* dit ce pape, *qu'on refuse la communion et même la sépulture ecclésiastique à tous ceux qui seront connus usuriers manifestes.* Peut-on méconnaître ici la condamnation du prêt de commerce! Il s'agit, dans cette décrétale, de ceux qui négligent tout autre commerce ou tout autre moyen de s'enrichir pour trouver un moyen plus facile et plus rapide par un commerce usuraire; ce n'est sûrement pas chez les pauvres qu'on place son argent pour y réussir.

On voit ici d'ailleurs jusqu'où peut aller l'abus d'une chose qu'on regarde comme si intéressante pour la prospérité d'un État; tout est abandonné pour faire jouer cet inique ressort. L'agriculture, les arts ne sont plus que des sources qu'on regarde comme stériles. L'usure tient lieu de tout; mais elle est proscrite par l'Évangile même; le premier chef de l'Église le déclare authentiquement.

Le siége de Rome, toujours inébranlable pour soutenir la tradition et l'esprit des écritures, a con-

(1) Quia omnibus fere locis ita crimen usurarum invaluit, ut multi, aliis negotiis prætermissis, quasi licite usuras exerceant, et qualiter utriusque testamenti pagina condemnentur, ideoque constituimus quod usurarii manifesti, nec ad communionem admittantur altaris, nec christianam si in hoc peccato decesserint accipiant sepulturam. (Decr. 5, titr. 19. de Usur.)

stamment enseigné la doctrine de l'antiquité à l'égard de l'usure. Pie V, qui l'a rempli avec un zèle digne de son éminente sainteté, dans sa constitution de 1571, *In eam pro nostro*, s'est expliqué comme ses prédécesseurs; et le célèbre Sixte-Quint, dans sa bulle *Detestabilis*, de 1586, montra toute sa fermeté, pour rendre à jamais odieuse toute pratique capable d'entretenir le monstre de l'usure, en réprouvant avec éclat le fameux Contrat de double assurance, dont Navarre n'aurait jamais dû se vanter d'être l'inventeur ou l'apologiste; ainsi le déclare, dans son Traité du Synode le savant Benoît XIV, et il ajoute : « que quoique le saint Siége ne l'eût pas » censuré jusqu'alors, cependant dans la pratique, » un évêque devait s'opposer fortement à l'usage de » ce triple contrat, que ces défenseurs mêmes re- » connaissent être dangereux, et exhorter ses dio- » césains à ne pas le mettre en pratique (1), ce que la » plupart des évêques, ajoute ce pape si éclairé, » ont fait très-sagement dans leurs synodes. »

C'est ainsi que l'Eglise romaine, la mère de toutes les églises, et celle qui a enseigné sans cesse la saine doctrine, a toujours été armée contre cette pratique si pernicieuse et si destructive des bonnes mœurs. Alexandre VII et Innocent XI, qui en ont été la lumière, s'élevèrent de leur temps contre toutes ces nouveautés qui tendaient à dégrader la morale évangélique et les principes même du droit naturel : et notamment à l'égard de l'usure, ces dignes chefs de l'Église condamnèrent, avec plusieurs autres propositions, celles-ci spécialement, comme fausses, scandaleuses et contraires à l'Écriture et à la tradition.

Première proposition. *Un argent compté étant*

(1) Lib. de Synod. chap. 7. n°. 6.

toujours plus précieux que celui qui est en espoir, et tout le monde estimant toujours plus une somme qu'on possède actuellement que celle qu'on attend, un créancier peut exiger de son débiteur quelque chose au-dessus du principal, et à ce titre être excusé d'usure (1).

Seconde proposition. *Il n'y a point d'usure à prendre quelque chose au-dessus du sort principal, si on ne l'exige que comme un prix de bienveillance et de gratitude, et non pas comme une obligation de justice* (2).

Troisième proposition. *Il est permis au prêteur d'exiger quelque chose au-dessus du capital, s'il s'engage à ne pas le demander d'un* certain temps (3).

Quatrième proposition. *C'est plutôt par animosité que par raison, qu'on condamne les promesses obligatoires, par lesquelles on exige un certain profit au-dessus d'un capital, qu'on ne doit* payer que dans un certain temps (4).

Cinquième proposition. *Il n'y a d'usure que quand on prend quelque chose au-dessus de ce que l'on a donné à raison du prêt, et il n'y en a pas si on ne le prend qu'à raison du danger auquel*

(1) Cum numerata pecunia pretiosior sit speranda et nemo sit qui non majoris faciet pecuniam præsentem quam futuram, potest creditor aliquid ultra sortem a mutuatorio exigere, et eo titulo ab usura excusari.

(2) Usura non est dum ultra sortem aliquid exigitur, tantum ex benevolentia et gratitudine debitum.

(3) Licitum est mutuanti, aliquid ultra sortem exigere, si se obligat ad non repetendam sortem usque ad certum tempus.

(4) Promissiones obligatoriæ quibus supra sortem certo tempore solvendum aliquod lucrum exigitur, majori animositate quam ratione condemnantur.

on s'expose de ne pouvoir pas rattrapper son capital (1).

Sixième proposition. *Quand on a mis un certain argent entre les mains de quelqu'un, sous l'obligation d'un contrat de société, il est permis de convenir, et de s'assurer, par un second contrat, d'un certain profit, et même, par un troisième contrat, de se mettre à l'abri des risques, sous la stipulation d'un moindre profit, dont on convient pour tenir lieu de tout gain possible auquel on renonce. Toutes ces conventions ne peuvent point être usuraires, quand même, en commençant la société, on aurait eu le dessein de faire le second et le troisième contrat; bien plus, on ne peut pas donner une* raison pourquoi il n'est pas permis de faire tout de suite le dernier contrat (2).

Ces propositions, avec quelques autres sur la même matière, et une foule d'autres sur certains points de morale, parurent si révoltantes à ces deux savans papes, qu'ils jugèrent qu'elles méritaient d'être proscrites, comme *scandaleuses et pernicieuses dans la pratique*, et qu'ils déclarèrent qu'elles ne devaient pas seulement être bannies *des livres et des instructions*, mais encore de toute société chrétienne.

« Plût à Dieu », s'écriaient les évêques de France, en 1682, dans le décret de morale qu'ils avaient

(1) Usura est recipere aliquid ratione mutui, non autem ratione periculi recuperandæ sortis.

(2) Data pecunia ex certo contractu, altero contractu licet de certo emolumento pacisci, tum tertio contractu minore emolumento pacisci ut sibi de periculo caveatur; neque id est usurarium, etiamsi posteriores contractus in ipso exordio ineundæ societatis intenti sunt, nec ulla ratio reddi potest, cur non liceat statim inire hunc postremum contractum.

dressé par l'organe de Bossuet (1); « qu'en con-
» damnant cette perverse doctrine, ces saints pon-
» tifes eussent donné à leurs décrets une forme qui
» les rendît propres à toutes les églises, et qui fût
» conforme à nos usages; mais, tandis que nous espé-
» rons qu'Innocent XI emploiera, selon l'ancienne
» coutume, la plénitude de la puissance ecclésias-
» tique pour achever cet ouvrage si important,
» commencé par Alexandre VII, et qu'il mettra dans
» la main de tous les évêques le glaive de saint
» Pierre pour combattre ces pernicieuses nouveau-
» tés, nous archevêques et évêques assemblés à
» Paris, avec la permission du Roi, qui représentons,
» avec les autres ecclésiastiques députés avec nous,
» l'Église gallicane, dans la crainte qu'un poison
» si subtil et si dangereux ne se répande, et que les
» âmes peu précautionnées ne se laissent prendre
» dans les filets de Satan; excités par l'importance de
» la matière, et animés par l'exemple et par l'au-
» torité de tant d'évêques et surtout de souverains
» pontifes, nous avons jugé à propos, pour instruire
» plus particulièrement le clergé et le peuple du
» venin qu'elles contiennent, de donner à chacune
» de ces propositions les qualifications qui leur con-
» viennent.

» Quel cœur, ajoutent ces grands évêques, serait
» assez dur pour retenir ses larmes, en entendant
» Alexandre VII d'heureuse mémoire se plaindre
» avec la douleur la plus amère, dans un discours
» où tout respire la tendresse paternelle, de ce qu'on
» enseigne un grand nombre d'opinions, dont les
» unes ont été retirées de l'oubli dans lequel elles

(1) Bossuet, Decret de Morale à l'assemblée du clergé de France, de l'an 1682.

» étaient tombées, les autres ont été nouvellement » inventées, et déplorer cette licence effrénée qui » croît de jour en jour, et qui a introduit dans la dé» cision des cas de conscience une méthode entiè» rement opposée à la simplicité de l'Évangile, à la » doctrine des Pères, et qui entraînerait la corrup» tion des mœurs des chrétiens, si les fidèles la pre» naient pour la règle de leur conduite. »

C'est pour s'opposer à une pareille calamité, et pour tâcher d'éloigner un malheur si déplorable, que Benoît XIV, aussi célèbre par sa grande science que par le zèle que lui inspiraient ses illustres prédécesseurs, a ramassé, dans son savant Traité du Synode, tout ce que l'autorité divine et ecclésiastique a de plus fort contre l'usure; et y a ajouté au témoignage constant de tous les chefs de l'Eglise qui l'avaient précédé, celui de ses lumières et de son pouvoir apostolique, pour opposer ce respectable corps de doctrine, comme un rempart inébranlable, à tous les sophismes et les paradoxes que les novateurs prétendraient faire valoir contre la foi de l'Église, sur un point de nos mœurs qui a toujours été constamment le même, et qui, par la grâce du Seigneur, ne variera jamais.

« Ce grand pape, dans ce fameux traité, liv. 10, » n°. 2, définit d'abord l'usure, *tout profit tiré du » prêt à cause du prêt*, comme parlent les théologiens, » c'est-à-dire sans qu'il y ait, de la part du prêteur, » ni profit cessant, ni dommage naissant, ni autre » titre extrinsèque (N° 3); il ajoute : Quelques docteurs » catholiques, en petit nombre, n'ont pas craint de » souscrire à l'opinion impie de Calvin et de Dumou» lin. Ces docteurs distinguent aussi deux sortes de » prêt : l'un par lequel on donne de l'argent, ou toute » autre chose pour être consumé dans les besoins de

» la vie ; ce qu'on pratique ordinairement envers les » indigens, qui empruntent de l'argent pour se nour- » rir eux et leur famille, pour payer leurs dettes, » marier leurs filles.

» L'autre espèce de prêt consiste à donner de » l'argent pour être employé dans le négoce; c'est » ce qu'on observe à l'égard des marchands qui, » par le moyen du commerce, font valoir l'argent » qu'ils ont emprunté et en retirent un gain consi- » dérable. Dans le premier cas, ces mêmes auteurs » avouent que tout ce qu'on exige au-delà du sort » principal est une véritable usure; mais ils ne re- » gardent nullement comme usuraire le profit qu'on » retire du prêt dans le second cas, pourvu que ce » profit soit modéré, et qu'on se renferme dans les » bornes prescrites par les lois du pays.

» Au n° 4, il foudroie tous ces spécieux raisonne- » mens, et il dit que les Pères de l'Église avaient » réfuté d'avance cette nouvelle distinction, inven- » tée par les hérétiques, en prononçant absolument, » indéfiniment et unanimement, que tout ce qui est » exigé au-delà du sort principal, en vertu du prêt, » est usuraire.

» Aux n°s 5, 6, 7, et 8, ce grand pape appelle à » son secours toutes les autorités possibles; il combat » cette erreur par l'Écriture, les Pères, les canons » de l'Église, et il pulvérise les objections des héré- » tiques. Non-seulement saint Thomas, dit-il, mais » les conciles, les Pères et les souverains pontifes, » et surtout Urbain III, enseignent unanimement » que les paroles de Jésus-Christ, Luc, 6, *Prêtez* » *sans rien espérer*, renferment un vrai précepte, ou » plutôt inculquent derechef la loi naturelle qui dé- » fend d'exiger aucun profit en vertu du prêt, ni du » pauvre, ni du riche. C'est sur l'autorité de ce texte,

» que ce pape a prononcé que la plus petite usure » est généralement défendue; car, expliquant les » paroles qui viennent d'être rapportées, il dit qu'elles » interdisent toute usure et toute surabondance. Or » il est téméraire, et presque hérétique de dire, » ajoute toujours ce grand pape, comme quelques-» uns n'ont pas rougi de le faire, que les conciles et » les Pères n'ont pas saisi le véritable sens de ce » texte; car, quoi qu'il en soit de la question, si » l'Église jouit d'une autorité infaillible, non-seu-» lement en jugeant les questions qui regardent la » foi et les mœurs, ce qu'aucun catholique ne nie, » mais encore dans le choix des raisons dont elle » appuie ses jugemens, ce que quelques-uns révo-» quent en doute, toujours est-il certain et indubi-» table qu'elle ne peut pas se tromper en interprétant » les divines Écritures, et en découvrant leur vrai » sens aux fidèles.

» N°. 9. Il approuve les théologiens qui ont ré-» futé, comme contraire à la doctrine commune et » perpétuelle de l'Eglise catholique, le sentiment des » auteurs qui permettent de tirer un profit modéré » du prêt fait aux riches et aux négocians. Mais, » continue-t-il, (N° 10), comme l'autorité de tant de » célèbres docteurs, et la force de leurs preuves n'ont » pas empêché quelques écrivains de reproduire cette » opinion étrangère, nous avons cru qu'étant élevé » sur la chaire de saint Pierre, nous ne devions pas » souffrir que la pureté de la doctrine catholique, » dont Jésus-Christ nous a confié le dépôt, fût souillée » par une erreur si pernicieuse. »

Quel oracle attérant contre les fauteurs des intérêts du simple prêt que ce monument si respectable de la foi de l'Eglise, de la doctrine de la vénérable antiquité et de celle de notre temps, des sentimens de tous les célèbres pontifes qui ont illustré l'Eglise de Rome, et de la science de ce grand pape, dont les lumières et la sagesse ont été si célèbres, même parmi les ennemis de l'Eglise, que le nom de Lambertini sera toujours cher et précieux à leur mémoire !

CHAPITRE IV.

L'usure, prise dans toute son étendue, a toujours été regardée par les SS. Pères comme un crime, et comme une chose injuste en elle-même, défendue d'abord aux Juifs, et ensuite à tous les hommes, par l'ancienne loi et par l'Évangile; et c'est en suivant l'esprit de ces SS. Docteurs et les principes qu'ils ont consignés dans leurs écrits, que de grands évêques, les célèbres théologiens et les écoles ont tous enseigné cette sage morale; et leur enseignement, sur ce point de mœurs, dont l'évidence a frappé de fameux protestans, a été confirmé par la déclaration solennelle de l'Eglise de France, et par un célèbre décret de l'Eglise romaine.

» Aucun père, ni aucun théologien catholique, » dit le sage Bossuet (1), n'a jamais écrit que les » chrétiens eussent, à l'égard de l'usure, moins » d'obligation que les Juifs, ni que la loi de l'usure » fût changée en une autre chose, qu'en ce qu'elle » ne s'étendait pas envers tous les hommes. » Et

(1) Bossuet, Traité de l'Usure, pr. 6. pag. 523.

l'abbé Duguet ajoute (1), « qu'il est important » d'observer que l'Eglise ne s'est jamais relachée sur » aucun des points de l'usure; qu'elle n'est jamais » entrée en composition; que l'usure excessive lui a » paru à la vérité plus odieuse, mais que la plus mi- » tigée n'a pu lui paraître légitime; qu'elle a con- » damné les présens, ou exigés grossièrement ou » attirés par des voies indirectes; qu'étant persuadée » que Dieu défendait tout, même quand on prête » aux marchands, elle n'avait en cette matière au- » cune autorité de rien permettre. » Voilà comment parlaient les SS. Docteurs, qui ont tous, sans exception, pris l'usure de la même façon et sous la même notion, qui n'en ont tous eu qu'une même idée, qui, du propre aveu des usuristes même, leur a été *commune, et qui consiste à appeler* usure *tout ce qu'on exige au-delà de ce que l'on prête* (2). Ce sont leurs expressions. S'il est donc vrai que, sous cette notion indéfinie sous laquelle ils ont tous renfermé toute espèce de produit au-dessus du sort principal, ils l'on déclarée injuste, abominable, honteuse, ils l'ont comparée au meurtre, à l'adultère et à la trahison, ils l'ont appelée un vol, une fraude, une iniquité, il est donc incontestable qu'ils ont été persuadés que tout profit au-dessus de ce que l'on a donné, dans toute sorte de cas, est tout cela, et par conséquent qu'il est inique en lui-même, puisque tout ce qui est vol, tout ce qui est égal au meurtre et à l'adultère est nécessairement inique en lui-même.

Le premier que nous citerons, quoiqu'il ne soit pas le plus ancien, est le célèbre et éloquent Lac-

(1) Duguet, Réfut. des écrits sur l'Usure, pag. 541.
(2) Théorie de l'intérêt de l'argent, pag. 40 et 41.

tance, dont la philosophie était si sublime, parce que c'est le seul que certains écrivains, amis de l'usure, citent eux-mêmes; *ayant trouvé*, disent-ils, *ses idées conformes à celles qu'ils ont prises de l'antiquité* à l'égard de cette matière.

Il est vrai que ce philosophe parle, dans l'endroit que nous rapportons, d'un prêt fait pour un besoin : mais aussi il décide net que ce serait une vraie injustice de prendre dans ce cas-là plus qu'on n'a donné. Il faut faire attention, d'ailleurs, qu'il ne dit pas de prendre excessivement plus. Or une vraie injustice suppose plus qu'une simple violation de charité, qui, selon les usuristes, est la seule vertu qui soit de saison dans la circonstance dont il s'agit. Ce grand homme a donc entendu que, quelque chose qu'on prît, et dans quelque occurrence que ce fût, on le prenait contre l'équité, par conséquent que c'était inique et mauvais en lui-même : *Plus autem accipere quam dederit injustum est.*

Tout sincère adorateur de Dieu, dit encore ce philosophe chrétien (1), *doit bien se garder de prendre un intérêt de son argent, s'il vient à le prêter : Cultor Dei, pecuniæ si quam crediderit, non accipiat usuram.* Cette défense est générale, elle n'est accompagnée d'aucune exception. Le prêt d'un homme religieux doit être sans intérêt, *afin*, ajoute ce philosophe, *que le bienfait qu'il accorde dans le besoin soit pur, et qu'il ne se rende pas usurpateur du bien d'autrui : Ut et beneficium incolume sit, quod succurrit necessitati, et abstineat se prorsus alieno.* Cette expression, *afin qu'il ne soit pas usurpateur du bien d'autrui*, est si remarquable qu'elle renverse tout le système des usu-

(1) Lact. lib. 6. Divin. Institut. ch. 18. Institut.

ristes. Un pareil témoignage est une démonstration. L'usure y est condamnée, prise dans toute son étendue; elle y est caractérisée de vol. Peut-on rien trouver de plus mauvais par lui-même et de plus opposé au droit naturel?

Le fameux Tertullien, docteur du second siècle, n'est pas plus favorable au système des usuristes. Dans son livre contre l'hérésiarque Marcion, expliquant le passage de saint Luc, au sujet du prêt, il décide *que l'usure est tout ce qui excède le prêt*, c'est-à-dire tout ce que l'on prend au-dessus de ce que l'on a donné. Car, en développant le sens de ces mots d'Ezéchiel : *Il ne prendra pas ce qui sera au-dessus; quod abundaverit non sumet*, il explique ces mots par ceux-ci, savoir: *la surabondance du prêt*, ce qui est usure, *fœnoris scilicet redundantiam quod est usura*. Il décide, de plus, que la défense que Moïse en a faite n'était que pour préparer les hommes dans la loi évangélique, non-seulement à ne pas prendre du surplus, mais encore à perdre même le capital, s'il le fallait; *afin*, dit-il, *qu'il disposât plus aisément l'homme à perdre même la somme prêtée, l'ayant déjà instruit à ne pas en prendre du profit, et que, par ce moyen, la loi préparât ainsi son cœur à la perfection évangélique* (1). Ce qui prouve évidemment que ce savant homme a pensé que le précepte contre l'usure, qui avait été fait aux Juifs, et qui avait été étendu à tous les hommes par les prophètes, regarde aussi tous les hommes, sans distinction de pauvre ou de riche, dans la loi évangélique, et leur interdit toute espèce

(1) Quo facilius assuefaceret hominem ipsi quoque fœnori si fortè perdendo, cujus fructum didicisset amittere. (Tertull. lib. 4. con. Marc. ch. 17.)

d'intérêt et de surabondance, si petite qu'elle soit. Les expressions de ce père sont générales, sa définition de l'usure englobe toute espèce de profit; il n'y a pas moyen de se faire illusion. Dans ce même siècle, saint Clément d'Alexandrie, qui avait fait succéder à la philosophie platonicienne, la seule véritable philosophie, qui est celle de l'Evangile, faisant, dans son livre du Pédagogue, l'énumération des crimes qui, selon Ezéchiel, donnent la mort à notre âme, faisait une mention expresse de l'usure, qu'il envisageait selon toute l'étendue que lui donne ce prophète, qui l'étend au plus modique surplus; et il disait *que les instructions* que donne Ezéchiel *sont comme les élémens de la religion chrétienne* (1). Preuve évidente que l'usure, dont il parlait sans aucune exception, comme le Saint-Esprit en parle, est un crime que la nouvelle loi réprouve, loi infiniment supérieure, qui fait de tous les hommes autant de frères.

Dans le siècle suivant, le grand saint Cyprien, dont les lumières et le martyre ont honoré les premiers temps du christianisme, dans son livre *de Lapsis*, regarde l'usure, qu'il prend toujours d'une manière générale, comme un de ces grands crimes qui avaient attiré sur l'Église la persécution qu'elle souffrit de son temps: *usuris multiplicantibus fœnus exigere* (2). Il faut observer qu'il invective la pratique de l'usure, en ce qu'elle est un accroissement et une surabondance, comme Tertullien l'a envisagée, en la condamnant.

Saint Basile, surnommé le Grand, dont l'érudi-

(1) Hæc continent descriptionem institutionis vitæ Christianorum. (S. Clém. d'Alexandrie, lib. 2. Pedag.)

(2) S. Cyprian. lib. de Laps. pag. 89.

tion était si profonde que les païens même révéraient et lisaient ses écrits, dans son Commentaire sur le Psaume quatorze, et dans son Homélie IIe sur le psaume treize, après avoir dit, *que le Roi prophète et Ezéchiel ont également défendu toute usure;* après avoir déclaré, *que le prêt qui devient fécond, par cette maudite usure, est un monstre; que de prêter sous un intérêt, c'est une iniquité pernicieuse à celui qui prête, et à celui qui emprunte: Iniqua prorsus mutui datio, utrique, danti pariter et accipienti, huic quidem in pecunias; illi vero in ipsam animam;* il conclut, *que l'usure est une injustice, en ce qu'elle consiste à prendre plus qu'on n'a donné, et que, suivant les préceptes de l'un et de l'autre Testament, il faut prêter sans intérêt à celui qui demande : Igitur a volente accipere, ne vultum avertas, nec pecuniam tuam dederis ad usuram tam ex veteri quam nova lege edoctus.* Il n'est pas nécessaire d'ajouter ici un commentaire.

Cette morale, si conforme à l'esprit de toute espèce de loi, a toujours été celle de tous les grands hommes. Saint Grégoire de Nysse, qui illustra le quatrième siècle, dans un célèbre discours qu'il a fait contre les usuriers, nous dépeint l'usure comme une peste qui désole tous les lieux où elle passe, contre laquelle, dit ce saint Docteur, le prophète s'élève avec tant de force, qu'il ne laisse à l'homme aucun prétexte pour pouvoir la justifier : *Propheta, pestifera fœnoris germina, usuras inquam succidit; et ex hominum consortio funditus evellit, pecuniæ ad usurum collocationem* (1).

Ce saint Père conclut ensuite, que tout ce qu'on a pris au-dessus de la somme capitale, est injuste-

(1) S. Greg. de Nyss. Orat. cont. Usur. tom. II. pag. 225.

ment pris, et qu'ainsi la restitution est le seul moyen de réparer le tort qu'on a fait : *Redde fratri tuo, a quo injuste subripuisti*. C'est ce qui fait qu'il ne balance pas, dans son Homélie IVe sur l'Ecclésiaste, d'éclater, avec toute la force de son zèle, contre l'iniquité de l'usure; il l'appelle un brigandage, une exécrable invention, *improbum fœnoris inventum, quid aliud latrocinium*. Car, dit-il, peu importe que vous enleviez le bien des autres à main armée, en vous faisant une ouverture secrète par le mur de leur maison, ou en égorgeant les passans, ou que vous arrachiez, par la tyrannie de l'usure, ce qui ne vous appartient pas. *Quid enim refert an clanculum perfossis muris, prædonis more, aliena habeas, et prætereuntis cæde, te eorum quæ habeat dominum constituas : an fœnoris necessitate, acquiras ea quæ ad te non pertinent* (1).

Si ce grand homme n'a pas voulu nous faire le portrait d'une chose injuste en elle-même, et contraire à toutes les lois, il faut dire qu'il avait perdu la tête, et que son imagination en délire traçait l'image d'un fantôme. En vérité, il n'y a que l'entêtement de l'hérésie et de l'erreur qui puisse résister à la force de ses expressions. Cet illustre saint, envisageant enfin l'usure en général, ou plutôt considérant toute espèce de stipulation d'intérêt sous une notion indéfinie et illimitée, décide, sans balancer, que les saints écrits prohibent tout à cet égard : *Quapropter divina quoque scriptura, ubique usuras prohibet*. Après un oracle de cette nature et de cette force, il ne reste aux partisans de l'usure d'autre ressource que de rougir et de se rétracter.

(1) S. Greg. de Nyss. Hom. 4. in Eccles. pag. 410.

Saint Chrysostome (1) ne les confond pas moins. Cet éloquent archevêque, si plein de l'esprit des écritures qu'il étudia constamment depuis son enfance jusqu'à ses dernières années, dans ses sublimes Homélies détermine clairement ce que c'est que l'usure, en disant, avec une précision qui ne laisse aucun faux-fuyant à ses défenseurs, *que c'est recevoir plus qu'on n'a donné :* Vous demandez, dit-il, *plus que vous n'avez prêté, et vous faites payer comme dû ce que vous n'avez pas donné.* Voilà une définition qui comprend toute espèce de produit, en vertu du prêt, et qui le taxe d'injustice et de vol : *Tu etiam plusquam dederis flagitas, et quod numquam dedisti, illud quasi debitum exigis.* Ces contrats usuraires, ces obligations, où l'on convient d'un intérêt au-dessus du sort capital, ne sont à ses yeux que cette espèce de convention d'iniquité dont parle le prophète Isaïe : *Omnem conscriptionem injustam perrumpe fœnoris videlicet ac usurarum, litteras ita appellans.* Il dit que l'usure force toujours secrètement, quoiqu'elle se couvre du prétexte de faire plaisir. Par là il répond à ceux qui disent que le prêt usuraire est juste, parce que celui en faveur de qui on le fait en est content; il montre que ce débiteur s'engage par nécessité dans un pareil contrat; il allègue l'exemple d'Abraham, quand, pour sauver sa vie, il laissa sa femme entre les mains des Egyptiens. Et il ajoute, *qu'il est inhumain de se faire encore remercier pour une injustice. Rien de plus cruel*, continue-t-il, *que l'usurier*, car il fait commerce des risques où celui à qui il prête se trouve exposé, et il tire des profits abondans des malheurs qui lui arrivent. *Nihil enim præsenti usura cru-*

(1) S. Chrysos. Hom. 5. et 57. in Matth.

delius, siquidem hujusmodi fœnerator, negotiatur aliena discrimina, et uberiores quæstus de alterius infelicitate consequitur. Qui ne reconnaîtra pas dans ces paroles le prêt de commerce, sera bien aveugle; et qui ne l'y verra pas condamné sans équivoque, sera bien à plaindre!

Saint Chrysostome, toujours indigné des prétextes dont on voulait se servir de son temps pour flatter la cupidité, tâchait de confondre de toutes façons ces misérables ennemis de la prospérité publique. *Plus coupables*, leur disait-il, *que les magistrats et les sénateurs païens, à qui les lois défendent la pratique de l'usure comme une injustice et comme la marque de la dernière imprudence*, vous dites : *c'est la loi qui le leur défend. Malheureux! combien devez-vous trembler vous-mêmes, d'avoir moins de respect pour les lois de Dieu, que les sénateurs et les magistrats n'en ont pour les lois civiles?* Ne rougissez-vous pas de vous autoriser ainsi dans l'iniquité de vos injustes produits usuraires? *Quomodo igitur horrescere non oportet, si tantum regno cœlorum honorem non tribuis, quantum legislatores senatui.* Car peut-on trouver rien de plus opposé à cette équité naturelle, que la raison nous montre et nous enseigne, que de vouloir recueillir une moisson, sans avoir un fonds, ou, si l'on en a, sans l'avoir rendu fécond par le travail : *Quid enim irrationabilius, inveniri potest quam ut sine agro et pluvia et aratro seminare contendas?*

C'est aussi l'idée de saint Grégoire de Nysse, car les Pères, comme on le voit évidemment, n'ont eu qu'une même idée de l'usure; elle leur a paru à tous une injustice formelle, d'autant plus criminelle, qu'en cette matière, comme en tant d'autres, la loi ancienne et la loi nouvelle avaient rappelé la loi de la nature, sur laquelle la cupidité et les malheurs des temps avaient répandu de très-épaisses ténèbres. *L'usurier*, disait ce saint évêque, *porte son insatiabilité au point de vouloir s'enrichir par les mains d'un autre, sans aucun travail et sans rien hasarder : Vult omnia sibi sine satu, et inarata progigni. Vous en reconnaissez vous-même l'injustice*, continuait saint Chrysostome, *vous qui avez trouvé cet art si contagieux de moissonner d'une manière si nouvelle. Je vous donne*, dites-vous, *non pas précisément, afin que vous ayez le plaisir de profiter de ce que je vous donne, mais afin que j'aie la satisfaction de vous faire rendre ce que je ne vous ai pas donné, et de vous demander un argent qui n'est jamais sorti de mes mains. Qui hanc pestiferam agriculturam invenerunt, zizania metunt; do, concedoque, inquiunt, tibi, ut non habeas, sed ut majora restituas.* C'est cette injustice horrible, toujours attachée à toute espèce d'usure, qui faisait conclure à ce grand homme, *qu'ayant été de plus défendu aux Juifs, dans le Deutéronome, de ne prendre jamais aucun intérêt de la part des autres Juifs, dans les prêts qu'ils leur feraient, et à plus forte raison aux chrétiens, parce qu'ils sont sous une loi plus parfaite, le prêteur et l'emprunteur se causaient un terrible dommage; le prêteur en accumulant autant d'iniquités que de revenus; et l'emprunteur, parce qu'il se ruinait insensiblement par le cumule des intérêts : In his sensibilibus pecuniis, prohibuit, ne quis usuram acciperet, quare, et ob hanc causam? quia uterque magno damno afficitur, nam debitor quidem, inopia atteritur, creditor autem augens divitias, et peccatorum cumulat sibi multitudinem. Proinde ab initio, olim Judæis crassioribus tale dedit præcep-*

tum dicens. Deut. chap. 23. *Non fœnerabis fratri tuo et proximo tuo, qua igitur excusatione digni erunt qui Judæis sunt immaniores, et post gratiam et tantam a Domino misericordiam, inveniuntur his qui sub lege fuerunt inferiores, imo pejores.*

S'il reste quelque doute encore, après l'exposition de ces principes si lumineux, il faut être furieusement prévenu. Je défie à qui que ce soit de s'aveugler jusqu'au point de n'y pas voir l'usure démasquée et condamnée sous toutes les formes. Ce grand saint déclare, en propres termes, *que c'est toujours une injustice de prendre au-delà de ce que l'on a donné.* Conséquemment que tout ce qu'on reçoit, modique ou excessif, est injustement pris; *que c'est prendre ce qui n'appartient pas;* par conséquent encore, *que c'est un larcin.* Il déclare, en outre, que ces usures si criantes ruinent insensiblement celui à qui on prête, et le conduit à l'indigence. Il parle donc d'un homme qui n'est pas encore pauvre. Si tous les systèmes en faveur de l'intérêt du simple prêt n'ont pas été réprouvés par avance par les Pères, il faut brûler tous les livres, ou dire que nous avons tous perdu la tête; et que, depuis le treizième siècle, toute l'Église enseignante et écoutante n'a plus rien su dire, ni comprendre dans les écrits des anciens. Quel assemblage de paradoxes! la raison humaine peut-elle s'égarer jusque-là?

L'auteur de l'ouvrage imparfait sur saint Matthieu, vénérable par son antiquité, renferme dans son excellente théologie tous les principes sur lesquels, après lui, l'ange de l'école a appuyé sa doctrine contre l'usure. Il établit trois différences essentielles qui se rencontrent entre l'argent qu'on prête et les terres qu'on loue. Nous avons pris du savant auteur des *Conférences de Paris* (1) tout ce que dit cet ancien, et il fait voir qu'il est permis, selon les règles de la justice, de se faire payer le prix de ce qu'on loue, mais qu'il n'est du tout licite de tirer des intérêts d'un argent qu'on prête.

La première différence est que l'argent n'est pas destiné de sa nature à un certain usage lucratif, comme un champ ou une maison. Il n'a été inventé que pour être le prix de ce qu'on vend et de ce qu'on achète (2).

La seconde est que celui qui a un champ le cultive et en recueille les fruits; de même celui qui a une maison s'en sert pour y habiter. C'est pourquoi celui qui loue un champ ou une maison en abandonne l'usage, et reçoit un loyer en deniers par une espèce d'échange, mais si on conserve son argent dans un coffre, il ne peut être d'aucun profit (3). C'est comme s'il disait : Il faut vous en servir pour acheter et vendre, afin qu'il vous profite; c'est ce qui ne se peut faire en prêtant, parce que, par le prêt on ne vend ni on n'achète; c'est celui à qui il est prêté qui le fait profiter, en vendant ou en achetant. Or, quel droit a-t-on de prétendre profiter de son industrie et de jouir de ses travaux?

La troisième différence est que le champ se dégraisse, la maison s'use et dépérit à force de servir, et c'est pour cela qu'on peut en faire payer le

(1) Conf. de Paris, tom. I. pag. 119.

(2) Quoniam pecunia non ad aliquem usum disposita est, sicut ager, vel domus, sed ad pretium emendi, vel vendendi, quoniam qui agrum habet, arat eum, et fructum accipit ex eo, similiter, et qui domum habe usum mansionis capit ex ea.

(3) Qui locat agrum vel domum, usum dare videtur et pecuniam accipere.

loyer ; mais l'argent, pour être prêté, ne diminue point et ne perd rien de son prix. On ne peut donc, sans injustice, en tirer aucun profit.

Voilà, en peu de mots, tous les principes qui font la base de tous les raisonnemens que nous avons faits pour prouver, dans les premières parties de cet ouvrage, que l'usure est contraire au droit naturel. Nous ne les avons donc pas pris uniquement des écoles du treizième siècle. Saint Thomas les avait puisés dans ces mêmes sources sacrées. Ainsi sa doctrine mérite tout notre respect. Et cet auteur célèbre, qu'on a cru être saint Chrysostome, parce que ses écrits se trouvent parmi ceux de cet éloquent docteur, n'a raisonné ainsi de l'usure, qu'après avoir établi en principe que Jésus-Christ, instituteur d'une loi qui embrasse tous les hommes de toute tribu et de toute langue, a ordonné de prêter. Voilà le précepte affirmatif, renfermé dans le passage de saint Luc, et qu'il a défendu en même temps de le faire sous la stipulation d'un profit quelconque. Voilà le précepte négatif, énoncé dans le même passage : *Jubet non Christus mutuam dare pecuniam ; non tamen sub usuris.*

Saint Ambroise qui, de gouverneur de quelques provinces de l'empire, fut élevé à l'évêché de Milan, et qui remplit ce siége fameux avec autant de fermeté que de sagesse, a fait un traité entier sur l'usure. C'est tout son Commentaire sur le livre de Tobie. Dans cet ouvrage, par lequel il éclaira le quatrième siècle sur une matière aussi importante pour les mœurs, et sur laquelle l'esprit pervers de notre siècle fait que certains esprits ont aujourd'hui des idées moins justes et moins religieuses que certains païens de cet ancien temps, ce savant évêque pose pour pierre fondamentale de tous ces raisonnemens, au chapitre quatrième, ayant pour titre : *De l'usure défendue par le droit divin : Que tout ce qu'on exige ou tout ce qu'on reçoit au-delà de la somme qu'on a prêtée est une usure. Quodcumque sorti accedit usura est. Que ce soit considérable ou peu de chose, quodcumque*, quoiqu'on le prenne sans l'avoir exigé, le seul espoir de l'obtenir suffit ; *usura est. Peu importe que le produit exigé ou reçu soit de l'argent, ou des denrées, ou d'autres effets, tout cela est un gain usuraire : Esca usura est... vestis usura est. Appelez l'intérêt que vous en recevez ou qui vous en revient de quel nom qu'il vous plaira, ce sera toujours une usure : Quid velis, ei nomen imponas, usura est. La loi de Dieu est générale et sans aucune restriction, elle exclut toute espèce d'intérêt ou de lucre : Generaliter hæc sententia Dei omne sortis excludit augmentum.* Ce sage et saint docteur condamne l'usure, qui était alors la plus permise, c'était la centième. Il l'appelle l'usure qui donne la mort ; il montre toute la tyrannie qu'un usurier exerce sur son débiteur, quoiqu'en apparence il ne se présente que sous l'appareil de la plus douce bienfaisance : *Oblatio quidem blanda, sed immanis exactio.* Rien à ses yeux ne peut ôter la malice et son iniquité à ce crime.

Vous me direz, dit ce grand docteur, qu'*il se présente une bonne fortune à faire, un moyen sûr d'accroître ses revenus ; qu'on propose un fonds considérable à acheter qui rendra immensément, qu'on se fera par là un bon état ; et qu'il sera même aisé de rembourser le capital dont on se charge, sans se déranger ; Aiunt nobile prædium esse venale, amplam domum, accumulant proventus fructuum, annuos reditus exagerant, hortantur ut coemant. C'est une usure condamnable*, déclare ce savant évêque, *c'est une injustice marquée, tous ces beaux motifs ne sont que des prétextes insuffisans.*

Quel arrêt contre l'usure, la plus légitime à la façon de penser de certains usuristes, celle où le cas de l'emprunteur semble être le plus favorable, et celle qui serait la première permise, si la loi pouvait souffrir quelque exception!

Il en est, ajoute encore saint Ambroise, et en grand nombre, qui, éludant les préceptes de la loi, prêtent à des négocians, mais par ménagement n'exigent piont d'eux des intérêts en argent, ils en prennent seulement en marchandises, et regardent comme permis tous ces profits usuraires. Il est facile de reconnaître sans doute ici le contrat lucratif tant préconisé par les usuristes et les usuriers. Le voilà bien en espèce; c'est précisément le cas de Calvin, de Dumoulin, et de l'auteur du traité de la Pratique des billets. *Plerique refugientes præcepta legis, cum dederint pecuniam negotiatoribus : non in pecunia usuras exigunt; sed de mercibus eorum, tanquam usuram, emolumenta percipiunt.* Ecoutons ce flambeau de l'Eglise; sa lumière va dissiper tous leurs sophismes, il ne fait grâce à aucun de leurs prétextes, il renverse tous leurs spécieux raisonnemens. Qu'ils écoutent, dit-il, ces partisans de l'usure, ce que porte la loi : *Vous ne tirerez intérêt, ni des vivres, ni de toute autre chose que vous aurez prêtés à votre frère; autrement, c'est frauder la loi et chercher à l'éluder par de vaines raisons.*

Suivons toujours notre célèbre évêque de Milan. Ce saint docteur se fait une objection toujours au sujet des gens de commerce et des riches, pour détruire sans retour toutes leurs illusions, et ne laisser à l'insatiabilité de l'usure aucune espèce de ressource. *Où est*, dit-il, *le mal de prêter à intérêt à un marchand pour son commerce, ou à un homme riche qui a le talent de se servir de cet argent pour améliorer ses affaires? Je lui fais plaisir, et il me donne le prix volontaire de la grâce que je lui fais.*

Apparence trompeuse! s'écrie ce Père si éclairé; *vos offres paroissent flatteuses, votre service paraît généreux, mais ce n'est qu'une indigne vexation; la cupidité vous fascine l'esprit et vous empêche de voir toute l'horreur de l'injustice que vous commettez à l'égard de votre frère; vous lui faites donner plus qu'il n'a reçu, il vous rend la somme principale que vous lui avez prêtée; mais votre avarice n'est pas satisfaite; il faut un surplus, il faut un produit et un lucre. Quoi de plus injuste et de plus indigne? Quid vobis iniquius quia nec sic, capitis solutione, estis contenti. Cruel! c'est vous qui devenez son débiteur, vous l'avez volé par une injustice criante, vous avez tiré un profit de ses peines et de ses sueurs : Prosit quæ tibi otiosa est. Et si le malheur lui en a voulu jusqu'à être trompé dans ses espérances, et qu'il ait perdu non-seulement le fruit de ses soins, mais encore une partie du fonds; inhumain! vous vous engraissez de ses malheurs, et vous avez la barbarie de repaître votre insatiable avidité de ses larmes et de sa propre substance : Nihil iniquius fœneratoribus, qui aliena damna lucra sua arbitrantur, et dispendio suo deputant quidquid ab aliis possidetur.*

Et pour faire voir que la rapacité des usuriers ne se borne pas à être uniquement les sangsues affamées de l'aisance et de la fortune d'autrui, et pour démontrer que l'usure qu'on veut légitimer, à quelque prix que ce soit, doit toujours être proscrite, parce qu'il lui est impossible de connaître des bornes, il la montre comme devenant enfin altérée du sang du pauvre, et se nourrissant de la misère humaine : *Talia sunt vestra; divites, beneficia, minus datis et plus accipitis; fecundus etiam vobis pauper est ad quæstum.*

Enfin ce grand docteur, que la Providence semble avoir suscité expressément pour démasquer l'iniquité de l'usure, de façon qu'il ne lui restât plus aucun moyen de paraître légitime, de quelque manière qu'on voulût la faire valoir dans son siècle, après lequel il était nécessaire de laisser un monument inébranlable pour dissiper, dans tous les siècles à venir, tous les prestiges que l'esprit de nouveauté et le désir d'amasser ne manquerait pas d'employer, ce grand docteur, dis-je, après avoir exposé tous les côtés sous lesquels l'usure est combattue, et condamnée par le droit naturel, nous la montre anathématisée par l'ancienne loi et par la nouvelle; par l'ancienne, en citant la défense absolue qu'en avait faite Moïse : *Hæc sententia Dei omne sortis excludit augmentum. Ce qui a fait,* dit-il, *que le prophète-roi a regardé comme un homme de bénédiction celui qui se garde de prêter son argent en exigeant un intérêt : Qui pecuniam suam non dedit ad usuram.* D'où il conclut lui-même *que celui qui le prête, sous la stipulation ou l'espoir d'un profit, sera nécessairement maudit. Sine dubio maledictus qui ad usuram dedit.*

Par la nouvelle loi, en déclarant sans ambiguité, *que le chrétien, s'il a de l'argent, doit le prêter comme ne devant point le retirer, ou du moins comme ne devant retirer que la même somme qu'il a prêtée, et rien au-delà : Ita vir christianus, si habet, det pecuniam quasi non recepturus, aut certe sortem quam dedit recepturus; parce que,* dit-il encore, *quoiqu'il ait été dit aux Juifs dans le premier temps, vous prêterez à usure à l'étranger, on doit toujours prendre garde que l'Evangile établit une loi plus parfaite.*

Mais mettons cela à part, continue ce même Père; au reste je n'ajoute ce dernier témoignage de sa part que pour faire observer soigneusement que certains usuristes auraient fait bien sagement de parler avec plus de précaution de l'interprétation que certains écrivains ont donnée au texte du Deutéronome: *Vous ne prêterez point à usure à votre frère, mais à l'étranger*, parce qu'elle est toute prise de ce saint docteur.

Examinons, dit-il, *les termes de la loi, vous l'exigerez des étrangers. Qui étaient alors les étrangers, à l'égard du peuple de Dieu? sinon Amalec, sinon l'Amorrhéen, sinon de tels ennemis? Là, dit la loi, exigez l'usure de celui à qui vous avez raison de vouloir nuire, à qui vous déclarez justement la guerre;* c'est à son égard que l'usure est permise, c'est là qu'elle est à sa place : vous pouvez, par des intérêts accumulés, vous venger de celui que vous avez peine à vaincre par les armes; vous pouvez exiger l'usure de celui qu'il vous est même permis de tuer sans crime.... Où l'on a droit de porter la guerre, on a droit aussi d'exercer l'usure. C'est ainsi que raisonnait le grand saint Ambroise, et c'est ainsi qu'ont raisonné avec lui les sages interprètes.

Pour les usuristes et les vendeurs d'argent qui se font une règle d'avoir toute autre boussole que les SS. Docteurs, et d'attribuer d'ailleurs tout ce qui ne s'accorde pas avec leur système aux subtiles inventions des scolastiques, ils décident hardiment *qu'il n'est pas raisonnable de dire avec certains in-*

terprètes, que l'exaction des intérêts était permise aux Juifs sur les étrangers, parce que Dieu avait accordé à son peuple la propriété des biens des nations profanes; que cette opinion est également à rejeter, et qu'elle n'a été imaginée qu'en faveur du système des scolastiques, suivant lesquels un intérêt quelconque est une injustice radicale, et le violement du droit naturel; mais que l'on doit conclure au contraire de la liberté qu'avaient réellement les Juifs de prêter à intérêt à des étrangers, qu'il n'a rien d'opposé au droit naturel (1).

Il faut leur appliquer ici la réponse que fit le savant abbé Duguet à l'auteur d'un écrit en faveur de l'usure : « Je ne sais, disait cet ecclésiastique, si l'auteur de l'écrit s'applaudit encore de sa » belle exclamation : *Lâche et faible réponse*, dit-il; » *est-il juste d'opprimer ceux qui ne sont pas nos ennemis déclarés?* Il doit rougir en premier lieu de la » manière dont il traite les SS. Pères; car c'est sur saint » Ambroise, qui n'a parlé en cela que comme l'Ecriture, que tombe sa méprisante censure; il doit en » second lieu avouer qu'il n'entend pas de quoi il s'agit, ou que c'est à Dieu même qu'il s'en prend. » Car les peuples qui étaient mêlés avec les Juifs, » et qui étaient les seuls avec lesquels ils pussent avoir » commerce, étaient les restes de ces sept nations que » Dieu avait commandé d'exterminer entièrement, » et qu'il avait prévu que les Juifs épargneraient par » une injuste miséricorde, et qu'il ordonne d'humilier et d'appauvrir par l'usure : c'est ce que dit » saint Ambroise; et à moins qu'on ne conteste à » Dieu le droit de vie et de mort sur les hommes, » ou qu'on ne nie ce qui est répété plusieurs fois

(1) Théorie de l'intérêt de l'argent.

» dans les livres de Moïse, que ces sept nations cri-
» minelles devaient être pleinement et absolument
» exterminées, selon l'ordre de Dieu, par les Israé-
» lites, il est impossible de n'être pas du même avis
» que saint Ambroise. Lorsque le temps eut changé
» les choses, ajoute toujours l'abbé Duguet, et que
» ces restes de peuples soumis à l'anathème, furent
» ou éteints, ou réfugiés dans les villes des Philis-
» tins, ou convertis au judaïsme, les prophètes ne
» parlèrent plus de l'usure avec restriction; ils la
» défendirent en général, parce que la raison de
» l'exception était ôtée, et c'est pour cela que
» l'homme de bien, dans David, ne prête jamais à
» usure, et que le juste, dans Ezéchiel, ne le fait
» jamais; au lieu que selon l'un et l'autre, l'impie
» et l'injuste n'en font point des scrupules, et que les
» villes sont exemptes ou infectées de ce crime, selon
» qu'elles sont peuplées de justes ou d'infidèles. »

Saint Jérôme qui a été l'organe et le soutien de la tradition et qui a été un des plus savans interprètes de la parole du Seigneur, tient le même langage que les autres Pères de l'Église, et s'élève avec la même force contre l'usure. *Remarquez*, dit-il, dans ses Commentaires sur Ezéchiel (1) *le progrès : au commencement, la loi n'interdit l'usure qu'à l'égard des frères seulement; les prophètes la défendent à l'égard de tous. Ezéchiel parlant ainsi généralement : il n'a point donné son argent à usure; mais dans l'Evangile, la vertu doit aller plus loin, le Seigneur faisant ce commandement: Prêtez à ceux de qui vous n'espérez pas recevoir ce que vous leur prêtez.*

N'est-il pas clair qu'on ne peut avancer rien de plus opposé à l'Ecriture et aux SS. Pères, que de

(1) S. Jérôme, Comm. in Ezechiel.

prétendre que l'Evangile permet l'usure dans certains cas, comme à l'égard des riches, ou des commerçans, car on doit sentir la force de ses paroles : *Le Seigneur faisant ce commandement.*

Ce grand docteur en disait assez, sans doute, pour fermer la bouche à tous les patrons de l'usure, et réprouver toutes leurs étranges inventions. Mais pour ne laisser aucun moyen de subterfuge, il a rappelé tous les prétextes par lesquels on cherchait à justifier, de son temps, des pratiques qu'on cherche à justifier encore aujourd'hui, malgré l'anathème ancien et nouveau qu'on a jeté sur elles.

Un usurier, dit saint Jérôme (1), croit me donner un motif bien légitime pour excuser sa cupidité, en me disant : *J'ai donné un boisseau de grains qui en a produit dix : quel mal y a-t-il de prendre un demi boisseau au-dessus de celui que j'ai prêté avec tant de générosité?*

Malheureux ! répond ce grand saint, croyez-vous en imposer à Dieu ? Détrompez-vous, ce n'est pas ainsi qu'on abuse de ses lumières et commandemens : *Nolite errare, inquit apostolus, Deus non irridetur.* Et voici la raison pour laquelle il rejette si vivement un motif aussi spécieux, raison qui pulvérise tous les sophismes de Dumoulin et de Saumaise, et des autres avocats de l'usure. Quand vous avez prêté, ou vous avez rendu service à quelqu'un qui n'était pas dans la nécessité, ou à quelqu'un qui en avait besoin. Si c'est dans le premier cas, pourquoi avez-vous prêté ? Si c'est dans le second, pourquoi prenez-vous plus que vous n'avez donné ? Ne vous y

(1) Solent argumentari et dicere : dedi unum modium, qui, satus, fecit decem modios ; nonne justum est, ut medium modium de meo plus accipiam, cum ille, mea liberalitate, novem et semis de meo habeat? (Ibidem.)

flattez pas, l'usure vous est défendue, qui que vous soyez, commerçant ou riche, *quicumque*, de quelque manière que vous la preniez; que ce soit en grains ou en fruits, en argent ou en tout autre chose, le Saint-Esprit condamne tout sans exception : *Quod prævidens Scriptura divina omnis rei aufert superabundantiam ut plus non recipias quam dedisti.* N'eussiez-vous pris que peu de chose, même par manière de présent, à titre de reconnaissance, toute convention à cet égard est indigne d'un chrétien, parce que tout homme qui craint Dieu et aime sa loi, comprend que la défense qu'il a faite de l'usure embrasse tout, et n'excepte rien, dans quelque cas que ce soit : *Alii pro pecunia fœnerata, solent munuscula accipere diversi generis; et non intelligunt usuram appellari, et surabundantiam, quidquid illud est, si ab eo quod dederint plus acceperint.*

C'est ainsi que le grand Augustin instruisait son peuple, et le monde entier; c'est de Duguet que nous prendrons tout ce que nous allons rapporter de ce père de l'Eglise touchant l'usure. Il nous présente le témoignage de ce saint docteur, sur cette matière, avec tant d'éloquence que ce serait l'affaiblir que d'y changer quelque chose : heureux si ce savant ecclésiastique avait été toujours aussi soumis à l'enseignement et à l'autorité de l'Église!

« Saint Augustin, qui a été un des pères de l'E» glise le mieux instruit de sa morale, et sans con» tredit une de ses plus grandes lumières, définit » l'usure comme les autres Pères, tout ce qui est » au-delà de ce que l'on a prêté, et condamne tout » ce qui, sous un autre nom, séduit la conscience » des hommes. » *Si vous avez prêté à usure à quelqu'un*, dit-il, *c'est-à-dire, si vous lui avez prêté de l'argent dans l'espérance de recevoir*, *soit en argent, ou en quelque autre espèce, plus que vous lui avez prêté, soit que ce surplus soit du blé ou du vin, de l'huile ou quelque chose que ce puisse être ; en un mot, si vous vous attendez à recevoir plus que vous n'avez prêté, vous êtes un usurier, en cela digne de blâme et non de louange.*

« Remarquez ces expressions, *si vous vous attendez* » *à recevoir* : car le seul désir rend criminel devant » Dieu ; et cette répétition fréquente des mêmes pa- » roles, *plus que vous n'avez prêté.* Remarquez » encore ces mots : *ou quelque autre chose que ce* » *puisse être.* Car quoique les Pères aient plus con- » damné l'usure excessive, et exigée inhumainement, » ils n'ont jamais excusé la plus légère, et en appa- » rence la plus innocente. Remarquez, enfin, que » c'est dans un sermon public que saint Augustin » parle ainsi, et qu'il couvre de honte les apologistes » de l'usure, qui osent nier qu'avant le treizième » siècle elle ait été défendue aux laïques, et qu'elle » leur ait été justement défendue ; puisque, disent- » ils, cette défense n'a nul fondement dans l'Écri- » ture, qu'elle est contraire au droit des gens, et » qu'elle introduit dans le monde des maux infinis, » dont le seul remède serait de rendre, sur ce point, » la liberté que laissaient autrefois les lois romai- » nes (1).

» Mais que ces hommes, si savans et si sages à » leurs yeux, se demandent à eux-mêmes si saint » Augustin et les autres évêques de l'Église les eus-

(1) Si fœneraveris homini, id est mutuam pecuniam dederis, a quo aliquid plus quam dedisti expectes accipere non pecuniam solam, sed aliquid plus quam dedisti, sive illud triticum sit, sive vinum, sive oleum, sive quodlibet aliud si plus quam dedisti expectas, fœnerator es, et in hoc improbandus non laudandus. S. August. in Psal. 36.

» sent reconnus pour chrétiens, ou les eussent même » admis au baptême avec une telle doctrine? Je » suis bien assuré que non, et ils peuvent s'en » convaincre par ce que je vais rapporter : *Je ne » veux pas que vous soyez usurier*, c'est toujours » saint Augustin qui parle à son peuple, et depuis à » toutes les nations, *et pourquoi? parce que Dieu ne » le veut pas; car si je ne le veux pas et que Dieu le » veuille, faites-le; mais si Dieu ne le veut pas, » quand même je le voudrais, quiconque le ferait, » ferait mal. Où paraît-il que Dieu ne le veuille pas? » Nous l'avons remarqué ailleurs; c'est dans l'endroit » où l'Ecriture, définissant le juste, dit qu'il n'a » point prêté son argent à usure. Il n'est pas nécessaire » que je vous prouve combien ce crime est détestable, » odieux, exécrable : je suis persuadé que les usuriers » mêmes en sont convaincus en secret* (1).

» Les apologistes de l'usure et saint Augustin sont-» ils de même religion? Et si saint Augustin n'en-» seignait que ce que tous les évêques du monde » enseignaient, que ce qu'il avait appris de l'Eglise, » et que ce qu'elle tenait des apôtres, ses premiers » maîtres, à quelle Eglise tiennent-ils? et d'où leur » sont venues des connaissances ignorées de tous les » siècles?

» Il est remarqué dans l'Évangile, que Jésus-Christ, » parlant contre l'avarice et l'amour des richesses, » les pharisiens, qui étaient avares, se moquaient

(1) Nolo sitis fœneratores et ideo nolo quia Deus non vult, non si ego nolo, et Deus vult, agite; si autem non vult, etiamsi ego vellem, malo suo ageret, qui ageret; unde apparet Deum hoc nolle? Dictum est alio loco, qui pecuniam suam non dedit ad usuram; et quam detestabile sit, quam odiosum, quam execrandum, puto quia et ipsi fœneratores noverunt. (S. Aug. ibidem.)

» ouvertement de lui : *Audiebant hæc omnia pharisæi, qui erant avari, et deridebant illum* (1).
» Ceux qui leur ressemblent traitent la parole de
» Dieu, dans les Ecritures, comme les pharisiens la
» traitaient lorsqu'elle leur était prêchée; ils la re-
» jettent, ils la censurent, ils la haïssent; s'ils ne
» peuvent l'éluder, ils y cherchent mille sens dé-
» tournés; et si quelqu'un la leur annonce dans toute
» sa pureté, ils accusent le prédicateur, n'osant ac-
» cuser ce qu'il dit. »

Ne prêtez point à usure, dit saint Augustin dans un autre sermon, *vous vous élevez contre l'Ecriture qui dit que le juste est celui qui n'a point prêté son argent à usure, elle dit, vous l'écoutez avec colère, avec chagrin; cette Ecriture n'est point mon ouvrage, ce n'est pas ma bouche qui la première à prononcé cet oracle : c'est Dieu qui parle, écoutez-le. Mais cet homme croit s'excuser par cette récrimination*, *que les clercs*, dit-il, *ne soient donc point usuriers* (2). Voilà le reproche de certains apologistes de l'usure, voilà sur quoi ils triomphent, ce qu'ils répètent souvent avec complaisance : qu'ils écoutent donc, s'il leur plaît, la sage et judicieuse réponse que fait saint Augustin (3).

Peut-être que celui qui vous parle ne prête point

(1) Luc. 16. 14.

(2) Noli fœnerare, tu accusas Scripturam dicentem, qui pecuniam suam non dedit ad usuram, non ergò illud scripsi, non de ore meo primo exiit, Deum audi et illi clerici non fœnerent. (S. August. in Enar., Psal. 28.)

(3) L'auteur du Traité des Billets a eu la hardiesse d'avancer que les évêques de France, dans les assemblées du clergé, ont confirmé et autorisé son système par leur conduite, pag. 301. La calomnie est ordinairement à la solde de l'hérésie ou de l'erreur.

à usure; mais supposé que lui-même il y prête, celui qui vous parle par sa bouche prête-t-il à usure? La parole de Dieu est la règle de tout : si le ministre qui vous l'annonce y est fidèle, s'il fait ce qu'il vous dit qu'il faut faire, et si vous ne le faites pas, vous irez dans le feu éternel, et lui dans le royaume éternel. Si, au contraire, il ne fait pas ce qu'il vous dit, s'il fait le mal de même que vous le faites, et s'il prêche le bien sans le pratiquer, il sera de même livré au feu; tout ce qui n'est que foin brûlera, mais la parole de Dieu demeure éternellement : cette parole qui vous instruit par lui peut-elle brûler? peut-elle être en proie aux flammes?

« Combien cette réponse a de solidité et de raison ! » mais combien, si l'on aime son salut, doit-on trembler en lisant ces paroles ! *Vous irez dans le feu » éternel, et lui dans le royaume éternel.* Car saint » Augustin ne craint point de condamner à l'enfer » l'usurier, que le Saint-Esprit, dans David, a chassé » du tabernacle et de la montagne sainte. »

Le même Père continue ainsi : *Vous ne pouvez alléguer aucune excuse légitime, puisque c'est la parole de Dieu elle-même qui se fait entendre à vous. Comme vous ne pouvez détruire la parole de Dieu, vous cherchez à rendre suspects ceux qui vous l'annoncent, vous vous élevez contre eux, faites ce qu'il vous plaira, dites ce qu'il vous plaira, blasphémez tant qu'il vous plaira.* « Est-ce ainsi » qu'on parle, quand il ne s'agit pas d'un dogme » important, et sur lequel il n'est point permis à » un évêque de se relâcher le moins du monde.

» Mais cette fermeté, qui édifie les personnes do» ciles et vraiment chrétiennes, révolte et désespère » les autres. »

Ce contraste est sans doute humiliant pour

l'homme, mais il ne surprendra jamais de la part de ces esprits ennemis de toute subordination, qui en mettent un si étonnant, avec cette soumission chrétienne et consolante que nous devons tous à l'autorité de l'Eglise. Quand on prend la liberté de s'imaginer qu'on peut éluder la force des Ecritures, et surtout, quand sur la foi de deux ou trois simples interprètes, on est assez imprudent de fronder l'autorité sacrée et invariable de ces conciles célèbres, où l'Eglise assemblée a interprété elle-même le texte de l'Evangile, il n'est pas surprenant qu'on résiste aux plus solides instructions des saints Pères, qu'on cherche même à les mettre de son parti. Mais saint Augustin s'explique trop clairement; sa proposition générale, dans laquelle il renferme la défense de l'usure, ne saurait être restreinte sans forcer le sens sous lequel elle se présente. Les patrons de l'usure en conviennent (1); il est vrai qu'ils ne craignent pas d'assurer que si ce grand docteur revenait sur la terre, il *modifierait sa proposition.* Non; il parlerait comme il a parlé, parce que sa doctrine est celle de l'Eglise; il s'expliquerait comme tous les conciles se sont expliqués, parce qu'il s'est expliqué lui-même comme eux; il dirait avec toute la tradition, comme il disait alors, que l'usure n'étant autre chose qu'un surplus qu'on prend au-dessus de ce que l'on a donné, elle était opposée au droit naturel, parce qu'elle détruisait l'égalité de la justice en cela : *Si expectes accipere aliquid plus quam dedisti, fœneratores;* et il dirait que tout ce qu'on prend de cette manière, sans excepter aucun cas, ni la plus petite chose, était très-injustement possédé, et qu'on était obligé de le restituer : *Hæc male*

(1) Théor. de l'Intérêt, p. 23.

utique possidentur, et vellem ut restituerentur. Il faut bien faire attention qu'il parle ici de l'usure que les lois romaines autorisaient, par conséquent de celle qui était regardée comme la plus légitime. Tout le crédit que les lois, qui passaient alors pour les plus sages, lui donnaient, ne la mettait pas à l'abri de sa censure; et comme ce saint Docteur serait très-fâché qu'on pût dire de lui qu'il viendrait enfin à restreindre la généralité de sa proposition, s'il avait une fois consulté les nouveaux oracles de cette philosophie si généreuse, qu'on ne connaissait pas dans le temps de sa première existence dans ce monde; il emprunterait le texte même d'Ezéchiel, et celui de saint Luc, dont le sens est aussi étendu que celui de sa proposition et qui la renferme exactement, pour laisser de sa façon de penser un monument aussi inébranlable que la source dont il l'a tirée, et duquel on peut dire également qu'on n'en changera pas un iota ou un point : *Iota unum, aut unus apex non præteribit a lege.* Et alors pour trouver de l'ambiguité dans ses paroles, qui assurément n'en ont aucune, il faudrait en trouver aussi dans les paroles de l'Esprit-Saint.

Saint Bernard, plein de l'esprit des livres saints, s'est associé avec tous les premiers pères de l'Église, pour proscrire, comme eux, l'usure, comme étant une chose injuste en elle-même et contraire à toute espèce de loi. Dans un de ses éloquens sermons, prenant l'usure en général et sans aucune restriction, comme elle a toujours été prise par tous les oracles de la religion, il l'appelle, sans aucun ménagement, *un vol décidé : In furto comprehenditur usura.*

Il est temps enfin de rendre aux grandes lumières de saint Thomas tout le respect qu'elles méritent, et de placer ici son témoignage comme une autorité dont l'Église se fera toujours honneur. Ce grand homme, dont la profonde doctrine, bien loin de perdre son éclat sur le sujet même que nous traitons, par le ridicule dont on n'a pas craint de vouloir le couvrir, n'en deviendra que plus célèbre et plus respectable, parce qu'il sera toujours regardé comme l'organe de l'enseignement perpétuel de l'Église dans cette matière.

Il n'est (1) pas hors de propos de faire observer ici, que déjà les apologistes de l'usure se donnent la liberté de se contredire entre eux.

L'auteur d'un écrit sur ce point de morale, que le célèbre Duguet à réfuté avec autant de savoir que d'éloquence, soutient que saint Thomas a approuvé l'usure, et un autre le ridiculise parce qu'il l'a proscrite. C'est ainsi que l'erreur est toujours sujette aux variations, et opposée à elle-même : *Mentita est iniquitas sibi.*

Ce savant, si recommandable par sa sainteté et par son rare savoir, a regardé l'usure comme une injustice criante, contraire au droit naturel, et

(1) L'auteur de la Théorie de l'Intérêt de l'argent, après avoir dit, pag. 54 de son livre, qu'Aristote avait établi une philosophie dans laquelle il avait raisonné le plus pitoyablement du monde, ajoute, sans aucune restriction, que S. Thomas mit en vogue ces pitoyables raisonnemens, et que les livres où était contenue cette mauvaise philosophie, faisaient toute sa ressource après l'Ecriture Sainte et les SS. Pères, c'est-à-dire, en propres termes, que ce pitoyable raisonneur a été un oracle pour l'ange de l'Ecole, et qu'il en a tiré toute sa doctrine sur l'usure; comme si les principes qu'il a mis en avant n'étaient pas les mêmes que ceux des SS. Pères, et comme s'il n'avait pas su les lire et les puiser dans leurs écrits!

nous nous faisons une gloire si précieuse d'appuyer notre écrit de son témoignage, qu'il sera un de ceux qui lui feront le plus d'honneur.

Saint Thomas traite la question en trois articles, dans lesquels est renfermé tout ce qu'il a dit d'excellent sur cette matière.

Dans le premier, il avance *que l'usure n'est pas seulement défendue par la loi de Dieu, mais encore qu'elle est injuste par son propre fonds, et contraire à l'équité naturelle, et qu'on est obligé à la restituer comme un bien mal acquis.*

Dans le second article, il prouve par l'Écriture, *que la défense de l'usure s'étend à tout ce qui n'est point argent, mais dont l'argent peut être le prix. Tous ceux*, dit ce saint, *qui, outre le principal, reçoivent quelque autre chose que ce soit, qui peut être estimé à prix d'argent, de là qu'ils en ont fait une stipulation, ou tacite ou expresse, se rendent coupables du même crime.*

Et dans le troisième, il décide *qu'on prendrait part au péché de celui qui prête à usure, si on le lui conseillait, ou même si on empruntait de lui sans nécessité.* Des décisions si précises et si nettes, puisées dans l'Écriture, dans la tradition et dans la force de la raison, auraient dû mettre ce saint, si éclairé, à l'abri d'être accusé d'avoir soutenu (1) un *système alambiqué*, et de l'avoir produit le premier, d'après les rêveries d'Aristote. Qui pourra comprendre qu'on ait été assez téméraire, que d'avancer dans un écrit, que ce grand homme a été le premier, dans l'Église, qui se soit servi des raisons qu'on emploie dans toutes les écoles, pour proscrire l'usure dans toute espèce de cas? Il est nécessaire

(1) Théor. de l'Intérêt, pag. 125.

de rappeler ici ce que disaient de très-fameux docteurs de Sorbonne, dans une célèbre consultation, qui fut donnée en 1712, comme un monument qu'on voulait opposer à l'audacieuse témérité de certains écrits publiés alors.

« Est-il croyable, disaient les oracles de cette » école, qui a toujours été la dépositaire de la science » selon la foi, que la raison ait été obscurcie dans » tous les anciens docteurs de l'Église, dans tous » les plus célèbres jurisconsultes et théologiens, et » qu'elle n'ait été éclairée que dans les protestans » des derniers siècles? Le Saint-Esprit aura-t-il abandonné les conciles à de faux préjugés? aura-t-il » réservé ses lumières sur un point si important de » la morale chrétienne, à des hommes accoutumés » à se tromper dans les matières les plus importantes » et les plus constantes? Est-ce que la vérité, captive » sous la légitime autorité de l'Église et des princes » catholiques, attendait sa délivrance d'un Saumaise, » d'un Dumoulin et d'un Grotius? Ce qui surprend » plus, ajoutaient ces savans docteurs, est, que ces » grands génies, en perdant de vue la lumière de » l'Évangile, ont raisonné plus mal sur la matière » de l'usure que les philosophes païens. »

Fut-il jamais de paradoxe égal à celui-là? Quelle étonnante révolution eût excité, dans le sein de l'Église, une pareille innovation, l'enseignement d'une doctrine tout opposée à l'ancienne? Un évêque de Montpellier, qui, dans l'occurrence, ne sera pas suspect, s'écrie à cette occasion.

« Accordons à l' [illegible] le la Défense des Con- » trats (1), ce qui [illegible] it, que toute l'Église,

(1) M. Colbert, évêque de Montp. Lettre à M. Vanercken, pag. 528.

» durant douze siècles, ait regardé comme permis le
» prêt fait au riche avec stipulation d'intérêt. Pas-
» sons lui que les scolastiques soient les premiers
» qui aient innové à cet égard ; il ne saurait discon-
» venir qu'une pareille innovation n'ait dû exciter
» des grands troubles dans l'Église ; qu'il en juge
» par ce qui est arrivé chez vous, Monsieur, dès qu'on
» a commencé à parler contre vos contrats et à les
» attaquer comme usuraires..... Transportons nous
» donc dans le moment où l'on vient annoncer à une
» infinité de familles, que ce qu'elles ont cru permis
» jusque-là est contraire au droit naturel et au
» droit divin, et que l'on doit restituer, comme mal
» acquis, le bien que l'on a gagné de cette sorte.
» Quel scandale, quel trouble, quelle agitation, une
» décision de cette nature n'a-t-elle pas dû causer? »

Quel mouvement extraordinaire se serait-il fait alors, quelle division, quel schisme de la part des écoles? Saint Thomas se serait élevé, dans ce moment, comme un réformateur merveilleux, qui, accusant toute l'antiquité de relâchement sur la matière de l'usure, et substituant une morale plus sévère à la pratique ancienne, aurait crié à toute la terre, comme un autre Jean-Baptiste : Je viens vous annoncer une nouvelle lumière, vous prêcher une loi que vous n'avez pas connue ; redressez, *redressez les voies du Seigneur*, et cessez de marcher *dans des sentiers trompeurs.* Vous avez cru qu'il était permis de prêter à usure aux riches du monde ; de ces profits, vous avez bâti des fortunes que vous avez faites dans les prêts de commerce ; vous vous êtes autorisés, dans vos contrats lucratifs de simple prêt, des décisions mêmes des SS. Pères, parce que vous vous êtes flattés qu'ils les approuvaient, et que leurs anathèmes ne tombaient que sur les usures prises des pauvres, ou sur les intérêts excessifs. Vous avez pris le change sur la loi ancienne, et vous n'avez cru encore voir, dans la nouvelle, qu'une admirable exhortation de bienfaisance et de désintéressement : ignorans que vous êtes! vous n'avez pas compris les SS. Pères, vous n'avez pas entendu le sens des Écritures. Le Saint-Esprit et ces SS. Docteurs défendent tout espèce d'intérêts dans le prêt. Tout ce que vous avez pris au-dessus de ce que vous avez donné est un vol que vous avez fait : c'est un crime de prendre un surplus. La loi naturelle condamne tout espèce de stipulation du plus petit intérêt; c'est un mal en soi que de l'exiger ou de le prendre; ainsi il faut restituer tout ce que vous avez acquis par ce moyen.

Sur ce tocsin, sonné par l'ange de l'École, tous les théologiens se seraient rangés sous son drapeau; ils se seraient tous laissé enchanter par ses nouvelles subtilités, en citant Aristote comme son astre; toutes les têtes seraient devenues péripatéticiennes, tous les esprits se seraient livrés à ces comiques innovations, et l'enchantement durerait encore. A-t-on jamais imaginé un événement aussi étrange? Une idée aussi singulière a-t-elle jamais pu entrer dans la tête d'un homme? Nous nous servirons contre cette extraordinaire opinion du solide raisonnement que le célèbre abbé Duguet fait contre l'auteur d'un certain écrit, qui a eu la témérité d'avancer un paradoxe semblable à celui-là.

« Ce téméraire écrivain, dit-il, prétend que ce » n'est que dans le XIIIe siècle, que les scolastiques » et les canonistes ont introduit la nouveauté qu'il » réfute; mais premièrement sur quoi le croit-il?

» En second lieu, il se trompe dans le droit » plus que dans le fait. Les scolastiques et les doc-

» teurs canonistes ne font point changer à l'Église
» ses sentimens; ils suivent les siens, ou elle con-
» damne les leurs; on ne saurait prouver qu'ils aient
» jamais rien innové dans le dogme public et géné-
» ral de l'Église, et s'ils l'avaient fait, elle ne serait
» plus apostolique ni infaillible.

» En troisième lieu, quand l'Église définit quelque
» chose solennellement, et dans un concile général,
» il importe peu que ce soit dans le XIIIe siècle, ou
» dans un autre plus ancien, car c'est elle, et non
» le temps qui est notre règle; autrement le concile
» de Trente n'a rien décidé validement sur la foi,
» parce qu'il n'a été tenu que dans le XVIe siècle. Le
» concile même de Nicée, le plus saint et le plus
» autorisé de tous, n'a rien établi de solide contre
» les ariens, parce qu'il était nouveau de leur temps.

» En quatrième lieu, il n'est pas vrai qu'il n'y ait
» point eu dans l'Église de définition sur la matière
» de l'usure, et qu'on ne l'ait point défendue aux
» laïques avant le XIIIe siècle. » Nous l'avons démontré par les textes mêmes des conciles et des Pères; leurs témoignages constans et authentiques de siècle en siècle forment une tradition inébranlable jusqu'à saint Thomas, dont le sentiment, égal en tout à celui de toutes ces anciennes autorités, a été suivi par tous les célèbres théologiens qui ont écrit sur cette matière, et par les canonistes les plus distingués, qui ont unanimement regardé l'usure comme une chose criminelle de sa nature, et d'une injustice si radicale, que rien ne peut la faire légitime, étant défendue dans l'ancienne et nouvelle alliance d'une manière générale et indéfinie, sans aucune exception.

Parmi le grand nombre qui ont traité cette matière, tantôt directement, tantôt indirectement, en la condamnant sous toutes les différentes formes qu'elle a prises dans tous les temps où elle a été reproduite par un grand nombre d'auteurs relâchés ou séduits par un esprit d'erreur et d'égarement, et notamment lors de l'invention fameuse des trois contrats, nous n'en citerons expressément que quelques-uns des plus célèbres, comme le maître des sentences, saint Bonaventure, et le savant chancelier de l'église de Paris, qui dit formellement, *que ce qui fait que l'usure est une chose inique de sa nature, c'est qu'on prend un surplus au-dessus de la somme capitale d'argent qu'on a prêtée, et dont on a perdu la propriété par le prêt qu'on en a fait : Propterea manifestatur iniquitas usurarii, quia de pecunia quæ non est sua, sed alteri est facta per mutuationem, suscipit incrementum pecuniæ quam exigit ultra sortem ex pacto ;* saint Raymond, le savant Dominique Soto, dont les profondes lumières furent généralement admirées au concile de Trente ; saint Antonin, le sage Silvius, Habert, dont les savantes décisions serviront toujours de boussole pour suivre la bonne morale, et le célèbre père Juenin. Pour les canonistes, nous en avons déjà cité quelques-uns ; nous ajouterons cependant encore Panorme, Fagnan, l'oracle de la jurisprudence canonique, et le célèbre Gibert, qui était le canoniste le plus consulté de son temps.

Le profond Nicole, qui dit n'avoir rien vu dans l'usure qui soit contraire au droit naturel, parce que les hommes sont toujours hommes, déclare néanmoins expressément, *qu'elle est défendue par la loi de Dieu, expliquée par la tradition de l'Eglise, et qu'il a été défini par le concile de Vienne qu'elle est un péché.* Il est évident qu'il est question dans cet endroit du prêt de commerce, car Nicole (1) porte pour exemple le prêt fait aux négocians, sous la condition d'en tirer un profit;

La morale de Grenoble, les savantes conférences de Paris, qui, sur la matière de l'usure, forment un traité complet, et qui ont été rédigées par un homme de la plus grande science, qui savait, disent les bons connaisseurs, tout ce qu'un évêque doit savoir, le catéchisme de Montpellier, composé par le fameux père Pouget, *ouvrage solide*, a dit une société éclairée, *et qui peut tenir lieu d'une théologie entière, où le christianisme paraît dans toute sa majesté*, et où on n'établit les grandes vérités de la religion que sur l'Écriture, les conciles et les SS. Docteurs, donné au public pour la seconde fois, avec des changemens bien nécessaires, par M. de Charanci, évêque de Montpellier.

Enfin la Sorbonne aurait fourni à nos usuristes des principes certains par ses différentes décisions qu'elle a données contre l'usure. Cette savante école, qui depuis plusieurs siècles, comme une colonne inébranlable, soutient les vérités sacrées de la foi, et la cause des mœurs, avec cette sagesse et cette fermeté, qui lui ont mérité le titre de première université du monde dans la fameuse consultation du 21 mai 1712, fit la plus exacte exposition de tous les systèmes inventés pour justifier l'usure, et opposa à cet assemblage d'erreurs, tout ce que l'équité naturelle et la tradition fournissent de principes vrais et évidens.

Ainsi tous les vrais théologiens, dont les lumières ont été le plus en réputation, reconnaissent toutes ces vérités que nous avons établies à l'égard de l'usure, comme fondées sur l'esprit des Écritures et

(1) Nicole, Traité sur l'Usure, tom. 6. p. 85.

celui de la tradition. Et en cela, il demeure évident que leur sentiment, à cet égard, est tellement conforme à l'esprit de l'Église, qu'un grand nombre de savans évêques, et que les deux premières Églises du monde ont parlé expressément comme eux, depuis que ces opinions nouvelles sur la matière de l'usure se sont répandues, et ont confirmé et consacré par leur autorité leur enseignement et leurs écrits.

Le trop fameux livre de l'Apologie des Casuistes, ouvrage indigne d'un écrivain catholique, dans lequel son auteur, le père Pirot, a fait une longue dissertation pour justifier l'intérêt du prêt de commerce, et la pratique des trois contrats, prétendant sur la décision de Charles Dumoulin et surtout de Claude Saumaise, qu'il y a une démonstration morale en faveur de cet indigne négoce; ce livre, dis-je, n'eut pas plutôt paru, qu'il fut condamné par le plus grand nombre des évêques de France, et par le pape Alexandre VII, en 1659 et en 1673.

Le père Maignan, minime, génie rare, sans doute, mais plus subtil philosophe que théologien exact, fit imprimer à Toulouse un traité *De usu licito pecuniæ*, qui fut bientot proscrit par plusieurs savans évêques. Cette condamnation aurait dû arrêter tout autre plume téméraire : mais l'erreur trouve toujours quelque défenseur pour la reproduire. Trois ans après, le père Colonia, autre minime aussi peu soumis à la règle de la tradition que son confrère, renouvela ses principes dans un ouvrage intitulé : *Eclaircissemens sur le légitime commerce des Intérêts*. Le sage et vertueux le Camus, évêque de Grenoble, et depuis cardinal, condamna cet ouvrage, et décida formellement, *qu'il était contre le bon sens, les saintes Ecritures, la tradition de l'Eglise et l'esprit des conciles.* A cette frappante censure fut ajoutée dans la même année celle du cardinal de Grimaldi, archevêque d'Aix, et de l'archevêque d'Arles. Cinq évêques du Languedoc élevèrent encore leur voix contre ces nouveautés, de concert avec le cardinal de Bissi et Bragardin, évêque de Vérone. De Vialard, évêque de Châlons, avait déjà signalé son zèle en 1668, par une lettre pastorale qu'il publia contre l'usure, comme une loi pour l'usage de son diocèse.

Enfin, en 1659, le vénérable Alain de Solminiac, dont la mémoire doit être si chère à ce diocèse et à toute l'Église de France, pour préserver le peuple que la Providence lui avait confié, du malheur d'être séduit par les apologistes de cet article de la Morale relâchée, qui est d'autant plus dangereux qu'il flatte la cupidité, à qui l'usure a toujours été quelque chose de précieux, fit une loi générale pour tout son diocèse, et condamna l'usure sous la même dénomination illimitée et indéfinie, sous laquelle l'Eglise entière l'a proscrite et trouvée injuste. Ce respectable évêque, mort en odeur de sainteté, enseigne dans sa lettre pastorale comme un principe certain, que l'intérêt de l'argent dans le prêt est opposé au droit naturel, divin et canonique, se fondant sur les mêmes raisons que les SS. Pères et les conciles ont eues de le condamner, suivant en cela l'esprit de la tradition et de tous les célèbres théologiens, condamnant par avance tout auteur qui oserait enseigner le contraire. En 1674, le successeur immédiat de ce saint évêque condamna aussi par son mandement le livre du père Maignan *De usu licito pecuniæ.*

La philosophie chrétienne, qui a éclairé Bossuet, et le savant Benoît XIV, leur a montré le flambeau de la tradition, toujours brillant de la même lumière, et dissipant constamment les ténèbres que le démon de l'usure a voulu répandre dans le sein de l'Église : et la triste nuit qui a couvert de ses sombres voiles nos frères séparés, ne les a pas tellement ensevelis dans ses ombres, que l'éclat de cette divine lumière ne se soit montré à quelques-uns. Oui, des célèbres protestans même ont été si frappés des caractères d'iniquité qui sont toujours attachés à l'usure, qu'ils ont pris d'ailleurs dans la plus grande généralité, qu'ils n'ont pu s'empêcher de la regarder comme une chose incompatible avec la justice. Basnage, dans son Histoire des ouvrages des savans, avoue que si l'on traite la matière de l'usure par principes de morale et en casuiste, l'avantage sera tout entier du côté de ceux qui condamnent l'intérêt du prêt. *L'on aura de la peine*, dit ce fameux protestant, *à ne pas convenir que le prêt doit être gratuit dans son origine ; le sentiment qui condamne l'usure*, ajoute-t-il, *n'est condamné que par la passion et la coutume, préjugé qui entraîne la raison.*

Le trop fameux Bayle remarque dans un de ses écrits, que Musculus, zélé ministre protestant, condamne le prêt à intérêt fait ou à des négocians, ou aux princes qui peuvent donner un intérêt plus considérable sans se nuire : et le savant Concina, dont les lumières ont été si redoutables pour le système de l'usure, nous assure comme une chose certaine, que Luther même, Mélancton, Chemnitius, ses disciples, et d'autres luthériens, réprouvent toute sorte d'usures, ou excessives ou modiques, et regardent le sentiment opposé comme contraire à la loi divine et naturelle. Quel triomphe pour la vérité de se faire respecter jusque dans une terre étrangère, dans le sein même de l'hérésie, et de forcer, par son état, les ennemis même de l'Eglise à la reconnaître! Quel opprobre pour les enfans de cette Eglise, et les ministres de son divin époux, de la déshonorer par une doctrine adultère, ouvrage malheureux de la science des passions et du siècle! Mais en vain ces prédicateurs du mensonge s'élèveront-ils contre une vérité aussi ancienne, toujours enseignée de la même façon, et par les mêmes principes tant dans l'Eglise latine que dans l'Eglise grecque; car malgré le schisme qui l'a séparée de nous, dit Bossuet, elle a conservé la même tradition que l'Eglise romaine, comme il paraît par les remarques de Balsamon et de Zonare, sur le canon dix-septième du concile de Nicée, sur le cinquième du concile de Carthage, et sur le canon quatorzième de saint Basile, dans sa première lettre à Amphiloque, et par celles de Balsamon encore sur le canon sixième de saint Grégoire de Nysse, où ce canoniste définit l'usure *tout ce qui est exigé au-dessus de ce qui a été prêté*; il découvre aussi les finesses de l'usure palliée sur le canon de Nicée. Il faut joindre de plus à ces canonistes grecs les notes d'Alexius Aristenus, dans la Collection d'Angleterre, et les décisions de Matthieu Blastarès, autre canoniste grec, dans la même collection.

Ainsi, dans l'Orient et l'Occident, on a proscrit l'usure; c'est un monstre que tout l'univers chrétien a toujours aperçu sous la même forme et sous le même caractère d'infamie et d'injustice. Moïse l'a montré aux Juifs, la loi naturelle aux philosophes païens, les prophètes à tous les peuples, l'Evangile à tout l'univers; les conciles l'ont anathématisé sous toutes les faces, et les Pères l'ont combattu sous tous les caractères; les théologiens toujours inébranlables sur le principe unique qui fait l'usure, et sur la notion indéfinie sous laquelle elle a toujours été prise, n'ont employé pour la dévoiler, et pour en faire connaître l'injustice inséparable, que les mêmes armes dont on s'est servi dans l'antiquité; ils ont trouvé dans les écrits des SS. Docteurs les principes qu'ils ont employés; ils ont vu dans les monumens immortels de l'esprit de l'Eglise, qu'elle a toujours été réprouvée d'une manière si générale, et par des raisons si conformes à la loi naturelle, qu'ils ont conclu évidemment qu'on ne pouvait absolument pas la justifier sous aucune des formes trompeuses qu'on veut lui donner, et que, quoi qu'en dise la cupidité, ou une politique philosophique, toute stipulation d'intérêt dans le simple prêt, excessive ou non excessive, faite avec des riches, ou avec des commerçans, a toujours été regardée comme injuste en elle-même; que ç'a toujours été l'esprit de l'Eglise de la croire illicite, d'autant mieux que si les conciles et les Pères ne l'avaient considérée comme défendue, qu'autant qu'elle aurait été excessive et exercée à l'égard des pauvres, ils se seraient bien gardés d'employer des termes généraux et indéfinis pour la condamner. Ils étaient trop sages pour cela; ils auraient au contraire pris des expressions limitées et précises pour ne pas induire les peuples en erreur, et ne pas laisser aux siècles à venir des expressions propres à faire des consciences erronées, ou à donner aux esprits désobéissans, ou amis de l'avarice, ou d'une politique terrestre, la facilité de produire des nouveautés et de séduire les cœurs ambitieux; etc.

C'est pour établir d'une manière fixe et incontestable tous ces principes, qui ne sont l'objet de la foi de l'Eglise actuelle, que parce qu'ils ont été celui de la foi de l'Eglise ancienne, que la Providence, dans les vues qu'elle avait d'écraser sans retour le protée de l'usure, et de ne laisser aux novateurs aucun prétexte pour justifier les inventions de leur téméraire raison, a suscité, en 1682 et en 1700, la savante Eglise de France, comme celle qui a toujours principalement été une colonne lumineuse pour dissiper les ténèbres de l'erreur. Et l'Eglise de Rome, comme la première, la maîtresse et le centre de toutes les autres, afin d'apprendre au monde entier que l'usure a toujours été prise et condamnée dans tous les temps et par toutes les autorités, dans le même sens, aussi évidemment et aussi généralement, comme elle est prise et condamnée aujourd'hui et depuis le treizième siècle, et que toute stipulation d'intérêt dans le simple prêt à l'égard du riche, du commerçant ou du pauvre, excessif ou non excessif, a toujours été ce qu'on appelle *usure*, dans l'ancien temps comme dans le nouveau, et que par conséquent l'opinion qui enseigne que ce n'est que depuis le treizième siècle qu'on a ainsi pris l'usure dans cette étendue, est une opinion chimérique, ridicule, insensée et digne même d'anathème.

Le clergé, assemblé à Paris en 1682, ayant le célèbre Bossuet (1) pour sa principale lumière, fit cette déclaration solennelle dans le décret fameux qu'il eut soin de préparer contre la morale relâchée, par l'organe de ses illustres commissaires; décret qui ne fut pas publié alors à cause de certains événemens qui suspendirent les opérations de cette assemblée, mais qui le fut ensuite en substance par celle de 1700 (2), qui toujours dirigée principale-

(1) Œuvres de Bossuet. Décret sur la Morale, pag. 470.

(2) Procès-verbal du Clergé, du 28 août 1700.

ment par les profondes connaissances de l'Evêque de Meaux, reprit les projets et le dessein de cette précédente assemblée; et qui, en consignant l'esprit de ses savans décrets dans la déclaration de la saine doctrine, qu'elle fit d'après le travail de cet illustre prélat, pour l'opposer au torrent de la doctrine corrompue qui se répandait toujours dans le champ du Seigneur, comme on peut s'en convaincre dans son procès-verbal du 28 août, y mit la dernière main, par la censure dont elle nota les propositions qui enseignaient plusieurs erreurs contre la morale, et particulièrement l'usure et tous les moyens de la pratiquer; et par sa lettre circulaire à tous les évêques du royaume, où elle dit en termes exprès, *que ce n'est pas tant une chose nouvelle, qu'elle ne fait qu'une publication des saints décrets qui avaient déjà été faits* (1). Ce qui prouve évidemment qu'elle n'avait d'autre dessein que de consacrer la doctrine que l'Eglise de France avait toujours manifestée sur la matière de l'usure.

« L'Eglise catholique a toujours cru que l'usure, » c'est-à-dire le profit tiré du prêt, était défendue » entre les frères, par Moïse, par les prophètes et » par l'Evangile. Telle est la tradition constante et » perpétuelle de tous les Pères et de tous les siècles.

» Les hérétiques dégradent le christianisme lors- » qu'ils enseignent que la défense que Moïse a faite de » l'usure ne regardait que l'ancienne loi, et ne s'é- » tendait pas aux chrétiens; car il s'ensuivrait de là » que la justice des Pharisiens aurait été plus parfaite » que celle des chrétiens dans un point de morale

(1) Nos in Spiritu Sancto.... adunati, non tam novum opus aggredimur, quam sancta decreta colligimus. (Epist. Eccl. Galli. mensis octob. 1700.)

» aussi capital que celui de la pratique de la cha-» rité fraternelle. Or Jésus-Christ a dit : *Si votre » justice n'est plus pleine et plus parfaite que celle des » Scribes et des Pharisiens, vous n'entrerez pas dans » le royaume des cieux.* Qu'on reconnaisse donc que » la justice chrétienne est plus abondante que celle » des Pharisiens, en ce que les chrétiens ne con-» naissent point d'étrangers, et qu'ils regardent tous » les hommes comme leurs frères.

» Les mêmes hérétiques ont encore vainement » prétendu qu'il n'y a que les grosses usures, ou » celles qu'on exerce envers les pauvres, qui soient » défendues; car il est également constant par l'au-» torité de l'Ecriture, et par toute la tradition, que » l'usure, suivant sa définition, est ce qui est au-delà » du sort principal, et que c'est là ce qui est géné-» ralement défendu à l'égard de tous les hommes. » L'Eglise catholique a condamné le sentiment con-» traire comme hérétique.

» Tel est le dogme opposé aux erreurs des héré-» tiques, mais il s'est trouvé des docteurs catholi-» ques qui, n'osant contredire ouvertement les défi-» nitions si claires et si précises de l'Eglise, ont » cherché à justifier ce qui fait l'usure, en lui en ôtant » seulement le nom. En quoi ils n'ont pas été plus » sages que des hérétiques, puisque ce ne sont ni » les mots, ni les paroles que le Seigneur condamne, » mais la chose elle-même; c'est-à-dire tout profit » reçu ou recherché en vertu du prêt. Il sonde les » cœurs, et celui qui fait le mal ne peut le tromper, » quelque artifice qu'il emploie pour se déguiser, » et quelque tour qu'il donne à de faux contrats. » Qu'on ne permette donc pas de recevoir de l'ar-» gent pour se dédommager du risque que l'on court » en prêtant. Car ce faux prétexte n'irait à rien moins

» qu'à autoriser la plus criminelle et la plus criante » de toutes les usures, qui est celle qui tend à opprimer les plus pauvres.

» Il est vrai que, dans le cas du dommage naissant » et du lucre cessant, il est permis de recevoir un dé» dommagement juste et proportionné à la perte qu'on » souffre, et au gain dont on s'est privé en prêtant; » mais ce dédommagement n'appartient point au » prêt, et n'a de rapport qu'à la compensation de » la perte qu'on souffre. Dans ce cas même, le dé» dommagement n'est permis qu'à deux conditions : » la première, que la perte qu'on fait, ou le gain » dont on est privé par le prêt, soient véritables, » réels, actuels; et que la compensation qu'on exige » ne soit point pour des pertes ou pour des profits » qui n'existent que dans l'imagination d'une âme » avare que tout effraie, ni un dédommagement » d'espérances incertaines, ou de craintes vagues et » sans objet; autrement la défense de l'usure se trou» verait anéantie. La seconde condition est qu'on » prenne toutes les précautions que les lois ecclé» siastiques et civiles prescrivent pour empêcher » tout ce qui peut déguiser et pallier l'usure; car il » est écrit : Abstenez-vous de tout ce qui a l'appa» rence du mal; que votre liberté ne soit pas un sujet » de chute à ceux qui sont faibles; recherchons ce » qui est pour la paix, et observons mutuellement ce » qui édifie. »

Pour qu'on ne puisse plus mettre en doute que ces illustres défenseurs de la saine doctrine, ou plutôt que l'Eglise de France, dont ils ont été les fameux oracles, et en 1682 et en 1700, n'ait entendu proscrire toute espèce d'usure, comme contraire au droit naturel, nous mettrons ici aux yeux du monde entier le célèbre témoignage que cette Eglise, toujours inébranlable dans l'ancienne croyance, en a donné, et qui est consigné dans l'édition qu'elle a donnée de ses actes en 1753, page 481, quoique nous devions en faire mention, en grande partie, dans un autre endroit.

« A Dieu ne plaise que des chrétiens appréhen-»dent que l'observation exacte de la loi chrétienne »qui défend l'usure soit préjudiciable à la républi-»que! c'est néanmoins sur ce prétendu préjudice »que les partisans de l'usure ne veulent pas que la »loi naturelle la condamne. Y a-t-il, au contraire, »rien de plus pernicieux à la société que de ne vou-»loir exercer la charité et la générosité qu'à prix »d'argent? Est-il un moyen plus capable de ruiner »promptement un Etat, que l'usure qui produit les »fraudes et l'oisiveté? »

Le célèbre Benoît XIV, un des plus savans papes qui, depuis saint Pierre, aient occupé le siége de Rome, instruit qu'il se répandait dans plusieurs villes d'Italie certaines pratiques usuraires, et certaines opinions qui tendaient toutes à vouloir les justifier; plein de ce zèle apostolique qui doit toujours animer le premier évêque du monde et le chef visible de l'Eglise, crut qu'il était de son devoir, pour l'avantage de la religion et le maintien des bonnes mœurs, d'exposer par un jugement dogmatique, que l'esprit de l'Eglise qui nous a précédés, semblable en tout à celui de l'Eglise actuelle, avait été de défendre toute stipulation d'intérêt d'un simple prêt sans aucune exception. Ce jugement dogmatique est renfermé dans une lettre encyclique de ce grand pape aux patriarches, archevêques, évêques, et ordinaires d'Italie. Nous allons le mettre ici mot à mot, afin « que ce précieux monument de »la foi de l'Eglise paraisse ici dans toute sa force,

» et qu'il ne reste plus aucun moyen aux novateurs
» de se faire illusion ou de séduire les autres. »

« Benoit XIV, Pape.

» Notre vénérable Frère, salut et bénédiction
» apostolique.

» A peine avons-nous appris, qu'au sujet de la
» validité d'un certain contrat, il s'était répandu,
» depuis peu en Italie, des opinions qui paraissaient
» opposées à la saine doctrine, qu'aussitôt nous
» avons cru qu'il était de notre devoir apostolique de
» travailler à arrêter le cours du mal, de peur qu'il
» ne fît, à la faveur du temps et du silence, de nou-
» veaux progrès, et qu'il ne s'étendît à d'autres villes
» d'Italie, où il n'avait pas encore pénétré.

» Dans cette vue, nous avons suivi l'usage ordi-
» naire du saint Siége Apostolique : nous avons ex-
» posé cette affaire à quelques-uns de nos vénérables
» frères les cardinaux de la sainte Eglise romaine,
» distingués par leur savoir sur les matières de théo-
» logie et des saints canons.

» Nous avons appelé aussi plusieurs réguliers,
» célèbres dans l'une et l'autre faculté, que nous
» avons choisis, les uns parmi les moines, les autres
» dans les ordres mendians et les congrégations des
» clercs réguliers. Enfin nous y avons ajouté un pré-
» sident, gradué en droit civil et canonique, occupé
» depuis long-temps aux causes de jurisprudence :
» nous les avons assemblés en notre présence, le 4
» du mois de juillet dernier; là, nous leur avons
» déclaré le sujet de cette convocation, dont ils
» avaient eu déjà connaissance.

» Nous leur avons ensuite prescrit d'examiner,
» avec tout le soin possible, cette importante ma-

» tière, sans aucune vue particulière, ni sans aucun » esprit de parti, et de rédiger leurs opinions par » écrit; nous ne leur avons pas cependant demandé » de porter leur jugement sur le contrat particulier » qui avait donné lieu aux premières contestations, » n'ayant pas nous-mêmes tous les éclaircissemens » nécessaires à cet égard, mais de fixer les vrais » principes sur l'usure, que les opinions répan- » dues depuis peu dans le public semblaient avoir » ébranlées.

» Ils ont obéi à nos ordres : ils nous ont ouvert » leurs avis dans deux assemblées, dont la première » fut tenue en notre présence le 8 juillet, et l'autre » le 1er août dernier, et les ont laissés par écrit au » secrétaire de la congrégation.

» Or voici les points qu'ils ont établis d'un con- » sentement unanime :

» 1° Le péché d'usure, qui a son siége propre et » unique dans le contrat du prêt, consiste en ce que » celui qui prête veut qu'en vertu du prêt même, dont » la nature est de retirer autant qu'on a fourni, on » lui rende plus qu'il n'a prêté, et, en conséquence, » exige un intérêt outre le capital, par la seule force » du prêt : tout profit et intérêt de cette nature sont » illicites et usuraires. (1)

» 2° Pour excuser cette tache d'usure, il est inu- » tile d'alléguer que ce profit n'est pas excessif, mais » modéré ; qu'il est peu considérable; que celui de » qui on l'exige, par la force du seul prêt, n'est pas » pauvre, mais riche; qu'il ne laissera pas la somme » prêtée oisive, mais qu'il l'emploiera très-utile- » ment, et pour améliorer sa condition, soit à des

(1) C'est-à-dire, sans qu'il y ait du côté du prêteur, ni lucre cessant, ni dommage naissant, ni autre titre extrinsèque.

» acquisitions de domaines, soit à des négociations » de commerce, puisque, l'essence du prêt consistant nécessairement dans l'égalité entre ce qui est » fourni et ce qui est rendu, cette égalité une fois » supposée, celui qui prétend quelque chose de plus » par la force du prêt même, s'oppose à la nature » même de ce contrat, ayant été justement satisfait » par le paiement d'une valeur égale à celle de ce » qu'il avait compté, par conséquent il serait tenu » à restituer le surplus, s'il l'avait reçu, par une obligation de cette justice, qu'on appelle commutative, qui ordonne de garder exactement dans les » contrats l'égalité propre à chacun, et de réparer le » dommage causé, si l'on a blessé cette égalité.

» 3° Mais on ne prétend pas nier, en établissant » ces principes, que certaines circonstances ou titres » qui ne sont pas de l'essence du prêt, ne puissent » quelquefois concourir avec lui, et donner un droit » bien légitime de recevoir quelque chose au-delà de » la valeur de la somme prêtée.

» On ne nie pas non plus qu'il n'y ait d'autres contrats d'une nature entièrement différente de celle » du prêt, par lesquels on peut placer et employer » son argent, soit pour se procurer des revenus annuels, soit pour faire un commerce et un trafic » licites, et retirer par là un profit honnête.

» 4° Or, comme dans cette multitude de divers » genres de contrats, tout ce qu'un des contractans, » reçoit de trop, produit, si l'égalité n'y est pas observée, non l'usure (n'y ayant de prêt ni exprès » ni pallié), mais une autre véritable injustice, qui » oblige également à la restitution; au contraire, si » tout y est réglé selon l'exacte justice, il n'est pas » douteux que ces divers genres de contrats fournissent plusieurs moyens licites d'entretenir et d'é-

» tendre le commerce pour le bien public; car à » Dieu ne plaise que des chrétiens pensent que ce » soient des usures, ou de semblables injustices, qui » font fleurir les commerces utiles, puisque les oracles » sacrés nous apprennent, au contraire, *que c'est la » justice* qui élève les nations, et que le péché rend » les peuples misérables(1).

» 5° Mais il faut observer avec soin que ce serait » faussement et témérairement qu'on se persuaderait » qu'il se trouve toujours, ou avec le prêt des titres » légitimes, ou indépendamment du prêt d'autres » contrats licites, par le moyen desquels, toutes les » fois qu'on prête à quelqu'un de l'argent, du blé, ou » quelque autre chose de ce genre (2), on peut tou- » jours recevoir licitement quelque profit modéré, » au-delà du sort principal; si quelqu'un pensait » ainsi, son opinion serait contraire, non-seulement » à l'enseignement des divines Ecritures et au juge- » ment de l'Eglise sur l'usure, mais encore à la raison » naturelle et au sens commun, personne ne pouvant » ignorer qu'on est tenu en plusieurs cas de secourir » son prochain par le prêt pur et simple, conformé- » ment à ces paroles de Jésus-Christ: *Ne rejetez pas » celui qui veut emprunter de vous* (3), et qu'il est » également bien des circonstances où l'on ne peut » faire d'autre contrat juste et licite que le prêt. Ainsi » quiconque veut veiller à la sûreté de sa conscience, » doit, avant toutes choses, examiner avec soin s'il » a véritablement, avec le prêt, un titre légitime, ou » un autre contrat licite différent du prêt, qui puissent » justifier l'intérêt qu'il cherche à se procurer, et le » rendre exempt de toute tache d'usure.

(1) Proverb. 14. 34.

(2) C'est-à-dire une chose qui se consume par l'usage.

(3) Matth. 5.

» C'est à ces termes que les cardinaux, les théo-
» logiens et les savans canonistes que nous avons con-
» sultés sur cet important sujet, réduisent leur avis.

» Nous n'avons pas manqué de nous en occuper
» aussi en notre particulier avant la tenue des con-
» grégations, pendant qu'elles se tenaient, et même
» après qu'elles ont été tenues; car nous avons encore
» soigneusement examiné les avis dont nous venons
» de parler, donnés par les personnes recommau-
» dables que nous avions chargées de cette affaire.

» Les choses en cet état, voyant que tous les
» auteurs, les professeurs en théologie et en droit
» canonique, plusieurs textes des livres saints, les
» décrets des souverains Pontifes nos prédécesseurs,
» l'autorité des conciles et des Pères, semblent con-
» courir pour affermir et autoriser ces avis, nous
» approuvons et confirmons tout ce qu'ils contien-
» nent.

» De plus nous connaissons très-bien ceux à qui
» on doit attribuer des opinions contraires, ceux qui
» les favorisent et les soutiennent, ou qui y donnent
» occasion; nous savons aussi avec quelle sagesse et
» quelle force des théologiens voisins des provinces
» où sont nées les contestations sur cette matière,
» ont pris la défense de la vérité. C'est pourquoi nous
» avons adressé ces lettres encycliques à tous les
» archevêques, évêques et ordinaires d'Italie, afin
» que vous, vénérables frères, et tous les autres, étant
» bien instruits de toute cette affaire, vous ayez soin
» de ne rien avancer sur ces matières dans vos syno-
» des, vos mandemens et vos instructions au peu-
» ple, qui s'éloigne des sentimens que nous venons
» d'exposer. Nous vous conjurons aussi de veiller
» avec toute l'attention possible à ce que personne
» n'écrive ni n'enseigne rien de contraire dans vos

» diocèses; que si quelqu'un refuse d'obéir, nous le » déclarons soumis aux peines portées par les saints » canons contre ceux qui méprisent et qui enfreignent » les décrets apostoliques.

» Nous ne prononçons rien, quant à présent, sur » le contrat particulier qui a donné lieu à ces disputes; » nous ne décidons rien non plus encore à l'égard » des autres contrats, sur la légitimité desquels les » canonistes et les théologiens sont partagés : mais » nous croyons devoir exciter votre religion et votre » zèle à la pratique constante et exacte de ce qui » nous reste à vous proposer.

» Premièrement, montrez avec force à vos peuples » avec quelle sévérité les livres saints condamnent le » vice d'usure : apprenez-leur que ce monstre se » cache sous bien de diverses formes, pour précipiter » dans les abîmes des âmes rendues à la liberté et à » la grâce par le sang de Jésus-Christ; qu'ainsi, s'ils » ont des sommes à placer, ils prennent bien garde » de se garantir de la cupidité, source funeste de tous » les maux, et qu'ils aient soin de prendre le conseil » des casuistes les plus distingués par leur science » et leur vertu.

» En second lieu, ceux qui se croient assez d'étude » et de lumières pour oser décider sur ces matières, » qui demandent néanmoins beaucoup de connais- » sances de la théologie et des canons, doivent éviter » les deux extrêmes, qui sont toujours vicieux; car » il y en a de si sévères qu'ils condamnent toute » espèce d'intérêts comme illicites et comme usu- » raires; et il y en a d'autres si indulgens qu'ils jus- » tifient tout intérêt comme exempt d'usure. Qu'ils » se défient donc de leurs sentimens particuliers; » qu'avant de donner des décisions, ils consultent » plusieurs auteurs des plus célèbres, et qu'enfin ils

» suivent les opinions les plus conformes à la raison » et à l'autorité.

» Que si les sentimens se trouvent partagés sur la » légitimité de quelque contrat particulier, il faut » s'abstenir de tout outrage et de toute censure contre » ceux qui suivent des opinions contraires, surtout » si ces opinions sont appuyées sur la raison et sur les » suffrages des bons auteurs; car les injures et les in- » vectives blessent la charité, et sont un sujet de » scandale pour le peuple.

» En troisième lieu, on doit avertir ceux qui veulent » éviter toute usure de ne retirer de leur argent qu'un » intérêt légitime; de bien expliquer le contrat qu'ils » se proposent de faire, et les conditions et l'intérêt » qu'ils demandent. Ces explications contribuent » beaucoup, non-seulement à bannir toute anxiété » et à éviter les scrupules, mais encore à justifier le » contrat dans le for extérieur; elles servent aussi à » prévenir les disputes qui pourraient ensuite s'élever, » et à éclaircir si un intérêt qui paraît d'abord légi- » time ne serait point en effet une usure palliée.

» En quatrième lieu, nous vous exhortons à répri- » mer les discours insensés de ceux qui disent qu'on » agite aujourd'hui sur l'usure des questions de nom, » vu que celui qui fournit de l'argent à un autre, » de quelque manière qu'il le lui fournisse, en tire » pour l'ordinaire quelque profit. Pour découvrir la » fausseté de ce vain raisonnement, il suffit d'observer » que la nature d'un contrat est absolument différente » de la nature d'un autre, et que par conséquent leurs » effets sont également différens. En effet, un revenu » fondé sur un légitime emploi d'argent, et par là » autorisé dans le for interne et externe, n'est pas le » même, sans doute, qu'un intérêt illicite, exigé sans » fondement, et pour cela justement réprouvé par

» la conscience et par le droit, qui en imposent la » restitution.

» Il est donc constant que les questions actuelles » sur l'usure ne sont pas sans objet, sous le prétexte » que l'argent fourni à un autre rapporte d'ordinaire » quelque profit à celui qui le fournit.

» Voilà ce que nous avons cru devoir principale- » ment vous faire connaître, espérant que vous veil- » lerez à l'exécution de tout ce qui est établi dans ces » lettres : nous nous flattons aussi que, s'il s'élève des » disputes dans votre diocèse au sujet de l'usure, ou » que la saine doctrine à cet égard y soit attaquée, » vous apporterez au mal les remèdes les plus con- » venables.

» Nous vous donnons enfin, et au troupeau qui » vous est confié, notre bénédiction apostolique.

» Donné à Rome, à Sainte-Marie-Majeure, le 1er » novembre 1745, l'année sixième de notre ponti- » fical. »

Ce décret apostolique ne laisse aucune ressource aux usuristes pour mettre leurs ouvrages à l'abri de l'indignation des vrais fidèles. Tous leurs systèmes y sont renversés, toutes leurs idées y sont proscrites; ce grand pape déclare que le profit le plus modéré, au-dessus de la somme capitale, est un lucre injuste et illicite; qu'il est aussi criminel de le prendre d'un riche comme d'un pauvre; qu'il n'est pas plus permis de le stipuler, parce qu'on veut employer la somme prêtée à améliorer son état et son bien, ou à faire un commerce plus brillant et plus considérable; que tous ces prétextes peuvent si peu « justifier » dans ces cas-là la stipulation du plus petit intérêt, » qu'elle va contre la nature du contrat dont il s'agit; » qu'elle en détruit l'égalité; qu'on est obligé, si on » l'a reçu, de le restituer par une obligation de cette

» justice qu'on appelle commutative, et que si quel-
» qu'un pense différemment, son opinion est con-
» traire, non-seulement à l'enseignement des divines
» Écritures et au jugement de l'Église catholique sur
» l'usure, mais encore à la raison naturelle et au sens
» commun. » Voilà donc leurs écrits pleins de mauvais principes, enseignant l'iniquité et l'injustice, diamétralement opposés aux oracles de l'Esprit saint, condamnés par le jugement de l'Église catholique : c'est l'église de France qui l'a toujours enseigné; ils sont de plus opposés à la raison naturelle et au sens commun. C'est le souverain Pontife, celui qui tient sur la terre la place de Jésus-Christ, qui le déclare en termes exprès à la face de l'univers; c'est le chef de toute l'Église, le successeur de saint Pierre, le Pontife le plus savant et le plus éclairé, qui le décide par un jugement dogmatique, qu'il n'a porté qu'après avoir pris toutes les précautions requises pour en faire un jugement du saint Siége, qu'il a adressé à tous les évêques d'Italie; c'est par conséquent l'Église romaine qui fait entendre sa voix, et qui a anathématisé par avance leurs systèmes infortunés ; cette Église qui a toujours été vierge, dit le grand Bossuet, ce premier siége du monde, en faveur duquel Léon IX, célèbre par sa sainteté, déclare *que S. Pierre a obtenu par la prière de Jésus-Christ, que la foi de Pierre n'a jamais manqué et ne manquera jamais dans son siége épiscopal.* S. Bernard assure aussi *qu'il n'a été dit à aucun autre siége : J'ai prié pour toi afin que ta foi ne manque point.* Le profond Nicole a aussi dit, au nom de tous les célèbres savans qui sont le moins suspects d'être favorables aux papes, *que Dieu ne permettra jamais que le saint Siége ou l'Église romaine tombe dans aucune erreur qui lui fasse perdre la foi, et qui la*

fasse retrancher de la communion de l'Église, parce que l'Église devant toujours avoir un chef, et n'en pouvant avoir d'autre que le saint Siége ou l'Eglise romaine, qui est le centre de son unité, il s'ensuit que le saint Siége ne sera jamais dans un état qu'il ne puisse plus être reconnu pour chef.

Il est donc évident que l'Ecriture, les conciles, les SS. Pères, et enfin l'église de Jésus-Christ, la raison et la nature proscrivent évidemment, et ont toujours proscrit de la même façon l'intérêt du simple prêt. L'abbé Duguet, qui avait bien approfondi cette matière (1), avait donc bien raison de dire qu'il n'y avait qu'un sentiment « dans toutes les » églises sur la matière de l'usure, et que cet accord » est le sceau de la tradition; qu'il la continue de- » puis les premiers siècles jusqu'à nous, et que ce » serait en interrompre le canal, que de séparer le » consentement de l'Eglise présente de celui qui l'a » précédé, auquel le consentement présent rend un » témoignage certain et infaillible. » C'est ce que dit encore le judicieux M. de Fleury, qui connaissait si bien tout ce qui a rapport à la tradition. « Jésus- » Christ, dit ce savant dans son excellent ouvrage » de l'*Institution au droit Ecclésiastique*, après nous » avoir enseigné que tout homme est notre prochain, » nous a ordonné, par le même Evangile, de prêter » sans espérer aucun profit; c'est ainsi que la tradi- » tion constante et perpétuelle de l'Eglise catholique » l'a toujours entendu. C'est ce qui faisait conclure » à l'abbé Duguet, en parlant de l'usure, qu'il n'est » pas permis d'examiner les points décidés par l'E- » criture et la tradition, et que le seul parti est de » s'y soumettre ».

(1) Abbé Duguet, Lett. 44. tom. VII.

Il est donc aussi certain et incontestable qu'il est de foi que l'usure, c'est-à-dire, toute stipulation d'intérêt d'un simple prêt modique ou excessif, à l'égard d'un riche ou d'un pauvre, d'un commerçant ou de tout autre, est illicite et défendue dans la loi nouvelle; après les grandes autorités que nous avons citées, la proposition ne souffre plus aucun doute : la raison est, dit le grand Bossuet, « qu'elle est fondée sur l'esprit de la loi nouvelle, » reconnue par tous les chrétiens, et sur des passages formels de l'Ecriture, entendus, en ce sens, » unanimement par tous les Pères, et par toute la » tradition; ce qui est la vraie règle de la foi, reconnue dans le concile de Trente, et enfin sur des » décisions expresses des conciles même universels » et des Papes, reçues de toute l'église, avec toutes » les circonstances qui accompagnent la condamnation des hérésies, et jusqu'à dire que ceux qui défendront opiniâtrement cette erreur, seront traités » comme hérétiques.

» Aussi, ajoute toujours l'évêque de Meaux, il » n'y a que ceux qui ont méprisé la tradition et les » décrets de l'Eglise qui ont combattu cette doctrine; Bucer est le premier auteur, que je sache, » qui ait écrit que l'usure n'était pas défendue dans » la loi nouvelle; Calvin a suivi, Saumaise après; » Dumoulin qui a parlé conformément à leur pensée, » a été très-assurément dans l'hérésie, et a mêlé » tant de choses dans ses écrits, qu'on ne le regardera jamais comme un homme dont l'autorité soit » considérable en matière de théologie.

» Tous les théologiens catholiques qui ont écrit de » cette matière reconnaissent unanimement, que » ce qui a été décidé sur cette matière par les différens conciles, est de foi, et ne comptent d'avis

» contraire que les hérétiques, qu'ils appellent albanois, qui étaient une espèce d'albigeois.

» Que si parmi les théologiens qui reçoivent avec » les autres cette doctrine comme décidée par » l'Eglise, il s'en trouve quelques-uns qui donnent » des expédiens pour éluder l'usure, il ne faut pas » regarder leurs subtilités comme un affaiblissement » de la tradition; mais plutôt la tradition comme » une condamnation de leur doctrine.

Il serait inutile (comme disait l'abbé Duguet à un apologiste des opinions sur l'usure), après tant de décisions de « l'Eglise, et d'illustres témoins de sa » doctrine, de vouloir ajouter de nouvelles preuves. » Quiconque n'en sera pas satisfait, pourra, quand il » le voudra, se donner la liberté de nier les mystères, » et les vérités les plus indubitables de la religion : » car assurément la tradition sur aucun point n'est » plus constante que sur celui-ci, et quand on l'a » méprisée une fois, on ne la respecte ailleurs que » par caprice; et l'on n'a plus de règle certaine, ni » pour la foi, ni pour les mœurs. Il n'est point permis, » par la même raison, d'écouter en ce point, contre » l'Eglise, des raisonnemens, qu'on sait bien qu'il ne » faut jamais faire contre les mystères et les décisions » de la foi. Dieu est assez grand pour mériter qu'on » lui obéisse, malgré nos fausses lumières; il a pu, » sans être obligé de nous en dire les raisons, condamner l'usure, quelque innocente que quelques-uns veuillent la trouver. Les personnes plus éclairées, et dont le cœur est plus pur, découvrent dans » l'usure une injustice, que quelqu'autre dit ne leur » être pas sensible. Mais quand toute la raison humaine ne verrait rien dans l'usure qui la lui ferait » paraître injuste, elle n'en devrait pas moins se soumettre à la loi de Dieu, interprétée par l'Eglise,

» et obéir avec respect à une volonté juste et sainte, » en soumettant son esprit, qui n'est que faiblesse » et que ténèbres, au joug salutaire de la foi.

» En voilà sans doute plus qu'il n'en faut (ajoute » toujours ce savant ecclésiastique) pour des per- » sonnes en qui la conscience et la crainte de Dieu » ne sont pas éteintes; pour les autres, *de qui le » cœur insensé est tombé dans un entier obscurcis- » sement, la lumière leur paraîtra toujours des » ténèbres* (1). Et ils ressembleront à ceux dont parle » Isaïe, *qui donnent aux ténèbres le nom de lumière » et à la lumière le nom de ténèbres* (2). Dès qu'ils » n'écoutent pas l'Eglise, ni Dieu même dans sa pa- » role, il ne faut pas s'attendre qu'ils aient du res- » pect pour aucune autorité, et l'on doit se souvenir » que Jésus-Christ nous commande de les traiter » comme des païens, et des hommes esclaves de » l'avarice : S'il n'obéit point à l'Eglise, dit-il, qu'il » soit, à votre égard, comme un païen et un publi- » cain (3). »

(1) Rom, chap. 1.
(2) Isaïe, chap. 5.
(3) Matth. chap. 8.

CHAPITRE V.

L'usure, de quelque façon qu'on la considère, ou, ce qui est égal, tout profit au-dessus de la somme capitale, est si contraire aux vrais principes et à toutes les lois divines et humaines, que les sages païens, les philosophes, les souverains législateurs, les plus grands princes, les suprêmes dépositaires de la justice, et les célèbres génies l'ont proscrite, et l'ont regardée comme l'injustice la plus criante.

« Les caractères d'iniquité qu'on découvre dans » la pratique de l'usure, par les simples principes du » droit naturel, dit le célèbre Domat (1), montrent » qu'elle est si contraire à l'humanité, et d'une in- » justice si naturellement sensible, qu'elle a été » odieuse aux nations même qui ont ignoré les pre- » mières lois, et à ces philosophes païens, dont la » raison était si obscurcie par les ténèbres de l'ido- » lâtrie. C'est ce qui fait, dit l'abbé Duguet, que les » païens peuvent faire honte à beaucoup de chré- » tiens, sur l'usure, dont plusieurs ont fort bien » compris l'iniquité, et l'opposition à la loi naturelle. » Aristote et Plutarque ont fait des traités pour en » détourner les hommes, et ils sont passés jusqu'à » nous; on se souvient encore de cette réponse mé-

(1) Lois civ. de Domat. liv. 10. pag. 61.

» morable de Caton l'ancien, à qui on demandoit » ce qu'il pensait de l'usure, et qui répondit avec » indignation : *Eh! que peut-on penser de l'homi- » cide? Vous me demandez*, disait-il, *quel mal y » a-t-il de prêter à usure; et moi je vous demande » quel mal y a-t-il de tuer un homme?* » Cicéron, qui remarque cette réponse, dit lui-même que *l'usure tue*. Cet orateur philosophe, établissant comme une chose incontestable, *qu'il y a des pratiques très-iniques pour s'enrichir, qu'on doit très-fort blâmer*, fait mention de l'usure qu'il met au rang *de ces commerces indignes*, que les hommes ne peuvent regarder qu'avec beaucoup de haine (1). Sénèque s'explique d'une manière si précise, qu'il décide clairement (2) *que l'ordre naturel, ou, ce qui est la même chose, la loi naturelle réprouve l'usure, parce qu'elle lui est contraire.* Ce qui démontre qu'elle porte avec elle une injustice radicale et un caractère de dureté, qui l'a fait mettre de niveau avec l'avarice par ce sage païen. Aristote qui aurait acquis, à bien plus juste titre, la gloire d'être le prince des philosophes, s'il avait toujours raisonné avec autant de justice qu'il le fait en parlant de l'usure ou du prêt à intérêt, après l'avoir comparé *à un certain commerce qui dégrade la nature* (3), il justifie cet horrible parallèle, en di-

(1) Primum improbantur hi quæstus qui in odia hominum incurrunt, ut fœneratorum. (Cic. liv. de Offic. 10.)

(2) Quid est fœnus et usura, nisi humanæ cupiditatis extra naturam quæsita nomina contraria naturæ, (Seneq. liv. de Benefic, chap. 10.)

(3) Ut fœneratores qui exigua dant ut majora ferant, omnes enim hi homines et quibus et quantum æquum non est accipiunt. (Arist. liv. 4. Mor.)

sant *qu'elle prend plus qu'elle ne donne*, et que c'est contre l'équité. Platon, à qui saint Augustin donne une si grande sublimité de génie, dans son livre huitième de la Cité de Dieu, déclare *que l'usure a un caractère d'injustice si inhérent avec elle, qu'elle ne peut être jamais permise.* Et ce qui prouve visiblement qu'il la regardait comme inique dans toute espèce de société, même de commerce, c'est qu'il *n'est personne qui puisse se la permettre comme licite. Nemini mutuum dare ad fœnus licet* (1).

Il n'y a que la prévention la plus révoltante qui puisse méconnaître l'iniquité de l'usure, dans ce commun langage de tous ces philosophes païens; elle est si bien notée sous tous les caractères qui font une injustice réelle, qu'il n'est pas étonnant qu'elle ait été en horreur dans cette fameuse république, dans un temps où la simplicité des mœurs, l'équité de ses maximes, toujours inspirées par la sage nature, la rendait plus glorieuse que ces fameuses conquêtes qui portèrent dans son sein, avec les dépouilles des peuples vaincus, leur luxe et leur corruption, et dégradèrent bientôt sa première sagesse. Rome, la célèbre Rome, naissante encore, la punissait plus sévèrement que le vol, et ne voulut jamais la permettre à ses concitoyens. *Majores nostri sic habuerunt, et ita legibus posuerunt furem duplici condemnari, fœneratorem quadruplici. Sane vetus urbi fænebre malum cohibebatur antiquis quoque et minus corruptis moribus* (2).

C'est ainsi que des hommes, guidés uniquement par la faible lueur du flambeau de la nature, presque éteint par le nuage épais des passions et les pré-

(1) Plat. lib. 50. des Lois.

(2) Tacit. lib. 5.

jugés du paganisme, ont proscrit l'usure de la même façon qu'elle a été proscrite par les Ecritures, d'une manière aussi générale, sous la même dénomination illimitée, sans aucune exception ni restitution. Telle était cette fameuse loi, que les sages de Locres, qui était une des célèbres villes de la Grèce, avaient fait pour prévenir les suites funestes que cet infâme commerce doit nécessairement produire. Ils avaient défendu de prêter, sous la stipulation d'un revenu, sous quelque prétexte que ce fût.

Il est vrai que dans la suite des temps, lorsque l'intégrité des premières mœurs de la république romaine eût été altérée par les agitations et les projets d'une ambition démesurée, on mit au rang des lois la licence de l'usure, pour trouver dans ses ressources, ou dans ses excès, de quoi entretenir la mollesse et fomenter les plaisirs, ou suspendre pour un moment les maux qu'ils ne manquent jamais de faire. La prodigalité et l'avarice, après avoir inventé ce moyen inique pour se satisfaire, la préconisèrent chacun à l'envi; et cette malheureuse pratique devint si commune, et elle se trouva si bien d'accord avec les grandes passions qui font mouvoir le cœur de l'homme, ou si propre en apparence pour calmer, pour des momens, les grands besoins des infortunés, que, malgré les ravages et désordres que les usures portaient dans le sein des familles, qui obligeaient souvent les législateurs, ou à les restreindre, ou à tâcher de les interdire tout-à-fait, on les regarda comme un mal nécessaire, parce qu'il était venu au-dessus des remèdes, mais dont on sentait toujours l'injustice et la perversité. C'est ce qui fait dire au célèbre Tacite, *que le sénat romain, n'ayant pu parvenir à les abolir absolument, avait cru rendre un grand service à la république, de les modérer*; et c'est pourquoi, voyant enfin qu'elles causaient tant de maux, on les défendit absolument. Ce fut le tribun Genucius qui rendit ce service aux Romains. Les empereurs, successivement après, en jugèrent de cette façon, et établirent des lois, tantôt pour les abolir, tantôt pour les modérer seulement, les regardant néanmoins toujours comme illicites et pernicieuses. C'est ainsi que pensèrent et agirent Constantin-le-Grand, qui fut le premier qui porta son diadème au pied de la croix de Jésus-Christ; Justinien, Basile; enfin Léon-le-Sage, *qui les défendit absolument, et pour quelque cause que ce fût*. Remarquez ces expressions dont la généralité comprend assurément, tant l'usure de commerce, que celle qui s'exerce sur les pauvres.

« Il faut louer Dieu, dit Bossuet (1), de ce que » dans le temps du christianisme, les lois civiles se » sont de plus en plus épurées. Dès le temps de l'em- » pereur Léon-le-Philosophe, les jurisconsultes con- » nurent que, la religion défendant les usures, il » fallait que les lois s'y conformassent, et ce prince » en fit une nouvelle, non pour les modérer, mais » pour les interdire tout-à-fait. Elle porte, ajoute » ce grand évêque, qu'encore que ses ancêtres eus- » sent autorisé le paiement des usures, peut-être à » cause de la dureté et de la cruauté des créan- » ciers, il juge cet abus insupportable dans la vie » des chrétiens, comme réprouvé par la loi de Dieu. » C'est pourquoi il défend l'usure pour quelque » cause que ce soit, de peur, dit-il, qu'en suivant » les lois nous ne soyons contraires à la loi de Dieu. » Et il ordonne que, quelque peu qu'on prenne, il soit

(1) Bossuet, Traité sur l'Usure, pag. 545.

imputé au principal. » Justinien, avant lui, dans la Novelle *De nautico fœnore* avait déjà condamné le prêt, même de commerce, et n'avait autorisé que le contrat de société. Remarquons qu'à cette époque il y avait loin encore du treizième siècle. Saint Thomas, ni les complaisans scolastiques qui l'ont suivi, ne devaient assurément pas voir le jour encore, lorsque cet empereur consacra, par la force d'une loi, leurs principes, proscrivit les usures, et n'autorisa que le commerce que l'Eglise a cru légitime, en décidant qu'il est permis de tirer des intérêts d'un argent qu'on a mis en société entre les mains d'un marchand.

Quand même il serait vrai de dire que les lois romaines eussent autorisé l'usure comme une chose que les illustres auteurs qui les ont faites n'eussent pas regardé comme injuste, « leur autorité, dit le » célèbre Domat (1), ne saurait balancer celle de la » loi divine, ni celle des conciles et des ordonnances » de nos rois qui la condamnent et la punissent. De » plus, ajoute ce savant jurisconsulte, cette licence » de l'usure, dans les livres du droit romain, n'est » qu'un relâchement des défenses qui en avaient été » faites : de sorte que ce qu'on voit de l'usure dans » ces livres n'a été qu'une condescendance à un mal » qui avait vaincu les remèdes, et un abus qui passa » pour un juste titre, et qui alla même jusqu'à un » excès insupportable; mais on doit dire, continue » toujours Domat, que cette licence de l'usure, » dans le droit romain, y était injuste, par les prin- » cipes des jurisconsultes mêmes qui l'ont favorisée. » Car on voit dans une loi tirée du premier d'entre » eux, que le profit de l'usure n'est pas naturel,

(1) Domat. L. Civ.

» *usura non natura pervenit;* ce qui fait bien voir » qu'ils ne connaissaient dans le droit naturel aucun » fondement légitime pour retirer un intérêt d'un » argent prêté, mais seulement dans la formalité » d'une stipulation, comme ils le reconnaissent eux- » mêmes à la suite de cette loi; *quamvis usuræ fœne- » bris pecuniæ citra vinculum stipulationis peti non » possunt* (1). Ce qui justifie admirablement ce que dit » le grand Bossuet (2), que si les lois romaines ont » autorisé l'usure, même dans le temps du christia- » nisme, c'était une suite de l'erreur qui les avait » précédées. Que d'ailleurs, comme le remarque » saint Thomas, les lois civiles ne sont pas toujours » obligées de réprimer tous les crimes, et que Dieu » permet des erreurs dans toutes les lois, même » dans les lois romaines, les plus saintes de tou es » celles qui ont été faites par les hommes, afin de » faire voir qu'il n'y a que les lois qu'il donne, et » que son Eglise conserve, qui soient absolument » infaillibles.

» Le divorce était permis par les lois romaines, » dit l'abbé Duguet; elles donnaient aux maîtres le » pouvoir de tuer leurs esclaves, et dans un temps » plus ancien, elles laissaient aux Pères celui de con- » server ou de faire mourir leurs enfans quand ils » venaient au monde. L'Évangile a réformé ces lois » injustes, et quoique celles qui permettaient le » divorce, n'ayant pas été abolies par les empereurs » chrétiens aussitôt qu'ils le sont devenus, l'Église » ne les a pas moins regardées comme injustes, elle » n'en a pas moins averti les peuples de ne les point » prendre pour règles, elle n'en a pas moins insisté

(1) Lib. 3 de Usuris.

(2) Bossuet, Traité de l'Usure, pag. 545.

» auprès des empereurs pour les faire abolir; et l'É-
» vangile a prévalu enfin sur un abus qui paraissait
» revêtu de l'autorité et de la majesté des lois.

» Il en est arrivé de même, continue toujours le
» savant Duguet, de celles qui permettaient l'usure :
» elles étaient nées dans les ténèbres du paganisme ;
» le christianisme n'avoit pas pu les supprimer pen-
» dant l'infidélité des empereurs, et un reste de po-
» litique avait empêché les empereurs chrétiens de
» retrancher jusque dans la racine un abus que
» l'avarice faisait regarder comme nécessaire, et le
» nombre de ses approbateurs comme incurable.
» Mais l'Évangile n'en était ni moins contraire à l'u-
» sure, ni moins annoncé par les évêques, ni moins
» suivi par ceux qui pensaient à leur salut : les deux
» puissances se sont unies; les princes ont employé
» leur autorité pour faire respecter celle de Jésus-
» Christ et de son Église.

» Que faut-il de plus pour soumettre un esprit
» raisonnable? Et s'il n'était pas permis d'exercer
» l'usure, lorsque les lois civiles non-seulement ne
» les punissaient pas, mais paraissaient en autoriser
» les excès, comme il est visible par l'affreuse pein-
» ture qu'en fait saint Ambroise; si saint Augustin
» ne laissait pas de prêcher alors qu'on était damné
» pour ce seul crime, un homme sage se croira-t-il
» en sûreté depuis que les ordonnances de nos rois
» sont conformes à l'Évangile, et que les justices hu-
» maines punissent ce qui est défendu par la di-
» vine ? »

Et comment les écrivains en faveur de l'usure en imposent-ils aux justes remords qui doivent s'élever nécessairement dans leur ame, pour avoir livré au public des productions où ils renversent toute la sagesse de ces lois, et où ils établissent un système que la philosophie païenne a regardé comme infâme et ennemi de l'humanité, et que des empereurs idolâtres n'ont permis qu'avec peine, et pour céder souvent à la dureté des circonstances et à la difficulté des temps, surtout lorsqu'ils voudront bien faire attention que l'empereur Charles-Quint, marchant sur les traces de ceux qui l'avaient précédé, et ne voulant laisser aucun prétexte, ni aux usuriers, ni aux écrivains qui les autorisaient, défendit en 1541, par une célèbre ordonnance, *à tous ses sujets de quelque condition ou état qu'ils fussent, non se mêlant du fait de marchandises, et non ayant société à gain et perte avec marchands, de laisser leur argent auxdits marchands pour avoir gain certain chacun an à peine de confiscation dudit argent, et par dessus, d'être réputés usuriers publics, et comme tels punis et corrigés.*

Long-temps avant ce treizième siècle, que les inventions des partisans de l'usure ont rendu si fameux par l'étonnante révolution qu'ils prétendent s'être faite alors dans les écoles et dans l'Eglise, la stipulation d'intérêt dans le simple prêt avait été regardée dans ce royaume comme une iniquité manifeste. Dans les premiers temps de la monarchie, on estimait comme une chose indubitable, que l'usure porte avec elle-même un caractère d'injustice inséparable; ce qui fait que nos rois de la première race la défendirent sous la même dénomination générale qu'elle a toujours été prise par l'Eglise et par toute la tradition qui renferme toute espèce d'usure, modique ou excessive, de commerce ou autrement, par cette raison dictée par le droit naturel, qu'elle est contraire à l'équité, *Fœnus est injustum, si quis aliquid prestat et amplius requirit.*

Charlemagne, encore plus célèbre par ses vertus chrétiennes que par ses conquêtes et sa sage politique, ne laisse aucun moyen aux défenseurs de l'usure, pour la montrer comme illégitime dans quelque cas que ce soit. Ce fameux législateur appelle *usure*, clairement et sans restriction, *tout ce qu'on reçoit, ou tout ce qu'on exige au-dessus d'une somme qu'on prête, et déclare que cette espèce de commerce est absolument défendu à toute espèce de personne : Usura est ubi amplius requiritur, quam datur.* C'est dans son Capitulaire de Nimègue qu'il s'explique ainsi : *Omnino omnibus interdictum est ad usuram aliquid dare.* C'est dans l'assemblée d'Aix-la-Chapelle, en 789, qu'il porta cet arrêt qui a proscrit par avance tant de systèmes favorables à l'usure. Cette proscription si précise de tous les fondemens de ces étranges opinions, bien loin d'être infirmée par Louis-le-Débonnaire, son fils, et par les autres sages monarques qui ont fait la félicité des Français jusqu'à nos jours, n'a pris que plus de force et d'autorité par les différens caractères d'authenticité et d'évidence qu'on lui a toujours donnés. Saint Louis, ce roi si sage et si attaché aux bonnes règles et au maintien des mœurs, après avoir pris toutes les précautions pour que tous les ordres de l'Etat poursuivissent l'usure comme un monstre affreux, la fit connaître sous une unique forme, qui les comprend toutes, et qui embrasse toute espèce de profit ou d'intérêt au-dessus de ce que l'on a prêté : *Usuram intelligimus quidquid est ultra sortem* (1). Tout ce qu'on prend au-dessus du principal, modique ou excessif, tout ce qu'on prend d'un riche ou d'un pauvre, *quidquid*, est

(1) Edict. Lud. Sancti an. 1254.

usure au jugement de ce saint législateur; toute usure est un crime, et il la réprouve en conséquence. Quel moyen reste-t-il pour éluder une condamnation si absolue et si évidente? Quelle est l'usure qui pourra être excusable après cette loi, qui a toujours été maintenue en France, et regardée comme si sacrée que Philippe IV, en l'an 1311, pour se conformer à l'esprit des monarques auxquels il avait succédé, donna un fameux édit, par lequel il la défendit *comme la défend la loi de Dieu, et comme les SS. Pères l'ont toujours proscrite?* Et il eut même la sagesse d'expliquer en détail quels étaient les cas où on pouvait, par d'autres titres que par celui du prêt, prendre un revenu; et tout cela, pour qu'on ne pût pas abuser de ses expressions : il fit même mention par exprès des intérêts modiques, qu'il défendit tout comme les excessifs. Mais comme la cupidité trouve toujours des moyens pour cacher ses manœuvres, on ne manqua pas de pervertir les termes de cette loi, et d'en tirer des inductions favorables aux opinions qui s'étaient déjà montrées, et qu'on ne fait que renouveler aujourd'hui, comme on fait de beaucoup d'autres erreurs sur les mœurs ou sur la foi, qu'on habille tout de neuf pour les faire reparaître. Ce prince se vit obligé de déclarer en termes précis, qu'il avait entendu défendre toute espèce d'usure. Remarquez, s'il vous plaît, ces termes, *toutes manières d'intérêt;* par conséquent l'intérêt de commerce, *de quelque quantité qu'elles soient, comme elles sont défendues de Dieu et des SS. Pères : l'usure de même quantité.* Ce sont ses propres expressions. Philippe VI confirma cette loi, toujours selon l'étendue de la défense qu'en font les livres saints et les docteurs de l'Eglise, et porta même la sagesse jusqu'à réprouver une foule de moyens dont on se servait pour pallier l'usure, qui assurément n'étaient que ceux dont on prétend tirer avantage aujourd'hui, et qui sont d'autant plus condamnables, que Louis XII (1), surnommé le Père du peuple, et Charles IX (2), ont pris toutes les précautions possibles pour qu'*aucunes usures, en quelque sorte et manière que ce soit, fussent entièrement abolies* dans leur royaume, et ceux qui les pratiqueraient ou favoriseraient, poursuivis et punis extraordinairement, avec injonction de faire restituer tous les coupables. Henri III (3), poussé à bout par la rapacité des usuriers, et les vaines subtilités de ceux qui les autorisaient, s'éleva contre leur avarice et leur fausse science, et déclara formellement *qu'il défendait à toute personne de quelque qualité et condition qu'elle fût, marchands ou autres, tant hommes que femmes, d'exercer usure, par eux, ou par gens attirés, ou interposés, ni de prêter deniers ou marchandises à profit et intérêt, encore que ce fût sous prétexte de commerce public.* Ces termes sont remarquables : *soit sur gages, ou par déguisement d'obligations et contrats, ni autrement s'entremettre du fait desdites usures, directement ou indirectement, en quelque sorte et manière que ce soit, sous les plus grièves peines, notamment pour la seconde fois, sous peine de confiscation de corps et de biens.* Cette ordonnance ne laisse aucun prétexte à toutes les ruses des usuriers; il ne peut y avoir que l'auteur du *Traité des Billets*, qui puisse méconnaître l'évidence et la précision de cette loi; mais, quand on a la hardiesse de s'élever contre l'enseignement de l'Église, on est bien éloigné de

(1) Louis XII, édit. de 1510.
(2) Charles IX, Ordon. de 1567.
(3) Henri III, Ordon. de 1576.

vouloir respecter le sens même des expressions, on le renverse sans pudeur, rien ne coûte dès qu'il sagit d'accréditer une erreur.

Henri IV, dont la mémoire est d'autant plus chère à tous nos cœurs que ses hautes qualités royales sont assises sur le trône avec le sage monarque que le ciel nous a donné, aussi plein de zèle pour faire triompher les lois de la religion et des mœurs que les rois qui l'avaient précédé, prit les mêmes mesures pour extirper cette hydre de son royaume; Louis XIV, qui a illustré son règne par les plus excellentes lois, surtout en faveur de la cause de l'Église, et qui a paru dans un siècle qui a été celui de toutes les sciences; sollicité par son propre conseil de délivrer la France du monstre de l'usure qui triomphait déjà avec fierté dans le flux et reflux du commerce, et avait même trouvé une manière nouvelle de se cacher à l'autorité et à la loi, par un édit appelé *l'Édit de Commerce*, qu'il donna à Saint-Germain-en-Laye, en 1673, dissipa d'une manière toute particulière tous les moyens dont on pouvait se servir pour se donner des intérêts usuraires; il n'approuva d'autre titre, pour exiger un revenu au-dessus du principal, que celui des changes et rechanges, titre bien différent du simple prêt et titre légitime, avec les sages précautions dont on doit toujours user en le faisant valoir. Enfin pour ne pas étendre les choses trop loin, nous n'analyserons pas tous les admirables règlemens qui ont été faits sur cette matière dans les premières années du règne de *Louis-le-Bien-Aimé*, dont l'esprit est toujours le même, parce qu'ils sont entre les mains de tout le monde, et qu'ils présentent d'ailleurs un détail capable de confondre toutes les inventions de l'usure; mais nous opposerons comme le dernier rempart à l'avarice, à la cupidité, et à l'esprit de nouveauté qui canonise l'usure d'une manière si étrange, les arrêts fameux des premiers tribunaux de la nation, de ces cours augustes qui pèsent toujours avec la plus grande sagesse, dans la balance de l'équité, le juste et l'injuste ; celle de Paris, en 1565, sur une déclaration du procureur-général, fondée sur ce que *plusieurs personnes, tant commerçans qu'autres, par eux ou par gens attirés et interposés, exerçaient usures réprouvées par les lois de Dieu, constitutions des hommes, ordonnances des rois et arrêts de la même cour, et se faisait par tel moyen grand trafic et négociation d'argent.* Tous ces termes sont très-remarquables : *faisant droit à la requête dudit procureur-général, fit inhibitions et défenses à toute personne de tout état, qualité et condition, marchands ou autres, d'exercer usures, ou par eux, ou par gens attirés et interposés, ni de prêter denier, sous prétexte de commerce public à intérêt, soit sur gages ou autres, sur peine de confiscation de corps et de biens.* La même cour par deux arrêts, l'un de 1707 et l'autre de 1713, a établi comme une loi sûre que ceux qui ont prêté sans aliénation leurs deniers pour l'acquisition d'un héritage, ne peuvent jouir du privilége accordé aux bailleurs de fonds, ou au vendeur; ni stipuler dans une obligation les intérêts des deniers qu'ils ont prêtés pour en faire l'achat. Ces arrêts sont dignes d'une observation particulière, en ce qu'ils condamnent expressément le prêt de commerce, c'est-à-dire celui où l'on prête pour acheter et faire profiter l'argent emprunté; en ce que de plus ils ordonnaient une restitution entière de certains intérêts reçus depuis près de quarante ans, en faveur des débiteurs. Ces maximes si conformes à l'équité et au droit naturel ont toujours paru si sages et si justes, qu'elles ont toujours fait dans tous les parlemens du royaume la base de leur jurisprudence en cette matière, qui n'a jamais varié jusqu'à nos jours. Fut-il jamais de preuve plus authentique de l'injustice et de l'iniquité de tout espèce d'usure, que le consentement unanime et toujours constant, depuis tant de siècles, de ces augustes dépositaires de la justice et de la science des lois? Un témoignage si célèbre, qui assurément a la force d'un oracle certain, est consigné dans le savant *Dictionnaire de la Jurisprudence universelle des parlemens de France*, par le fameux Brillon; et deux célèbres magistrats qui sont d'Olive et Mainard, dont le savoir et l'éloquence ont brillé avec éclat à Toulouse, et qui ont par conséquent connu l'esprit de leur jurisprudence, nous assurent que, dans la matière de l'usure, elle consiste à regarder les intérêts usuraires *comme le trafic le plus honteux et le plus vil*, et comme reprouvés par les lois divines et humaines. Un ouvrage fait pour enseigner une doctrine contraire, et qui est fondé sur des principes si opposés à cette ancienne et si équitable jurisprudence, est une production bien téméraire et une entreprise hardie; il faut compter beaucoup sur la bonté de ces ministres de la justice humaine, ou être bien distrait sur les intérêts de sa réputation ou de sa tranquillité, pour oser se faire connaître par un côté aussi odieux et aussi révoltant. Tout condamne le système des usuristes, parce qu'il est impossible de trouver autre chose que l'injustice la plus claire dans tout espèce d'intérêt du simple prêt; ou, ce qui est la même chose, dans toute espèce d'usure, pour fait de commerce, ou pour toute autre utilité; et on ne peut regarder comme légitime aucune espèce de profit au-dessus du principal, que dans les cas où on l'exige, où on le reçoit par tout autre titre essentiellement différent et extrinsèque à celui du simple prêt. Pour bien entendre, ou pour mieux dire, pour ne pas confondre ces titres extrinsèques dont parle Benoît XIV dans son *Traité du Synode*, et qu'il a voulu exprimer dans sa lettre encyclique, en disant qu'il y a d'autres contrats d'une nature différente du prêt, par lesquels on peut stipuler un intérêt légitime, lesquels contrats ne sont souvent encore que les motifs qui déterminent les législateurs humains a adjuger des intérêts au-dessus de la somme principale, ou à souffrir qu'on en stipule, ou qu'on en reçoive, restant toujours néanmoins invariablement attachés aux principes solides qui condamnent les intérêts qui seraient clairement usuraires.

Il faut remarquer soigneusement, avec le savant évêque de Meaux (1), « qu'il y a des contrats ou » des conventions tacites ou expresses qui ont tous » les effets de l'usure, et qu'il y en a aussi qui, en » ayant quelque apparence, en sont cependant au » fond autant éloignés que le ciel l'est de la terre, » et par l'intention et par les effets, et que c'est de » cette ressemblance seulement apparente que viennent souvent les erreurs dans lesquelles on tombe » à l'égard de cette matière, les uns défendant ce » qui est permis, et les autres, trompés par une espèce » de similitude, étendant trop loin les permissions.

» Par exemple, de ce que les rentes sont permises, » quelques-uns concluent que les intérêts par simples » obligations sont permis. Ce qui trompe, c'est que » de part et d'autre, on tire de son argent un cer-

(1) Traité de l'Usure, pr. 7. pag. 547.

» tain profit; mais l'intention et les effets sont infiniment différens; car l'intention de celui qui prête » par obligation est de tirer du profit d'un argent » dont il demeure toujours le maître, et l'effet répond à son intention. Au lieu que, dans la constitution des rentes, il y a un vrai achat, et par conséquent une parfaite aliénation du principal, qui » ne peut être redemandé que dans des cas semblables à ceux qui feraient résoudre un contrat de » vente.

» Or de là suit une différence entière entre ces » contrats, puisque l'un est un vrai achat, et que » l'autre est un simple prêt; donc par conséquent » les profits sont l'usure proprement dite, ou la notion que nous en donne la loi de Dieu et la tradition ne subsistent plus.

» On dira, mais comme on tire une rente perpétuelle d'un argent qu'on s'oblige à ne répéter jamais, ne pourra-t-on pas tirer durant dix ans une » rente d'un argent qu'on s'obligera de ne répéter » que dans dix ans? Non, sans doute; et la différence de ces deux contrats est manifeste : car le » premier est un vrai achat, où le prix de la chose » achetée, c'est-à-dire de la rente, passe incommutablement en la puissance du vendeur; au lieu que » l'autre contrat est directement contraire à l'intention de l'achat, puisque, après avoir joui de la » marchandise, on en retire encore le prix.

» Il ne faut donc pas regarder la rente comme un » profit de mon argent, mais comme l'effet d'un achat » parfait; que si je veux tout ensemble pouvoir retirer » et la rente et le prix auquel je l'ai achetée, il est » clair que je ne fais pas un achat, et que mon contrat a toutes les propriétés de vraie usure, telle » que la loi de Dieu la définit et la défend, ou cette

» défense n'est plus qu'un nom inutile. Quoi donc ! » on ne pourra pas acheter une rente pour un temps ? » On le peut, sans doute ; mais en l'achetant il ne » faut plus espérer le prix de l'achat ; autrement on » confond tout, et on appelle *achat* ce qui en effet » ne diffère en rien du prêt.

» Voici encore un autre cas, qui, pour être mal » entendu, donne lieu à quelques-uns de soutenir » l'usure. J'ai une somme d'argent que je veux em- » ployer à me rédimer d'une servitude, ou d'une » charge qui m'apporte un grand dommage ; ou bien » je suis un marchand, dont l'argent, continuellement » dans un emploi actuel, ne cesse de me profiter. » Cependant vous venez à moi, vous m'empruntez » cette somme ; il est clair que je puis en conscience » exiger de vous un parfait dédommagement de la » perte actuelle que je fais, et que je puis le faire » sur un pied certain, puisque je sais ce que je perds, » et que moi, marchand, qui connois ce que mon » argent me vaut, pour ne vous point faire de tort, » je puis fixer un profit raisonnable sur vous, les » frais et les risques déduits. Ce dédommagement est » de droit naturel, et n'appartient nullement au cas » de l'usure ; car il m'est dû par un autre genre d'o- » bligation que celui qui provient du prêt. L'obliga- » tion du prêt est totalement épuisée quand je rétablis » à mon créancier la somme principale ; mais le dom- » mage effectif qu'il a souffert n'est pas réparé par- » là, et chacune de ces deux dettes demande sa com- » pensation. Mais voici encore un autre cas qu'on » prétend semblable à celui que je viens de proposer.

» Je prête, et parce que l'argent comptant me » peut profiter indéfiniment en diverses sortes, je » prends un dédommagement de ces pertes imagi- » naires. Je dis que c'est gagner en vertu du prêt,

» c'est-à-dire gagner par une chose qui en est inséparable. Je dis que c'est l'usure proprement dite, » et l'usure telle que la loi de Dieu la défend; car ce » dommage indéfini étant, comme je viens de dire, » inséparable du prêt; si la loi, nonobstant cela, défend » de recevoir plus qu'on ne donne, c'est sans doute » qu'elle a jugé ce dédommagement inique, autrement comme il n'y auroit aucun cas auquel je ne » puisse tirer profit de mon argent, le cas de l'usure » serait impossible. Personne, en effet, ne peut supposer que j'aie de l'argent comptant dont je ne » puisse tirer une infinité de commodités et de profits; et quand même j'aurais résolu de laisser » l'argent dans mes coffres, il peut arriver de si belles » occasions que je changerai de dessein et que je » voudrai en profiter; il ne se peut que je ne m'ôte » cette faculté en prêtant; donc je puis tirer quelque profit de tout prêt, donc le cas de l'usure est » une chimère.

» Par conséquent il faut dire que le dédommagement, c'est-à-dire, le *damnum emergens* ou le *lucrum* » *cessans* regarde des pertes réelles, des occasions » de profit effectives et irréparables; et que celles qui » ne sont point de cette nature sont suffisamment » réparées par le paiement du principal, ainsi qu'il a » été dit.

» Mais, dit-on, quelle différence entre cette usure » proprement dite que vous prétendez défendue, et » l'intérêt qu'on adjuge par condamnation pour le » retard? Grande et manifeste différence! car l'intérêt s'adjuge pour deux motifs: le premier pour le » dommage effectif que la loi présume que vous recevez, lorsqu'on ne vous paie pas au temps préfix; » car elle a raison de présumer qu'en marquant » un certain temps, vous avez une destination ac-

» tuelle de votre argent, dont il est juste que vous » soyez dédommagé; que si, en effet, vous n'en aviez » pas, et que vous n'ayez eu d'autre dessein que de » profiter, la loi ne le sait pas, et vous laisse à con- » sulter votre conscience; et il y a des pays où, » pour éviter les fraudes des usuriers, l'intérêt ne » s'adjuge qu'en connaissance de cause; mais dans » les pays où cela se fait sans cette précaution, ce » n'est pas que la loi approuve le dédommagement » sans perte effective; c'est que croyant ne pas pou- » voir assez pénétrer le fond des choses, elle juge » par présomption, et vous laisse encore à consulter » votre conscience; il peut se faire encore qu'il y a » un autre motif de la condamnation *ex mora*, qui » est d'adjuger l'intérêt comme une peine. Celui-là » en soi est plus délicat, parce qu'il donne lieu aux » usures palliées; mais à la rigueur il n'est pas in- » juste, et diffère infiniment de l'usure, car l'esprit » de l'usurier n'est pas de retirer son argent, c'est » de le faire profiter; et au contraire l'esprit de la » loi pénale est de faire cesser de tels profits par un » paiement effectif. En effet, dans les sentences de » condamnations, la première chose qu'on fait, c'est » d'obliger à payer; et l'on voit par les procédures » que l'esprit de la loi est celui-là. Il n'y a donc rien » de plus opposé que ces condamnations et les » usures, puisque les unes veulent empêcher le paie- » ment, et que les autres le désirent.

» Il n'est pas nécessaire que nous fassions ici, » comme le remarque Bossuet, mention des autres » différences entre ces deux cas. Celles-là suffisent » pour faire voir combien peu ces condamnations » servent à établir l'usure, et combien est grande » l'injustice que les fauteurs de l'usure ne craignent » pas de faire à l'équité des sages interprètes de nos

» lois, en cherchant à leur imputer une intention » qu'ils détestent, et qu'ils trouveront toujours hor- » rible. »

Le droit civil et le droit canonique, dira-t-on encore, autorisent le change; les constitutions de Pie IV et de Pie V, et les ordonnances de nos rois y sont formelles. Cette pratique ne favorise-t-elle pas la cause de l'usure, puisque le banquier retire un profit de l'argent qu'il a fait toucher dans un lieu éloigné, soit qu'on lui donne la valeur égale quand il donne la lettre d'échange, soit qu'on s'engage à la donner à son correspondant?

Non, sans doute, l'usure n'est pas favorisée par la pratique du change, pourvu qu'il soit réel et véritable, parce que le profit que le banquier retire n'est pas un profit de l'argent qu'il prête, et qu'on s'engage de payer à son correspondant; mais c'est un dédommagement des dépenses que le banquier peut prendre des profits. Ce n'est qu'en faveur de tous ces motifs, justes et équitables, que les lois, tant canoniques que civiles, regardent le change comme légitime, ce qui ne peut absolument pas servir de prétexte pour considérer quelque usure que ce soit, comme passable et permise.

C'est d'après ces principes, si conformes à l'équité, que la raison et l'ordre naturel dicteront toujours à l'homme, lorsqu'il ne sera pas asservi au joug honteux des passions, que la religion a confirmé et que les lois humaines reconnaissent authentiquement, qu'il faut juger de tous ces trafics, que la dépravation des temps a mis en usage dans une foule de villes de commerce, sous le nom d'escompte, qui n'est autre chose qu'une retenue des intérêts jusqu'à l'échéance des billets ou des lettres d'échange, et qui, à proprement parler, n'est souvent qu'une usure manifeste, ou réelle, ou mentale, toujours condamnable, parce qu'il n'est que trop commun que dans tous ces commerces qui ne sont autre chose que des simples prêts, il ne s'y trouve pas les circonstances nécessaires pour rendre légitime l'intérêt qu'on y exige, et qu'on ne peut jamais prendre qu'à titre de dédommagement, c'est-à-dire : *Vel propter lucrum cessans, vel damnum emergens*, comme le disent tous les théologiens d'après l'esprit de l'Eglise.

Nous aurions beaucoup d'autres cas à citer ici et à examiner, qui pourraient fournir matière à bien des réflexions propres à détruire encore une foule d'inductions qu'on ne manque pas de tirer en faveur de l'usure. Mais cela nous mènerait trop loin ; il nous suffit d'avoir donné des règles certaines pour la connaître ; qui toutes se réduisent à une, que nous allons répéter ici sous la dictée de Bossuet.

« La loi de Dieu, expliquée par la tradition, n'a » pas voulu défendre une chimère et un cas en l'air. » Il faut donc fixer ce cas, et voir quelle notion elle » a donnée à l'usure ; et toutes les fois que nous trou- » verons qu'en permettant un certain profit de l'ar- » gent, la loi de Dieu sera éludée et ne subsistera » plus qu'en paroles, nous devons tenir ce profit » comme enfermé dans la défense divine. Je ne crois » pas qu'il y ait rien de plus ferme ni de plus iné- » branlable que cette règle.

» L'usure est donc, selon cette règle, tout argent » ou équivalent qui provient en vertu du prêt ; et » nous appelons venir en vertu du prêt, ce qui dépend » d'une condition qui en est inséparable, et ce qui » a les mêmes effets. (1) »

(1) Traité de l'Usure, de Bossuet, pag. 549.

CHAPITRE VI.

L'usure est par sa nature si opposée au bien des États et à la prospérité publique, qu'il est d'expérience qu'elle a toujours fait les maux les plus funestes, quelques précautions qu'on ait prises pour les empêcher ou pour les modérer ; et les grands hommes chargés de la conduite des peuples, principalement nos rois les plus fameux, et les génies qui sont faits pour les éclairer, en ont toujours été si convaincus, qu'ils n'ont rien oublié pour en faire connaître l'injustice, ou pour la détruire.

« A Dieu ne plaise, que des chrétiens appréhendent que l'observation exacte de la loi chrétienne, » qui défend l'usure, soit préjudiciable à la république (1). Y a-t-il, au contraire, rien de plus » pernicieux à la société que de ne vouloir exercer » la charité et la générosité qu'à prix d'argent? Est-» il un moyen plus capable de ruiner promptement » un État que l'usure, qui produit les fraudes et l'oi-» siveté, qui fait languir les arts les plus utiles et la » véritable industrie, et qui laisse périr les biens » mêmes que la nature nous donne, en n'inspirant

(1) Décrets sur la morale de l'assemblée du Clergé de France en 1682.

» que du mépris pour l'agriculture, le plus nécessaire de tous les arts, et celui qui donne aux » hommes leur nourriture? (1) »

C'est ainsi que parlaient, en 1682, les illustres commissaires de l'assemblée de l'Église de France. Voilà la grande idée qu'avaient de l'usure et de ses précieux avantages, les célèbres prélats qui étaient aussi instruits des vrais intérêts de l'État, et lui auraient été aussi utiles par leurs profondes vues politiques, qu'ils pouvaient l'être à la religion et à l'Église par leur éminente science et leur zèle. Le célèbre Bossuet était à leur tête; ce grand homme, qui, au jugement de l'éloquent auteur des *Trois Siècles de la Littérature française*, et de tous ceux qui savent apprécier les vrais génies, a réuni dans son chef-d'œuvre, sur *l'Histoire Universelle*, tout ce que la politique a de plus profond, et la morale de plus sage. L'usure n'était aux yeux de ces illustres évêques qu'un monstre déguisé, qui détruit les États, mine les ressorts de son industrie, renverse les fortunes, et porte l'indigence et l'opprobre dans les familles les plus distinguées, et souvent les plus opulentes; elle énerve les talens, fait languir les ressources, engourdit les mains du laboureur, avilit la noble agriculture, et sème la stérilité et les ronces dans nos campagnes. Un jugement aussi authentique, porté après la plus mûre réflexion par des hommes éclairés, dont les nobles fonctions et la naissance les lient vraiment à l'Etat, et par l'organe d'un génie supérieur, qui a su unir l'étendue et la profondeur des plus grandes vues à la sagacité des plus sages jugemens, aurait dû servir de boussole à toutes les classes des citoyens, et à

(1) Sur l'Usure, chap. 9.

toutes les plumes qui travaillent à les éclairer et à les instruire. Toutes ces idées si justes et si lumineuses, sur une matière qui intéresse si fort la religion et l'État, ne seront assurément, aux yeux de l'honnête homme, que le résultat des spéculations les plus sages et les plus droites sur les causes qui déterminent les avantages et le bonheur des peuples, et sur celles qui conservent à la religion et à ses principes toute la soumission qui leur est due. Tout homme chrétien, tout citoyen raisonnable, n'y verra que l'aperçu général et commun de tous les sages législateurs, de tous les ordres de l'État et des vrais génies, règle sûre et évidente pour juger si une chose peut être utile, ou nuisible à la société ; car enfin qui est-ce qui est fait et établi par la Providence pour connaître et pour déterminer ce qui fait la prospérité des États et le bonheur des peuples, et ce qui peut enrichir ou appauvrir la société, ou ses individus ? Ce sont sans doute les rois, leurs sages ministres, les corps augustes dépositaires de leur autorité, attachés à chaque province, les bons esprits et les belles âmes, que le ciel accorde à la terre pour l'éclairer ; ce sont surtout, sur les choses qui tiennent immédiatement aux mœurs, les organes de la Divinité, et les oracles de la religion. S'il est donc vrai que toutes ces autorités sacrées aient proscrit l'usure, non-seulement comme inique et criante, mais encore comme le fléau des États et le malheur des peuples, il faut nécessairement regarder la proscription absolue qu'ils en ont faite comme la loi la plus sûre et la plus sage, et par conséquent ne voir toute espèce d'usure qu'avec la plus grande horreur. Qui oserait contredire des oracles aussi certains, et leur donner un téméraire démenti ?

Depuis les premiers temps de notre monarchie, l'usure a été mise au rang des plus grandes injustices par nos rois; depuis Charlemagne jusqu'à notre siècle, elle a été condamnée et généralement défendue dans tous les ordres de l'Etat. Les défenses qu'en ont faites les célèbres législateurs subsistent, et font corps avec nos usages et coutumes; elles font partie de notre législation : on n'a jamais varié à cet égard, au contraire, à proportion que les siècles sont devenus plus éclairés, on a fait des règlemens sur cette matière plus précis et plus détaillés. On n'a laissé à l'usure aucun moyen de se cacher, ni de se déguiser; elle a pris tous les noms qu'elle a voulu, elle s'est présentée sous tous les caractères de bienfaisance et d'utilité publique, et elle a toujours été abhorrée. Ce ne sont point des écrivains, ni des hommes célèbres, qui seuls, du fond de leur cabinet, l'aient attaquée, ce sont les suprêmes conseils de nos rois, les plus célèbres ministres, par conséquent ce qu'il y a de plus instruit, de tout ce qui a rapport à l'avantage de la cause publique. Ce sont les Sully, les Colbert, les d'Aguesseau, qui ont regardé toutes les sages constitutions qu'on a opposées à l'usure, comme la plus sûre garde de la félicité du royaume, puisqu'ils les ont toujours soutenues, et que, malgré les réclamations de l'avarice ou de l'ambition, ils n'y ont jamais rien changé. Qui jamais fut plus attaché à l'intérêt de l'Etat que le célèbre Sully? Qui jamais chercha avec plus d'ardeur les moyens de faire fleurir le commerce que l'admirable Colbert? Qui jamais connut mieux la force, l'étendue et l'esprit des lois que le grand d'Aguesseau? Cependant ces grands hommes d'Etat, ces génies, nés pour la félicité des hommes, n'ont jamais cru que la défense de l'usure mît des entraves à la prospérité du royaume et à la féconde activité du commerce ; ils ont laissé subsister la loi qui la défend à tous les individus de l'Etat, commerçans ou autres, dans toute sa force : et le savant d'Aguesseau était si persuadé qu'on ne devait jamais se relâcher à cet égard, qu'il déclara à un homme célèbre, qu'il avait toujours cru que l'*usure, prise dans toute son étendue, était contraire aux lois civiles et à la religion.* Ces grands hommes étaient si persuadés que les intérêts usuraires ne pouvaient que miner insensiblement la fortune des citoyens, et énerver tous les ordres de l'Etat, qu'ils prenaient les plus grandes précautions pour que les intérêts même permis, et réduits au taux des ordonnances les plus sages, fussent aussi modiques que cela pouvait se faire, afin que ce ne fût pas un appas capable de faire languir tous les autres ressorts de la richesse de l'Etat, et un principe de destruction pour les familles et les particuliers. Une des premières opérations du grand Sully, dit un auteur très-instruit de notre histoire, fut de réduire au denier seize, l'intérêt de l'argent qui était au denier douze.

Nous avons, dit Henri-le-Grand, dans son édit, *reconnu au doigt et à l'œil, que les rentes constituées à prix d'argent, au denier douze, ont été cause de la ruine de plusieurs bonnes et anciennes familles qui ont été accablées d'intérêt, et souffert la vente de leurs biens..... Elles ont empêché le trafic et commerce de la marchandise, qui auparavant avait plus de vogue dans notre royaume qu'en aucun autre de l'Europe, et fait négliger l'agriculture et les manufactures, aimant mieux plusieurs de nos sujets, sous la facilité d'un gain, à la fin trompeur, vivre de leurs rentes et oisiveté parmi les villes, qu'employer leur industrie, avec quelque peine, aux arts, ou à cultiver et approprier leurs héritages.*

» On sentit, dit toujours cet auteur, dans les » dernières années du règne de Henri IV, et les pre- » mières du règne de Louis XIII, le bien qu'avait » fait la réduction des rentes. Le cardinal de Ri- » chelieu obtint de son maître un édit pour les re- » duire au denier dix-huit.

» *A présent que ce royaume est si florissant et si* » *abondant,* dit Louis XIII, *la réduction ci-devant* » *faite ne produit plus l'effet pour lequel elle avait* » *été ordonnée: d'autant que les particuliers trou-* » *vent tant de profit et de facilité au revenu des* » *dites constitutions, qu'ils négligent celui du com-* » *merce et de l'agriculture, dont le rétablissement* » *toutefois est si nécessaire pour la puissance et la* » *subsistance de cette monarchie.*

» Il entra bientôt, continue le même auteur, » dans le plan du grand Colbert, de faire baisser » l'intérêt de l'argent, dont la masse était augmentée; » il le réduisit au denier vingt, où il est encore. » Louis XIV donne dans son édit les mêmes motifs » de réductions qu'avaient donnés Henri IV et » Louis XIII.

» On voit, ajoute encore cet auteur, que les » principes les plus sages ont été ceux de ces grands » administrateurs, dont la France bénit encore la » mémoire; on sait combien l'agriculture fleurit » sous le ministère de Sully, et à quel point étaient » parvenues nos manufactures sous celui de Colbert. » Le commerce prit sous lui un nouvel éclat; et » l'agriculture aurait eu le même sort, si la guerre » n'avait pas obligé le ministère d'établir de nou- » veaux impôts. C'est ainsi que, sans le grand res- » sort de l'usure, qu'on regarde comme la divinité

» tutélaire des Etats, ces grands hommes animaient » nos campagnes, nos ateliers et nos magasins. »

Si nos rois législateurs, et les sages qui leur ont aidé à porter le poids de leur couronne, ont été si fermes pour ne jamais faire aucune exception à la loi et pour étendre toute sa vertu jusque même dans la partie du commerce, c'est qu'ils ont toujours vu l'usure si opposée à l'esprit de la religion et de la loi naturelle, qu'ils ont constamment été persuadés qu'elle ne pouvait qu'être très-nuisible à l'Etat; ils s'en expliquent eux-mêmes : ils la défendent, disent-ils, *parce qu'elle est contraire à la loi divine et à l'esprit de l'Eglise et des SS. Pères.* C'est que de plus ce sont ses excès et ses abus qui les ont forcés à s'élever contre elle, et à la bannir sans réserve. L'histoire de notre législation est un monument si certain, qu'il est inconcevable comment certains écrivains n'ont pas vu que toutes les fois que le gouvernement a sévi contre l'usure, ce n'a été qu'à des époques où elle était devenue fatale à l'Etat par ses ravages, et où la nécessité de son action destructive avait surmonté le rempart qu'on avait cru lui opposer efficacement par les plus sages règlemens.

Philippe-Auguste croyait avoir pris des moyens immanquables pour arrêter les abus de l'usure; mais faible barrière contre cette sangsue insatiable que les règlemens les plus sévères! Bientôt Louis VIII fut obligé de prendre de plus grandes précautions, qui ne lui réussirent pas mieux; saint Louis se vit forcé de porter les choses encore plus loin, et après avoir vu, par une expérience fatale, que, sous le règne de Philippe-Auguste, la moitié de Paris était la proie des usuriers, il crut qu'il n'y avait pas d'autre moyen pour anéantir ce monstre, qui allait toujours croissant, que d'assembler tous les barons et tous les sénéchaux pour leur ordonner de faire cause commune, et de s'opposer avec la dernière sévérité à un commerce si inique, à l'égard de qui que ce fût. Une si sage précaution devait sans doute arrêter la rapacité des usuriers; mais cela n'empêcha pas que Philippe IV, dit *le Bel*, ne fût contraint de redonner une nouvelle vigueur aux lois de ses prédécesseurs; et remarquez qu'il faut que cette funeste contagion se fût bien accrue, puisqu'il fait entendre lui-même clairement qu'elle avait infecté toute l'étendue de son royaume et tous les états, et qu'il déclare, *qu'il se décide à porter sa loi pour la réforme générale de son royaume*, *pro reformatione publica regni nostri* : il déclare encore qu'il prohibe toute espèce d'usure, et à toute personne : *Prohibemus omnibus et singulis, tam regnicolis nostris, quam aliis in regno nostro morantibus, speciem quamlibet usurarum.* Mais où ne va pas l'ambition des usuriers, et de quoi cette race insatiable n'est-elle pas capable? La défense si précise, et en termes si clairs, de ce prince, qui cependant était dominé par des ministres avares, à qui la pratique de l'usure pouvait être favorable, si la vérité eût eu moins de force qu'elle n'a, ne fut pas capable de mettre un frein à l'art meurtrier, qu'a toujours l'usure, de trouver des prétextes, non-seulement pour éluder la loi, mais encore pour s'en faire un titre : on prétendit qu'il n'avait défendu que les intérêts excessifs; c'est pourquoi ce prince fut obligé de dire expressément qu'il avait prétendu condamner les usures les plus modiques. Ainsi, presque de règne en règne, nos sages princes, qui ont toujours veillé aux intérêts de leurs sujets, ont renouvelé et perpétué cette sanction si ancienne, *qui défend toute espèce d'usure et à l'égard de qui que ce soit, pour le bien de la cause publique, et pour le bonheur des Français.* C'est ainsi que s'expliquait le roi Charles IX, dans sa fameuse ordonnance sur l'usure, de l'année 1567, donnée précisément dans un temps où il en fut fait un si bon nombre de si salutaires à l'ordre public par les soins du fameux chancelier de l'Hôpital. « Comme, » dit ce prince, pour le bien et utilité publique de » notre royaume, et soulagement de nos sujets, à ce » qu'ils puissent vivre, commercer et négocier en » toute sûreté, sans être oppressés des abus, pilleries » et usures, qu'aucuns de notre royaume, au préju- » dice du commerce et utilité publique, poussés du » malin esprit et sans aucune crainte de Dieu, com- » mettent et pratiquent journellement par divers et » subtils moyens, de façon que nos dits pauvres su- » jets, tombant entre leurs mains, sont entièrement » ruinés, et eux enrichis de leurs substances, par » telles voies illicites et réprouvées du droit divin et » humain, même par nos édits et ordonnances; pour » à quoi pourvoir, et afin que telles pratiques et » voies illicites et reprouvées n'aient plus de cours » en notre dit royaume, et ceux qui en ont usé » par le passé ne demeurent impunis, nous man- » dons, et à chacun de vous dans son ressort, que vous » informiez bien et diligemment contre ceux qui ont » usé et usent de telles pratiques et usures en quelle » sorte et manière que ce soit, et que vous procé- » diez contre les coupables, à leur faire et parfaire » leur procès ordinairement et extraordinairement, » jusqu'à sentence définitive, et exécution d'icelle » inclusivement; faisant restituer ce qui se trouvera » par eux mal acquis à ceux qu'il appartiendra ».

Cette ordonnance seule, rédigée et publiée par

tout ce qu'il y avait de plus éclairé dans un conseil, dont un des plus fameux chanceliers que la France ait eus, était l'âme, est un monument inébranlable de tout ce que l'usure peut avoir de funeste pour un Etat, et une preuve certaine, que le plus grand malheur qui peut arriver au royaume, ce serait qu'on vînt à oublier les motifs pleins de sagesse qui l'ont fait proscrire, et dans le commerce et autrement. Les hommes éclairés de la nation, qui composaient les Etats de Blois tenus par Henri III, en 1576, devaient aussi bien connaître ce qui peut porter la fécondité dans un Etat et le rendre florissant par ses ressources; cependant ils étaient bien éloignés de penser qu'on peut employer l'usure pour opérer ce mouvement salutaire dans le royaume, puisque ce fut dans cette même assemblée où l'on prit les moyens les plus efficaces pour extirper cette hydre toujours renaissante, qui s'était établie, malgré tout ce qu'on avait fait jusques-là, dans tous les états et dans toutes les conditions; et on la regarda si fatale au commerce qu'on défendit même de l'exercer, de quelque manière que ce fût, dans aucune espèce de négoce, et cela sous les plus grièves peines. Des règlemens aussi sévères et aussi sages devaient sans doute avoir un bon effet et apprendre à tous les peuples, et à tous les siècles à venir, que l'usure est un monstre déguisé, qui, selon les expériences des SS. Pères et de tous les grands politiques, se présentant d'abord sous les apparences du bonheur et de la bienfaisance, porte avec lui une action corrosive, qui brûle sans douleur dans ses commencemens, mais qui ensuite fait les plus cruelles ravages. Ce fléau trompeur et destructif, si souvent démasqué et proscrit par la sagesse de nos rois, avait déjà si fort dévasté deux provinces de ce royaume, en 1606, que ces infortunés peuples furent forcés de porter leurs gémissemens et leurs plaintes amères aux pieds de Henri IV. Ce bon roi, qui sera toujours le modèle des princes qui voudront rendre leurs sujets heureux, sur cette réclamation, qui conservera toujours aux yeux de ceux que la Providence a chargés du sort des hommes, le souvenir de tout ce que l'usure a de nuisible et de barbare, et qu'elle ne peut faire que des maux inévitables; ce prince, dis-je, qui régna plutôt en père qu'en roi, défendit solennellement tout intérêt du simple prêt. Enfin, sous Louis XIV, cette insatiable sangsue avait porté un si grand épuisement dans toute l'étendue du royaume que le conseil même de ce grand prince (et quel devait être ce conseil, dans un siècle qui sera toujours le prodige et l'ornement de tous les autres !) sollicita sa sagesse pour qu'elle prît les mesures les plus promptes afin d'arrêter ce torrent qui abîmait tout, malgré les barrières qu'on tâchait de lui opposer depuis les premiers temps de la monarchie. Louis XIV, conduit sans doute par la main divine, qui voulait par une loi qui fût l'ouvrage de la sagesse politique et du génie du commerce, confondre à jamais l'avarice des usuriers, et la témérité des écrivains qui leur prêtent la main, prit l'avis de tous les négocians du royaume, et publia un édit célèbre, qui défendit toutes les usures qui se pratiquaient en France : il fut appelé *l'Edit du Commerce*. Que faut-il donc de plus pour en imposer à cette race avare et indestructible, et pour arrêter les étranges spéculations de ces auteurs hardis qui prostituent leurs talents pour accréditer l'usure?

« Clovis, dit l'abbé Duguet (1), en devenant

(1) Réfut. d'un écrit sur l'Usure, pag. 345.

» chrétien, apprit de saint Remi et des évêques sa » religion, et non de ces lois païennes qui autori- » saient l'usure. Ni ce prince, ni aucun de ses suc- » cesseurs n'autorisa l'usure par aucune constitution, » et Charlemagne la condamna de toutes ses forces » dans toute sorte de conditions ; ce qui fut imité » par Louis-le-Débonnaire son fils, et a été renouvelé » une infinité de fois par les rois de la troisième race, » qui n'ont même pu, à l'égard des juifs, supporter » l'usure, et qui les ont chassés de leurs Etats, il y » a près de cinq cents ans, pour cette raison, aussi » bien que pour leurs impiétés et leurs blasphèmes. » Or, je demande, continue l'abbé Duguet, en parlant » toujours à l'auteur de l'écrit sur l'usure, qu'il » réfute, je demande à l'apologiste ce qu'il pense du » siècle de Charlemagne, ou de celui de saint Louis? » Croit-il que la France ait été bien malheureuse » sous des princes qui en sont la gloire immortelle, » et sous lesquels il se bâtit, comme nous l'appre- » nons de l'histoire, tant de villes et de châteaux ; le » commerce fut si florissant, et la paix et l'abondance » si bien établies? Cependant les laïques ne prêtaient » point à usure, ou ils étaient punis ; et il doit juger » par là, si l'usure est aussi nécessaire au commerce » qu'il le pense, et si elle n'en est pas plutôt la » ruine et le malheur. »

Qui jamais fut plus en droit et plus en état de connaître quels sont les vrais intérêts des citoyens, et quels sont les moyens les plus propres pour enrichir nos villes et nos provinces, quels sont les ressorts capables de diminuer la masse des besoins, d'augmenter les ressources industrieuses du peuple, et de rendre le commerce plus actif et plus fécond, que la raison commande, que la nature inspire et que la religion adopte, que ces compagnies augustes, cette assemblée de sages, ces cours suprêmes à qui nos rois ont confié la fortune, l'état et les biens de chaque province, qui sont encore plus les pères des peuples, que les juges et les arbitres de leurs différens? Quelle est donc l'idée que ces sages sénateurs ont eue de l'usure, dans tous les temps? Toujours en garde contre sa rapacité et sa faim insatiable, contre ses prétextes et ses prestiges, contre ses sectateurs et ses apologistes, ils ont toujours eu le glaive à la main pour la détruire et pour couper jusqu'à la plus petite racine de ce mal contagieux. Leur jurisprudence, toujours égale et toujours sévère, a constamment sévi contre cette ennemie de la prospérité publique. Les archives de nos parlemens sont pleines de monumens de toute espèce, du zèle et de la fermeté avec laquelle ils ont toujours démasqué, confondu et couvert d'opprobre ces sangsues insatiables, ces hommes iniques, altérés du sang du pauvre et de l'orphelin, du voisin et de l'ami; leur marche a toujours été égale pour anéantir le monstre de l'usure, qu'ils ont toujours regardé comme le fléau du peuple, l'oppresseur des grands, la ruine du commerce, la désolation de nos campagnes, le ressort du luxe, de la débauche, le principe de l'oisiveté et de la mollesse, et le plus sûr moyen de faire tomber les arts et l'industrie. C'est ainsi qu'ont toujours jugé de l'usure ces hommes dont les lumières et l'expérience impriment le sceau de la sagesse à leurs lois et à leurs règlemens.

Le parlement de la capitale du royaume servira d'organe à tous les autres; et sa façon de penser, en cette matière, est d'autant plus importante et décisive, qu'elle est consignée dans un arrêt mémorable, que cette cour auguste fut forcée de donner en 1565, pour arrêter les ravages de l'usure, qui causaient tous les maux dont elle est capable, et qu'elle a toujours faits lorsqu'elle en a eu la licence ! En voici la teneur.

« Sur la remontrance judiciairement faite à la cour » par le procureur-général du roi, que, par parti» culières occurrences de faits et infinités de plaintes, » et avertissemens qui lui étaient faits chaque jour, » se pouvait recueillir que plusieurs gens de cette » ville, tant marchands qu'autres, par eux et par » gens attirés et interposés, exerçaient usures, ré» prouvées par les lois de Dieu, constitutions des » hommes, ordonnances des rois, et arrêts de la » cour, et se faisait par tel moyen, si grand trafic, » et négociation d'argent, que l'on délaissait non» seulement la charité, mais le train légitime des » marchandises, l'exercice des arts et métiers, et le » labour et culture de la terre, dont était à craindre » plusieurs grands inconvéniens ; pour à quoi ob» vier, requérait que défenses publiques fussent » faites par la ville de Paris, à toutes les personnes, » de s'entremettre de tels usuraires trafics, sur peine » de quadruple et de punition corporelle. »

» La cour ayant égard à la requête faite par ledit » procureur-général, et icelle entérinant, a ordonné » et ordonne qu'il y aura monitions en termes géné» raux, sans nul excepter, contre tous ceux et celles, » de quel état, qualité et condition qu'ils soient, » qui, sous ombre et prétexte de trafic public, et au» trement, baillent et prêtent à deniers à usure, tant » par eux que par gens attirés et interposés, laquelle » monition sera publiée aux églises de cette ville et » faubourgs, et autres lieux où appartiendra ; a » fait et fait la cour, inhibitions et défenses à quelques personnes, de quel état, qualité et condi-

» tions qu'elles soient, marchands ou autres, tant » hommes que femmes, d'exercer usures par eux, » ou par gens attirés et interposés, ni de prêter de- » niers sous prétexte de commerce public à intérêt, » soit sur gage ou autrement, sur peine de confis- » cation de corps et de biens : enjoint icelle cour à » tous ceux et celles qui en savent et connaissent » aucuns d'en venir à révélation, sur peine de cent » livres parisis d'amende applicable au roi, et de » punition corporelle, à ce que telles manières de » gens, comme pestilens et pernicieux à la chose » publique, soient du tout exterminés. »

Et bien ! ne voilà-t-il pas l'usure bien accueillie, bien honorée, et estimée si utile et si admirable? Les prêteurs à intérêt, les négocians à prêt lucratif sont donc une peste publique, une race pernicieuse et perverse. L'usure, quand elle a une fois levé la tête, envahit donc tous les états, dégrade toutes les conditions, affaiblit tous les bras, démonte tous les ressorts, foule les plus sages règlemens, résiste aux lois les plus sévères, et, comme un torrent impétueux, elle surmonte toutes les digues qu'on lui oppose. C'est un parlement célèbre qui le déclare, une compagnie savante, des hommes consommés dans la science du droit des gens et pleins d'expérience, un corps qui a été toujours l'école des grands ministres, qui fait de l'assemblage de toutes ces vérités une loi qui doit être la règle de ses jugemens et la sauve-garde du bien-être des citoyens.

Les Romains qui, dans leur origine, ne suivant, comme nous l'avons déjà dit, que l'impulsion de la droite nature, détestaient toutes les pratiques de l'usure, se laissèrent bientôt corrompre par l'appas des passions, et cherchèrent à pouvoir les satisfaire par la ressource des intérêts usuraires; et comme un crime mène bientôt à l'autre, surtout quand le second doit servir à légitimer le premier, ils se persuadèrent bientôt qu'il était essentiel, pour l'avantage du commerce, de tirer quelque intérêt de l'argent : c'est pourquoi la loi des douze Tables permit le prêt à un pour cent par mois; celui qui tirait un intérêt plus fort était condamné au quadruple.

Le luxe et la cupidité s'étant augmentés, dit un auteur, qui doit sûrement connaître l'histoire politique de ce peuple célèbre, on exigea des intérêts si forts, que Licinius fit, en 376, une loi appelée de son nom *Licinia*, pour arrêter le cours de ces usures. Cette loi n'ayant pas été exécutée, Duillius et Mœnius, tribuns du peuple, en firent une autre appelée *Duillia-Mœnia*, qui renouvela la disposition de celle des douze tables.

Les usuriers ayant pris d'autres mesures pour continuer leurs vexations, le peuple ne voulut plus se soumettre, même à ce que les lois avaient réglé à ce sujet; de sorte que les tribuns modérèrent l'intérêt à moitié de ce qui était fixé par la loi des douze Tables; on l'appela *Fœnus semiunciarium*, parce qu'il ne consistait qu'un un demi-cent.

Le peuple obtint ensuite du tribun Genutius une loi qu'on appela *Genutia*, qui proscrivit entièrement les intérêts. Ce plébiscite fut d'abord reçu à Rome, mais il n'avait pas lieu dans le reste du pays latin : de sorte qu'un Romain, qui avait prêté de l'argent à un de ses concitoyens, transportait sa dette à un Latin qui lui en payait l'intérêt, et ce Latin exigeait, de son côté, l'intérêt du débiteur. Pour éviter tous ces inconvéniens, le tribun Sempronius fit la loi *Sempronia*, qui ordonna que les Latins et autres peuples alliés du peuple romain seraient sujets à la loi *Genutia.*

Mais bientôt l'intérêt à douze pour cent redevint légitime; on stipula même de plus forts intérêts; et comme cela était prohibé, on comprenait l'excédant dans le principal.

La loi *Gabinia*, l'édit du préteur, et plusieurs senatus-consultes défendirent encore ces intérêts qui excédaient douze pour cent; mais les meilleures lois furent toujours éludées.

Les empereurs tantôt les défendirent, tantôt les modérèrent seulement, selon que les circonstances le leur permettaient, ou que les exactions des usuriers le demandaient. L'empereur Tibère proscrivit toute espèce d'intérêt, et l'empereur Basile, enfin, mit le dernier sceau à la fameuse loi de Justinien, qui les avoit sévèrement défendus, mais qui était mal observée: tant la contagion de l'usure est séduisante et pernicieuse, qu'elle résistera toujours à l'autorité, même des législateurs, pour peu qu'ils veuillent la tolérer!

Toutes ces variations que les empereurs mirent dans leur législation contre l'usure, annoncent clairement qu'ils ont tous éprouvé combien elle est nuisible aux États, combien elle est sujette à porter toujours ses excès au-delà même de ce qu'on pourrait imaginer, et combien il était nécessaire de ne pas la souffrir d'aucune manière, ni sous aucun prétexte.

« Les empereurs païens, dit l'abbé Duguet, ont » été ennemis de l'usure à proportion de ce qu'ils » ont aimé leurs peuples, et qu'ils ont eu plus de » lumières et de sages conseils. Il n'y a point » de prince infidèle qui ait plus consulté le droit » naturel et les jurisconsultes, que l'empereur

» Alexandre-Sévère : Paul, Ulpien, Papinien et un » grand nombre d'autres étaient ses intimes amis; » il avait aussi quelque respect pour Jésus-Christ, » quoiqu'il mêlât son culte avec celui des démons; » et ce commencement de sagesse et de raison lui » inspira le dessein de réduire l'usure publique au » tiers, en faveur des pauvres, et de l'interdire *ab-* » *solument aux sénateurs*, marquant par là com- » bien il était persuadé qu'elle ruinait l'État, et dés- » honorait un honnête homme.

» Auguste fit quelque chose d'admirable, continue » toujours l'abbé Duguet, car il s'appliqua, en fai- » sant fondre tout l'or qu'il avait trouvé dans Alexan- » drie, *à rendre les espèces plus communes et à* » *diminuer l'usure publique ; et, dans la suite, il* » *employa toutes les confiscations à soulager gra-* » *tuitement ceux qui avaient besoin d'argent, pourvu* » *qu'ils donnassent caution, qu'ils le rendraient* » *dans un certain temps.* Voilà ce qui soulage l'État » et non l'usure, ajoute ce célèbre savant; voilà ce » qu'il faut louer, et non des lois que les bons em- » pereurs auraient voulu supprimer, quoiqu'ils fus- » sent infidèles, et qu'un chrétien ne peut regret- » ter sans impiété, et sans renoncer à la loi de » Dieu. »

En voyant tous les ravages que l'usure a toujours faits parmi les peuples, et les précautions sans nombre qu'on a toujours pris vainement contre elle, faut-il être surpris que le paganisme même l'ait eue en horreur? Agis, roi de Sparte, trouvant le peuple écrasé par les usures, fit brûler tous les engagemens qui portaient intérêt. Jules-César, aussi fameux par ses connaissances dans l'art de gouverner les royaumes que par celui de les conquérir, regardant l'usure comme un des plus terribles fléaux qui puissent affliger un État, défendit par une loi (1) digne de sa justice, de tirer des intérêts du simple prêt, et porta même l'équité jusqu'à ordonner que ceux qui avaient été payés seraient imputés sur le capital.

C'est ainsi que la seule nature dictait à ces célèbres païens des leçons de sagesse que des chrétiens tâchent de méconnaître, conduits par une détestable politique, ou par un intérêt sordide qui déshonore l'humanité.

C'est ainsi que les vrais observateurs, dans les temps où tous les moyens de s'enrichir auraient dû être trouvés bons, parce que toutes les passions y étaient divinisées, ont vu que l'usure portait en soi un caractère de perversité et de séduction, qui devait la faire proscrire sans ménagement. Caton, le sage Caton, chassa tous les usuriers de la Sardaigne, et délivra cette île infortunée de ces vampires abominables. Pline, ce philosophe si plein d'humanité, l'homme le plus vertueux de toute l'antiquité païenne, et dont le christianisme aurait pu se faire honneur si la foi avait ennobli sa sagesse, nous représente l'usure, comme allant toujours de pair avec l'avarice et la paresse, deux monstres qui désoleront toujours l'État le plus affermi et le plus florissant....

Ce que l'expérience et une politique éclairée ont fait voir à ces législateurs, ou à ces philosophes qui ont été dans le paganisme au-dessus des autres hommes, la religion, toujours d'accord avec les bonnes règles d'un gouvernement équitable, et la philosophie naturelle, éclairée et ennoblie par la foi, l'ont montré aux grands hommes qui ont éclairé

(1) Lib, 3 de Bello Civ.

le christianisme, ou mis dans un nouveau jour l'art de régir les peuples.

Saint Ambroise, qui était tout à la fois un des plus saints évêques de son temps, et le plus engagé dans les affaires de l'empire, dont il connaissait parfaitement les besoins, car du gouvernement de deux grandes provinces de l'empire, il était parvenu à l'épiscopat, était si persuadé que l'usure est un vrai malheur pour un État, que dans son ouvrage qu'il a fait contre l'usure, il la compare à une vaste mer toujours agitée, et toujours insatiable, qui engloutit les plus riches vaisseaux et renverse les fortunes les plus brillantes.

Les prélats de l'assemblée de Melun, par une comparaison assurément frappante, font sentir tout le ravage qu'elle est capable de faire et combien elle énerve toutes les parties du corps social.

« Il est vrai, disent les savans docteurs de » Nantes, dans leur censure de 1713, que le prêt est » avantageux à celui qui prête, mais il ruine ordi- » nairement celui qui emprunte, parce qu'il est » obligé de payer un profit certain et fixe, dans » l'espérance d'un gain, qui n'est souvent qu'en » idée, et qu'il n'est pas déchargé de cette obliga- » tion, lors même que cet argent, loin de profiter, » vient à périr; de sorte qu'il est constant que l'usure » est ordinairement préjudiciable à celui qui em- » prunte. Si l'usurier prête de l'argent à des pau- » vres, l'intérêt qu'il en exige les opprime. S'il » prête à des avares ou à des financiers, il favorise » leur cupidité, qui souvent fait qu'ils empruntent » pour prêter à d'autres, à de gros intérêts : s'il » prête à des prodigues, l'argent est dissipé en dé- » penses et en débauches qui leur ôtent le moyen » d'en payer les intérêts : s'il prête à des négocians,

» pour faire un commerce au-delà de leurs fonds, » cela les expose à des banqueroutes : s'il prête à » de bons marchands qui en ont un véritable besoin, » les intérêts qu'il leur fait payer les ruinent et les » font enfin succomber. Je me souviens », ajoute le judicieux auteur des conférences de Paris, aux réflexions de ces sages théologiens, « d'avoir vu en » province une ville de commerce presque toute » ruinée par les intérêts usuraires, que ses habitans » avaient été obligés de payer aux marchands d'une » autre ville de leur voisinage. Ils avaient pris » beaucoup d'argent à intérêt, dans l'espérance » de gagner sur le blé; mais ayant presque tous » été frustrés dans leurs espérances, ils furent obli- » gés de revendre leurs grains beaucoup moins qu'ils » ne les avaient achetés, ce qui les obligea de faire » tous banqueroute : leur faillite fut presque géné- » rale. Après leur avoir fait un sermon contre l'u- » sure, ils convinrent presque tous, mais malheu- » reusement trop tard, que l'emprunt qu'ils avaient » fait les avait réduit dans ce pitoyable état. La » loi de Dieu, qui défend tout emprunt usuraire, » remarque admirablement le père le Semelier, » est donc très-sage; sa providence l'a faite pour » empêcher les malheurs et la décadence des peu- » ples : malheurs effroyables, qui ne sont que très- » souvent suivis de la perte des âmes, parce qu'ils les » conduisent au plus affreux désespoir.

» On comprend sans peine », dit l'abbé Duguet (1), qui a donné de si belles leçons aux princes, « qu'un » marchand, qui ne met dans le commerce que son » bien, et qui, ne voulant pas faire une prompte ni » périlleuse fortune, n'emprunte rien ou très-peu,

(1) Réfut. d'un écrit pour l'Usure, pag. 346.

» il est aisé, dis-je, de comprendre que le gain qu'il » fait est moins partagé, que ses pertes sont plus » faciles à soutenir et qu'il est moins exposé aux » banqueroutes. Il est encore aisé d'entendre qu'un » marchand qui n'emprunte que de ceux qui entrent » en société avec lui de bonne foi, qui ne veulent » point assurer leur gain, ni éviter les risques insé- » parables du commerce, n'est pas si exposé aux » malheurs si ordinaires à ceux de sa profession, que » s'il emprunte à usure à des termes forts courts et » à des conditions très-dures, comme il se pratique » tous les jours. L'avarice des marchands, leur luxe » en sont les premières causes. Ils veulent devenir » riches trop tôt et user imprudemment de leurs ri- » chesses. L'avarice des usuriers en est une seconde » cause; ils trouvent qu'il est doux de prêter à des » gens qui paraissent dans l'abondance, et qui » paient régulièrement. Mais la divine Providence » punit souvent les uns par les autres, dans cette » vie, et ce qui les menace dans l'autre est infini- » ment plus terrible (1). Une fatale expérience, » ajoute-t-il, apprend tous les jours que l'usure fait » des maux inexplicables dans les lieux où elle » n'est pas réprimée ». Cette malheureuse expé- rience ne se réalise que trop tous les jours, dans les Etats où le gouvernement est aussi aveuglé que les particuliers (2). « Ce n'est pas la liberté de » prêter à intérêts », dit sur de très-bonnes preuves l'auteur de *l'Usure démasquée*, « qui enrichit la » Hollande, c'est au contraire ce qui apporte un » grand préjudice au commerce. Un des premiers » hommes de l'Etat de Hollande dit nettement,

(1) Réfut. d'un écrit pour l'Usure, pag. 354.

(2) L'Usure démasquée, pag. 448.

» ajoute-t-il, d'après le rapport de M. Legros, qu'on » rendroit un grand service à la république si on par» venait à décrier les contrats usuraires, ou les » rentes rachetables des deux côtés; et que si on » les abolissait, on ne verrait plus tant de banque» routes. »

Et d'où viennent aujourd'hui ces catastrophes si étonnantes dans la fortune et dans l'état des maisons que le commerce avait rendues si opulentes pendant un temps où l'on s'en tenait à la maxime sage de ne commercer que sur ses propres fonds ou sur des emprunts gratuits, ou à la faveur d'une honnête société? C'est que l'ambition ou le tourbillon des dépenses folles et superflues a rompu les barrières de la probité et de la modération chrétienne; il a fallu, pour fournir au luxe et au déréglement, aggrandir le commerce, et l'établir sur des emprunts usuraires. Les intérêts ont grossi; ils sont venus énormes, et enfin ils ont accablé l'emprunteur. On a vu des banqueroutes de 50,000 livres, faites par des personnes qui avaient payé environ 30,000 livres d'intérêts pendant quelques années: les choses sont même allées plus loin, il y a eu des banqueroutes, où il était de fait que les intérêts payés ou dûs par des gens de négoce, montaient à des sommes énormes. C'était, au reste, sur le taux de la place que l'intérêt avait été exigé.

Qu'on vienne dire, après cela, que la facilité du prêt de commerce est le moyen le plus sûr pour répandre l'abondance dans un Etat, pour donner au commerce l'action la plus féconde. Ce n'est pas ainsi que pensait l'auteur de l'Ami des hommes, dans son ouvrage qui justifie si bien son titre. M. Mirabeau, jaloux de la prospérité de sa patrie, nous donne une idée bien différente de ce funeste prêt.

»Pour ce qui me concerne, dit-il (1), à l'égard de
» l'intérêt de l'argent, j'ai cru trouver enfin dans
» les conférences de Paris, sur cette matière, les
» éclaircissemens que je souhaitais, et reconnaître
» qu'indépendamment de l'autorité de la religion,
» les opinions de l'école s'accordaient à cet égard
» avec la droite raison et la saine morale, et qu'il
» en est de ce précepte comme de tous les autres,
» dont l'observance, loin d'être nuisible à l'industrie,
» au commerce, enfin à tout ce qui peut concourir
» au bonheur de l'homme ici bas, serait le plus sûr
» moyen de les faire fleurir; mais comme je n'ai ni
» l'autorité, ni les lumières nécessaires pour éten-
» dre jusque-là ma mission, laissons ce qui con-
» cerne l'intérêt de l'argent relativement à la cons-
» cience, et traitons de cette partie en ce qui com-
» pète uniquement la société. » Cet auteur vraiment philosophe entre dans un détail politique, en suivant les principes les plus exacts, et en tirant les conséquences les plus justes; et après avoir présenté tous les avantages qui pourraient résulter de la diminution des intérêts dans le placement des capitaux, il conclut ainsi: « Je soutiens que c'est faute d'avoir
» examiné la chose dans son principe, qu'il est
» demeuré constant chez les grands et les petits,
» chez les hommes instruits comme chez les ignorans,
» que cet anathème qui vient de trop haut pour qu'il
» puisse être changé, est absolument incompatible
» avec le commerce. Cette opinion est très dange-
» reuse pour la religion, tant par sa généralité, que
» parce qu'il est impossible de se refuser au senti-
» ment, à l'expérience et à la démonstration de l'uti-
» lité du commerce, mais dès qu'il est démontré
» que la diminution de l'intérêt est un avantage in-

(1) L'Ami des hommes, tom. II. chap. 8.

» contestable pour le commerce, il s'ensuit nécessairement que l'extinction de tout intérêt serait un grand avantage encore.

» Remettons-nous devant les yeux », continue toujours cet ami de l'humanité, « le tableau d'un » Etat au point de prospérité où je l'ai conduit tout à » l'heure, d'un État libéré de toutes dettes, et » où par conséquent l'intérêt de l'argent serait au » taux le plus bas : voyons si le commerce n'y serait » pas aussi florissant que partout ailleurs, sans prêt » d'argent.

» Quelle nécessité dans cet Etat pourrait forcer » quelqu'un à jeter des billets sur la place ? Serait-» ce le souverain pour les besoins de l'Etat ? Le » haussement des impôts et la facilité des recouvre-» mens lui seroient un moyen assuré. En faudrait-» il d'extraordinaires ? les corps, les villes n'auraient » qu'à offrir des contrats. Serait-ce les commerçans ? » Sitôt qu'un négociant habile, et bien en corres-» pondance, aurait un projet de commerce, il » trouverait dans sa famille, dans ses amis, partout » enfin, mille associés soumis qui s'offriraient à cou-» rir les risques de son entreprise. Un homme in-» dustrieux, un habile artiste imaginerait-il une » nouvelle manufacture, quelqu'ouvrage utile ? les » gens riches l'aideraient de leurs fonds pour y » trouver quelque profit direct ou indirect : un par-» ticulier voudrait-il établir ses enfans, acheter une » charge ? il trouverait dix prêteurs à contrats pour » un : un jeune ouvrier, un détaillant voudrait-il » s'établir ? les commerçans en gros lui feraient » des avances, puisque le détaillant est presque » aussi nécessaire à la fabrique que la fabrique » l'est au détaillant.

» Je ne vois personne enfin, ajoute cet éclairé

» spéculateur, qui s'en trouve gêné, que les dissi» pateurs, les agioteurs, et les commerçans en ban» queroute.

» C'est ainsi qu'en examinant le vrai fond des » choses, on trouverait qu'en tout et partout les » plus saines lois de la morale sont les plus sûrs » moyens de l'intérêt. »

Voilà ce qui s'appelle une bonne philosophie, qui toujours d'accord avec les principes naturels, et suivant pas à pas la saine raison, voit toujours la loi de Dieu au-dessus des prétendus intérêts humains: voilà ce qui s'appelle éclairer utilement les hommes, et donner de sages leçons à ses concitoyens. Des réflexions de cette nature feraient rougir bien des écrivains, s'ils aimaient la vérité plus que le mensonge, et si les passions n'étaient pas la seule école de leur prétendue philosophie. Ce n'est pas ici un professeur d'université qui parle, c'est un judicieux observateur, qui reconnaît et dit à qui veut l'entendre, que la droite raison et une bonne morale président à l'enseignement des écoles, et qu'elles ne dictent qu'une vérité incontestable, en donnant à l'usure un vice radical, et en trouvant dans l'intérêt du simple prêt une iniquité inséparable, qui ne voit dans le prêt à contrat lucratif qu'un moyen infaillible de faire tomber le négoce, d'en diminuer les ressources, et de le rendre si périlleux qu'il ne serait enfin qu'un gouffre inévitable, où s'engloutiraient sans cesse les fortunes, l'état et l'honneur d'une foule de citoyens: et qui n'aperçoit, au contraire, dans les sociétés de commerce, qu'une facilité immanquable de faire fleurir et d'animer toutes les branches du négoce, et de donner à tous les talens et à tous les arts une action productive, qui serait pour l'État une source d'abondance et de félicité, d'autant plus certaine que la probité, la modération et la justice en seraient la règle et le fondement? Ainsi raisonnait cet habile négociant, dont la fortune brillante sera toujours une preuve que le négoce n'est jamais plus infailliblement fructueux, que quand il marche de pair avec les principes de la morale chrétienne. M. Savary, un de ces citoyens éclairés qui furent nommés pour rédiger le code marchand, et qui joignait les lumières les plus étendues à l'expérience la plus consommée, dit dans son *Parfait Négociant* (1) « qu'il n'y a rien de si » utile à l'Etat et au public que les sociétés en com- » mandite, pour cinq raisons : la première parce que » toutes sortes de personnes.... peuvent se servir de » ce moyen pour faire valoir leur argent avec jus- » tice, sans qu'il y ait aucune usure; la raison en » est qu'ils se démettent de leur argent entre les » mains d'un autre... pour l'employer dans le com- » merce dont ils courent tous les risques qui accom- » pagnent cette profession, de sorte qu'il n'y a point » de bien mieux acquis que celui-là. »

Si nous voulions remonter dans l'histoire de toutes les vicissitudes que le négoce a souffertes dans les différens temps, nous trouverions qu'il n'a jamais été plus en mouvement et plus fécond que lorsqu'une générosité réciproque a lié les commerçans entre eux, et qu'une main a donné à l'autre les sommes nécessaires ou demandées, sans d'autre profit que le plaisir d'obliger son ami, son concitoyen. « Je me souviens, dit le judicieux Po- » thier (2), d'avoir ouï dire à une personne qui est » encore vivante (l'époque n'est pas éloignée. C'était

(1) Parfait Négociant, lib. I. chap. 1. pag. 2.

(2) Traité des Cont. de Bienf. tom. I. pag. 253.

» en 1766) que dans sa jeunesse, quoique le com» merce fût encore plus considérable à Orléans qu'il » ne l'est aujourd'hui, le prêt à intérêt était entiè» rement inconnu aux marchands d'Orléans, et » qu'ils se prêtaient réciproquement l'argent dont » l'emprunteur avec besoin. »

D'où vient donc que MM. du commerce sont devenus si peu généreux les uns à l'égard des autres? Pourquoi cette noble libéralité a-t-elle cessé d'être l'âme du commerce? Par quel renversement cet admirable désintéressement, qui honorait si fort cette profession si utile à l'Etat et si recommandable, a-t-il dégénéré en une avarice sordide qui la couvre d'opprobre, dans une basse jalousie, qui fait de cette portion de citoyens autant de sangsues publiques, qui se sucent impitoyablement entre elles, et qui, altérées de la substance les unes des autres, ne se rassasient jamais; dans une ambition cruelle, qui fait de nos villes de commerce autant d'habitations d'une nouvelle espèce d'hommes, chrétiens de nom, et juifs de profession? Si les siècles passés ont vu l'usure lever la tête, et trouver des indignes partisans dans quelque ville de négoce ou dans des lieux ténébreux où elle se cachait, loin de la vigilance des ministres sacrés de la justice; si on la voyait même trop souvent se livrer à la licence la plus effrénée, et, à la faveur des avantages trompeurs qu'elle présente, se répandre hardiment, et ravager des villes et des provinces, la contagion avait cessé d'être au moins générale, depuis que la sagesse, l'équité et la religion de nos rois avaient réprimé cette audace à laquelle la faiblesse ou l'ignorance païenne, ou les passions idolâtres ne savaient, ou ne voulaient pas en imposer. Cette contagion d'ailleurs n'avait pas été honorée jusqu'ici, au point qu'on voulût faire regarder certains usuriers comme des gens essentiels à l'Etat, avoués par la plus sage politique, et à qui la religion, bien loin d'avoir des reproches à faire, doit savoir bon gré du grand bien qu'ils procurent à la société. Invention abominable, funeste système, doctrine perverse, qui déshonore la religion, outrage la nature, confond la sage politique, portera une anarchie frauduleuse et meurtrière dans le négoce, et dans toutes les professions utiles, avilira les arts, énervera nos campagnes, et épuisera insensiblement les ressorts de l'Etat, si l'autorité publique ne se hâte d'arrêter la manie de cette nouvelle philosophie prétendue économique, qui cherche depuis long-temps à répandre un scepticisme politique dans certaines vraies règles de mœurs, comme la philosophie incrédule des Voltaire, des Rousseau, travaille à en répandre un de moral dans les choses de la religion.

Si on voulait en croire les patrons de l'usure, qu'arriverait-il dans le royaume? quelle révolution se ferait dans nos villes et dans nos campagnes? Celles qui s'y sont faites toutes les fois que cette maudite peste a pris une certaine liberté; surtout si on venait à adopter pour la partie du commerce, cette maxime barbare *de laisser à l'expérience et à la discrétion de chaque marchand la liberté de fixer l'intérêt de ses prêts*. Tout se confondrait, le plus grand nombre des citoyens deviendraient ennemis les uns des autres, il se formerait une guerre civile dans toutes les fortunes de chaque état, et encore plus dans le commerce que partout ailleurs, parce que, comme les passions sont toujours les maîtresses de la multitude, ces mêmes passions deviendraient aussi les arbitres des profits; et surtout dans un siècle où le luxe, le libertinage, la vaine gloire, la bonne chère, l'avarice, l'ambition ont gagné tous les états, et fasciné toutes les professions; dans des temps où nos gros commerçans vont de pair avec les plus grands seigneurs pour le train et pour le domestique; où une femme se croit déshonorée si elle n'efface pas ce qu'il y a de plus grand par la richesse de ses parures, et la folie des modes les plus dispendieuses; où on se croit confondu avec le vil artisan, si l'on ne boit dans les repas ce que les contrées les plus fameuses en vin ont de plus exquis; où les jeux les plus meurtriers font perdre, par un seul hasard, de quoi mettre des familles entières dans l'opulence; où le libertinage effréné est venu au point qu'on regarde comme un titre glorieux d'entretenir à grands frais une infâme prostituée, ou de mendier au prix de l'or les faveurs d'une vile comédienne.

La cupidité et toutes les passions, à proportion de l'empire qu'elles auraient pris dans un renversement de mœurs si étrange, et surtout dans ce malheureux temps où une secte de philosophes, plus corrompus que les bêtes auxquelles ils veulent ressembler, a réussi à infecter, par les ouvrages les plus détestables, presque toutes les classes des citoyens, se feraient elles-mêmes les juges de leurs intérêts. Il faudrait les stipuler, non sur la valeur des choses de commerce en elles-mêmes, mais sur leurs produits relatifs à tous les événemens et à toutes les situations où l'on pourrait se trouver; il faudrait les fixer, non pas sur une juste appréciation du lucre réel ou en espérance, mais sur les besoins réels ou factices de la famille; non pas sur les risques et les périls, mais sur les projets de l'ambition ou du luxe. Cette contagion passerait dans tous les états, malgré les plus sévères règlements, comme il est arrivé de tous temps, et dans les États les mieux policés. Le pauvre serait opprimé, le riche s'obérerait, la facilité des emprunts seconderait la facilité et l'amour des dépenses; les revenus ne se payeraient jamais, il se ferait des cumuls énormes, qui absorberaient les biens les plus immenses; on ne trouverait jamais les individus assez pauvres pour leur prêter gratuitement; on incidenterait sur des ressources seulement apparentes; chacun chercherait à se faire une fortune aisée, commode et paresseuse, dans laquelle on ne risquerait rien; il n'en coûterait ni sueur, ni peine; l'artisan ne chercherait qu'à se faire un certain argent, pour en faire un fonds productif, qui le dispenserait de passer des jours laborieux dans l'exercice de son art; le laboureur mépriserait son tranquille travail, et ne verrait dans la noble agriculture qu'un exercice dégoûtant et trop pénible, dès qu'il aurait pu réussir à trouver dans le commerce de ses bestiaux, ou dans leurs profits pécunieux, le moyen d'avoir des revenus moins coûteux et moins exposés au caprice des temps.

Si la liberté de féconder ainsi le simple prêt de l'argent n'était qu'un privilége exclusif en faveur du commerce, tout se tournerait du côté du négoce, chacun voudrait trafiquer à l'envi, les autres arts seraient abandonnés, on ne verrait que boutiques, ou étaux de marchands; à la faveur de quelque magasin, on se ferait des intérêts en abondance, et toutes les autres professions viendraient à languir, et par conséquent à dégénérer; le commerce absorberait tous les talens, toute l'adresse, toute l'industrie, les sciences et les lettres, et il se formerait ainsi une multitude de citoyens qui ne cher-

cheraient qu'à s'épuiser, se détruire les uns les autres, et à reproduire sans cesse la fable du *Loup et de l'Agneau*, où le plus fort mangerait toujours le plus faible.

C'était le sentiment du fameux chancelier Bacon, qui, dans cette matière comme dans bien d'autres, est une autorité des plus respectables. Ce grand homme, à qui les Anglais n'ont rendu justice qu'après que la mort l'eut ravi à l'admiration de son siècle, traite l'usure en politique consommé; il ne voit dans sa pratique que ce qu'il peut y avoir de plus funeste pour la société et pour l'État. Il donne quatre raisons toutes décisives, qui démontrent qu'elle ne peut faire qu'un très-grand mal dans un royaume.

« La première incommodité de l'usure, dit ce » philosophe politique, consiste en ce qu'elle diminue le nombre des marchandises; car n'était ce » paresseux trafic, l'argent ne demeurerait point » inutile, mais serait la plupart du temps employé » à la marchandise, qui est comme la veine-porte » du bien d'un État; la seconde perte qui en revient, » c'est que les marchands en sont appauvris, et ne » peuvent pas si facilement venir à bout de leur » trafic, s'il leur faut payer une grande usure, sem» blables à ces pauvres fermiers, auxquels les moyens » de faire quelque profit sont ôtés entièrement » lorsqu'ils font une trop grande rente des terres » qu'ils tiennent d'autrui, et qu'ainsi ils ne peuvent » pas si bien ménager. La troisième incommodité » semble avoir je ne sais quoi d'incident aux deux » autres, et causer le déchet des douanes, des » princes et des États qui ont leur flux et leur reflux, » par le moyen du commerce. Le quatrième incon» vénient qu'apporte l'usure, c'est qu'on met en

» peu de mains les finances d'un royaume ; car l'usure » attire à soi tous les deniers du public par ses ma- » licieuses pratiques, et ruine par ce moyen un État, » qui n'est jamais plus florissant que lorsque le bien » est également répandu en plusieurs lieux. J'ajoute » à ceci, que, par ce commerce illicite, le prix des » terres n'a plus de lieu, parce qu'on se sert ordi- » nairement de l'argent, ou pour exercer la mar- » chandise, ou pour acheter des terres, ce qui est » empêché par l'usure, tant de l'un que de l'autre » côté; davantage, c'est elle qui avilit toutes les » nouvelles inventions, par les moyens desquelles » l'argent se remuerait, s'il n'était retenu par cette » manière d'entrave ; en un mot, ce que l'usure a » de plus insupportable, c'est qu'on la peut vérita- » blement appeler le chancre et la ruine des biens » de maintes personnes, d'où s'ensuit avec le temps » une pauvreté publique. »

Ce témoignage est décisif; ce grand homme d'état rappelle expressément tous les maux que nous avons attribués à l'usure. Ses expressions sont sans équivoque ; en un mot, dit-il, l'usure est un chancre corrosif qui dévore, brûle et ronge tout ce qu'il atteint. Les SS. Pères n'ont rien dit de plus fort, toutes leurs invectives contre l'usure le cé- dent à cette juste comparaison.

« Il est vrai, remarque ce grand observateur, » qu'il est inutile de parler de l'abolition de l'usure, » puisqu'à le bien considérer, il ne se trouve point » d'États où elle n'ait pris pied en quelque façon. »

Voilà ce que ce sage philosophe déplorait, et ce qui lui a fait dire, « qu'il fallait au moins réduire » l'usure à cinq pour cent, et émousser un peu sa » dent, afin qu'elle ne morde pas trop serré. » Quand il est comme impossible, ajoute toujours ce savant Anglais, « d'arrêter le cours d'un torrent, » et de faire finir un grand désordre, il faut au moins » faire son possible pour qu'il ne fasse pas de grands » ravages. »

Après un pareil langage, il est bien difficile de ne pas douter que ce grand homme ait pensé que l'usure et l'équité naturelle se donnaient si bien les mains; sa façon de s'expliquer démontre évidemment que, bien loin qu'il ait fait un vœu pour qu'on fît une loi de l'usure, il a estimé qu'elle peut produire des effets pernicieux dans un État, qu'il faudrait la détruire en entier, si cela se pouvait, et s'armer contre elle comme on s'arme contre un ennemi redoutable, et faire contre ses affreux ravages comme on fait contre un torrent impétueux dont on n'est plus le maître; on le laisse passer, mais on tâche de diminuer ses dégradations, et d'arrêter une partie de sa fureur, ce qui prouve sans réplique, que ce grand politique ne trouvait dans toute espèce d'usure *qu'une pratique si malicieuse*, comme il s'exprime lui-même, qu'il l'eût entièrement bannie, et sans aucun ménagement, de tout État auquel il eût été parfaitement libre de donner une bonne constitution.

CHAPITRE VII.

L'expérience constante et visible des maux que l'usure cause, le caractère d'iniquité qu'elle porte avec elle, la proscription qu'en ont toujours faite la loi ancienne et la nouvelle, les conciles et les Pères, et une saine politique, sont une preuve invincible qu'un prince sage regardera toujours comme le devoir le plus sacré de la bannir de ses États.

Le célèbre Bacon a regardé l'usure *comme un très-grand mal pour un État, comme une peste capable de désoler un royaume*, comme un commerce funeste et illicite, comme le fléau de la société, un désordre terrible, et un moyen sûr de ruiner les familles et d'appauvrir le public. Ne le fût-elle pas, n'eût-elle pas ce caractère si opposé à la prospérité des États ; fût-elle au contraire avantageuse pour le commerce, productive pour le royaume, féconde pour tous les citoyens ; dès-lors qu'elle est défendue par la loi de Dieu, elle doit être proscrite sans aucune réserve et regardée comme un mal inexcusable, qu'on doit tâcher de ne jamais souffrir, et un crime qu'on doit toujours abhorrer. Le profond Nicole l'a décidé il y a long-temps : *tous les raisonnemens* qui tendraient à faire adopter l'usure, *cessent*, dit-il, *quand on s'en tient uniquement à la loi de Dieu.* Cela devrait être la règle de tout le monde, parce qu'encore une fois *l'anathème vient de trop haut pour qu'il puisse être changé* (1).

En effet, dès lors qu'il est de principe que l'usure généralement prise (2) est opposée à l'équité naturelle, qu'elle ne peut jamais s'accorder avec cette loi primitive que la sagesse éternelle a gravée dans le cœur de tous les hommes, qu'elle porte en soi une injustice inhérente et radicale, il est aussi de principe qu'elle doit être bannie de toute société; qu'elle n'est faite que pour renverser les lois les plus justes, et surtout cette première et sainte loi reconnue dans toutes les nations, même les plus barbares : *Ne faites jamais aux autres ce que vous ne voudriez pas qu'il vous fût fait.*

Dès lors qu'il est si incontestable qu'elle est condamnée par les saintes Écritures, et reconnue comme telle par les conciles, par les SS. Pères et par tous les théologiens, ce qui est la règle de foi selon le concile de Trente; que c'est une hérésie de soutenir le contraire, et une impiété, il est donc aussi incontestable qu'elle est un crime aux yeux de Dieu, que la religion la proscrit, que tout homme religieux doit la détester, qu'elle est incompatible avec la pratique de l'Evangile, et par conséquent avec tout État catholique et avec toute société chrétienne.

Dès lors qu'il est évident que les plus célèbres législateurs, et notamment nos rois et nos princes, l'ont trouvée parfaitement contraire à l'équité, et diamétralement opposée aux maximes des livres saints, il est donc aussi évident que quand elle

(1) L'Ami des hommes, pag. 136.

(2) Soit dans le commerce, soit autrement, de quelque façon qu'on la prenne, et dans quelque cas que ce soit.

n'aurait pas ces caractères d'opposition au vrai bien des États et à la prospérité des peuples comme elle les a, et bien plus, quand elle pourrait contribuer tout-à-fait à la félicité publique, rien ne pourrait la rendre légitime, ni autoriser les souverains à en faire une loi dans leurs États; l'occasion de faire de grands biens ne fut jamais un titre pour faire des maux; ce que Dieu ne saurait approuver ne peut jamais être permis. L'État est plutôt au souverain arbitre des choses humaines qu'à lui-même. Celui qui a fait les rois et les peuples a tout fait pour sa gloire; en formant ses créatures et en les destinant à vivre en société, il a été le maître de leur imposer les lois qu'il lui a plu, selon les règles éternelles de sa sainteté et de sa justice. Il a un souverain domaine sur tous les ouvrages de ses mains, et surtout sur son chef-d'œuvre: tout doit lui obéir, toute politique doit se confondre devant lui; sa loi, toujours sainte et toujours juste, doit être et peut être la seule vraie et légitime politique des États: tout autre moyen de le rendre heureux est trompeur et funeste. Dieu veille du haut des cieux sur les enfans des hommes, sur les États et sur les royaumes; il répand sur eux à son gré la vie et la mort; il a en horreur tout royaume infidèle, et il tient en main le glaive de la justice, dont il frappe les grands, les philosophes et les prétendus sages de la terre, qui favorisent l'impiété et ordonnent l'injustice. Sa sagesse éternelle crie d'une voix qui ne se lasse jamais: Rois de la terre, vous formez des grands projets contre les règles de ma volonté; sages du monde, en vain vous épuisez votre politique pour rendre vos peuples riches et opulens contre l'ordre de mes décrets: *faibles* mortels (1), *vous ne faites*

(1) Osée, chap. 8. v. 7.

que semer des vents, et vous ne recueillerez sûrement que des tempêtes. Vous vous flattez d'être les maîtres de la félicité et du bonheur des peuples : vous n'êtes que faiblesse et vous ne pouvez rien ; vos vastes projets ne réussissent que par moi : c'est moi seul qui fait la prospérité, personne n'y a droit que l'homme juste, je ne connais d'autre titre que celui de l'obéissance à mes lois. Vous pouvez faire régner l'injustice, renverser les lois de l'équité, bâtir votre politique sur les débris de ma religion, tromper la cause des mœurs ; ma loi n'en subsistera pas moins, elle sera votre juge et celui de vos peuples. Eternelle et inébranlable comme moi, elle vous dira sans cesse, qu'elle confond toute sagesse qui lui est opposée et tout peuple qui la méconnaît, et qu'elle élève toute nation qui lui est soumise : *Justitia elevat gentes, miseros autem facit populos peccatum* (1), et que, quand elle ordonne, c'est la souveraine autorité de celui qui l'a faite, qu'il faut considérer, plutôt que l'avantage de celui qui obéit : *Prior est auctoritas imperantis, quam utilitas servientis* (2).

Qu'il est beau pour un roi de la terre, et surtout pour un fils aîné de l'Eglise, d'être le premier et le plus fidèle à rendre un hommage vrai à ces grandes et magnifiques maximes, et de confondre ces téméraires écrivains qui osent annoncer une autre doctrine ; qui, ennemis de toute subordination, cherchent à inspirer aux maîtres de la terre une philosophie perverse qui a secoué toute espèce de joug, et qui ne prêchant qu'humanité, bienfaisance, bonheur des peuples, prospérité publique, ne cherche qu'à favoriser le libertinage de l'esprit, pour sou-

(1) Prov. 14.
(2) Tertul. de Pœni.

mettre tout à la licence du cœur. Ennemie des lois de l'Eglise et des oracles de la révélation, elle veut tout assujettir à la raison qu'elle outrage et qu'elle méconnoît, et à une politique humaine qu'elle accommode à ses caprices et à son fol orgueil.

Qu'il est beau, pour un prince très-chrétien, qui tient toute sa puissance du Roi éternel, de porter toujours gravé dans son cœur qu'il n'est que son ministre et son lieutenant, et qu'il ne porte sur sa tête le signe sacré de sa majesté, que pour se soumettre le premier à ses divines lois, et les faire respecter de ses sujets, encore plus par son exemple que par ses ordres; qu'il n'a été placé sur la tête des peuples que pour faire régner l'équité, la justice, les bonnes mœurs et les maximes de la religion dans tous les ordres de l'État; qu'il est digne de lui de reconnaître que toute politique et toute sagesse humaine doit être muette quand la sagesse divine parle, et que tout intérêt de l'État cesse d'en être un, lorsque la religion ne saurait l'avouer, posant toujours pour base inébranlable de ses maximes et de ses projets ce grand principe (1), que tel « est le rapport admirable établi » par la Providence entre la religion et la société, » que le bonheur des États dépend nécessairement » de l'observation des lois divines, et que l'esprit » de subordination et d'obéissance, qui fait les en» fans de Dieu, fait aussi les sujets fidèles, et que » la même liberté de penser, qui fait les systèmes » irréligieux, ébranle les fondemens du trône et de » l'autel; que deux puissances sont établies pour » gouverner les hommes, l'autorité sacrée des pon» tifes et celle des rois; que l'une et l'autre viennent

(1) Actes de l'Assemblée du Clergé de l'an 1765, pag. 1.

» de Dieu, de qui émane tout pouvoir bien ordonné » sur la terre.

» Que l'établissement de ces deux puissances est » un des plus grands bienfaits de la Providence en» vers les hommes; que l'une a pour objet leur bon» heur dans la vie présente, et que l'autre le pré» pare pour l'éternité; que les intérêts du ciel et » ceux de la terre n'ont pas été réunis dans les mêmes » mains; que Dieu a établi deux ministères diffé» rens, l'un pour faire passer aux citoyens des » jours doux et tranquilles; l'autre pour la consom» mation des saints, pour former les enfans de » Dieu.

» Que la sagesse divine ne pouvant être contraire » à elle-même, Dieu n'a pu établir ces deux puis» sances pour qu'elles fussent opposées; qu'il a » voulu qu'elles pussent se soutenir et s'entr'aider ré» ciproquement; que leur union est un don du ciel, » qui leur donne une nouvelle force et les met à » portée de remplir les desseins de Dieu sur les » hommes; que le monde est bien gouverné lors» que ces deux puissances sont d'accord, et que si » elles viennent à se désunir, les institutions les plus » sages sont menacées d'une ruine prochaine. »

Qu'héritier du trône de ses ancêtres, et reconnu aussi dans toute l'Europe comme l'héritier de leur sagesse et de leur foi, il doit n'avoir rien tant à cœur que de soutenir et de perpétuer les monumens de leur religion, de leur prudence, et de leur science dans le gouvernement, consignés dans leurs lois et dans leurs ordonnances : et que, puisqu'ils se sont crus obligés de condamner toute espèce d'usure comme contraire à la justice naturelle et divine, il doit regarder comme un de ses devoirs les plus sacrés de la détester et de l'anéantir.

Que, plein de respect pour ce qu'ont fait pour l'intérêt et la prospérité de leurs sujets, Charlemagne, Philippe-Auguste, saint Louis, Louis-le-Juste, Charles IX, Henri III, Henri IV, Louis-le-Grand, et le conseil de régence sous Louis-le-Bien-Aimé, Louis XVI de si sainte mémoire, il restera toujours persuadé qu'il ne peut rien faire de plus glorieux, et en même temps de plus avantageux à son peuple, que de marcher toujours sur les traces de leur sage politique; que, puisque ces grands rois, leur conseil, leurs ministres les plus célèbres, et les grands génies qui sont faits pour éclairer les hommes, ont toujours reconnu et déclaré que l'usure, quelle qu'elle fût, était une peste publique, un fléau pour les États, la ruine des citoyens, la perte du commerce, enfin la source constante et inévitable de la dégradation de tout ce qui peut rendre un royaume heureux, riche et florissant; une expérience si soutenue et si avérée doit être une loi invariable pour lui, et elle est une preuve certaine et inébranlable, qu'il ne saurait jamais être plus sage que de faire ses efforts pour la maintenir, comme l'hommage le plus sincère qu'il peut rendre à la mémoire de ces grands législateurs, auxquels la Providence l'a fait succéder, et le témoignage le moins équivoque de son amour pour ses peuples.

Tels sont les principes sacrés qui guideront toujours la foi et la sagesse du fils aîné de l'Eglise, quoi qu'en dise une philosophie turbulente, et quels que soient les murmures et les désirs insatiables de l'avarice ou de l'ambition, et les ténébreuses pratiques de la cruelle usure.

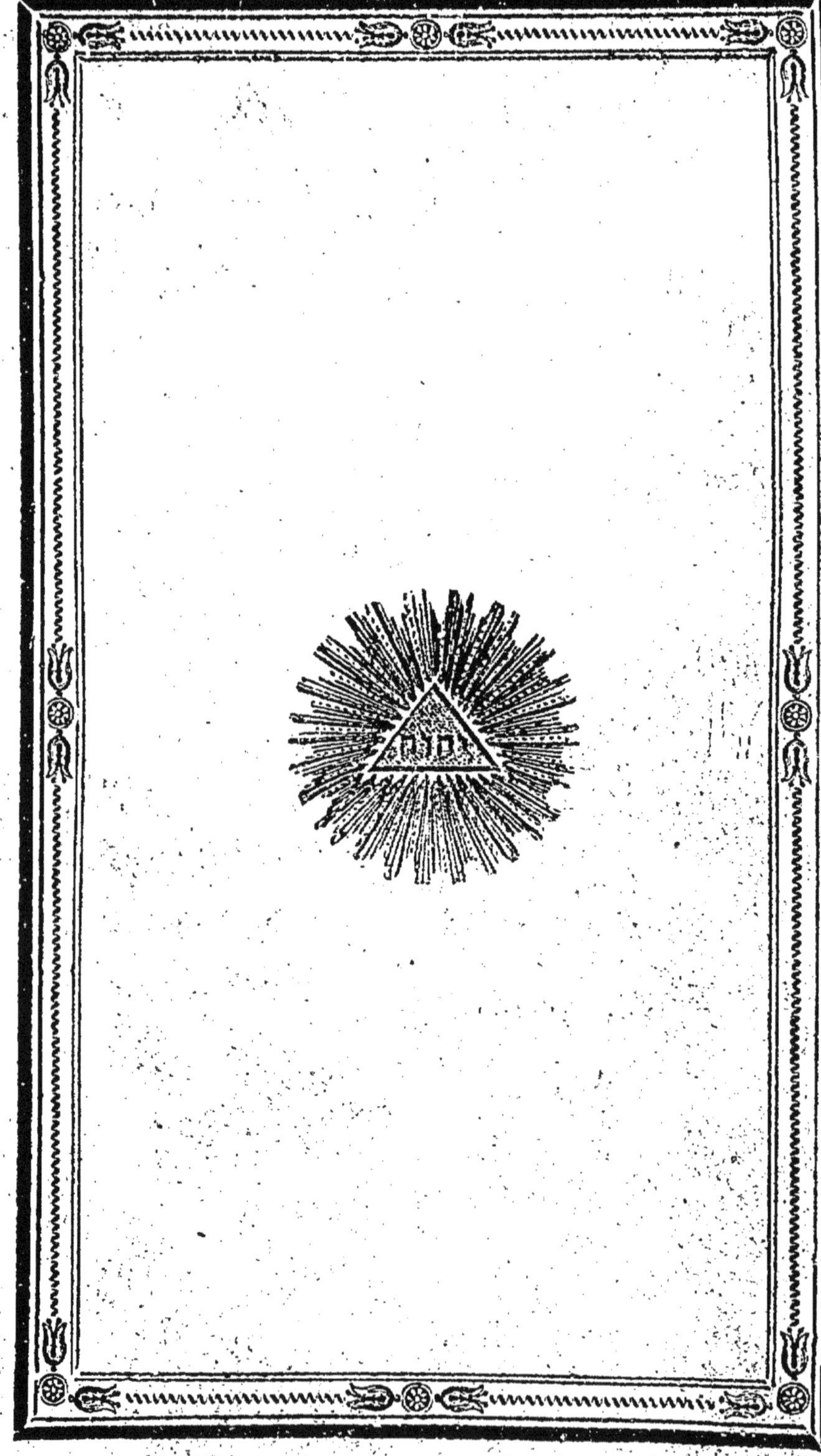

Contraste insuffisant

NF Z 43-120-14

www.ingramcontent.com/pod-product-compliance
Ingram Content Group UK Ltd.
Pitfield, Milton Keynes, MK11 3LW, UK
UKHW012017240726
13965UKWH00002B/428